増補新装版

法華経

永遠の菩薩道

菅野博史
Kannō Hiroshi

大蔵出版

はしがき

『法華経――永遠の菩薩道』を上梓したのが一九九三年であるから、早いものですでに二十年近くが経過したことになる。私にとっては『一念三千とは何か』（一九九二年、第三文明社）に次いで二番目の著作であっただけに、とても懐かしい本である。そればかりでなく、主として中国の法華経注釈書の研究を専門とする私にとって、自分自身が改めて『法華経』の魅力に開眼させられた本である。

上梓してからこれまでの長い期間にわたって、幸いに読者に好意をもって迎えられた。このたび、編集部長の井上敏光氏と相談し、「『法華経』の現代的意義」という論文を末尾に加えて、増補新装版を刊行することにした。二十年前もそうであったが、その後も『法華経』の人気は衰えることを知らず、次々と新しい『法華経』の入門書が刊行されている。人々はなぜ二千年も前に成立した仏教の経典にかくも興味を持つのであろうか。現代社会に生きる人々にとって何らかの現実的意味がなければ、古い聖典の紹介など無意味であろう。「『法華経』の現代的意義」は、このような課題に挑戦した論文で、私にとっては現代社会と『法華経』との関係を考えるうえで原点となった論文であり、その後、この論文に示した思想をさらに展開して数篇の論文を発表した。

先にも述べたが、高僧大徳、仏教学者、文学者などの手になる『法華経』の入門書は数多くある。そのような類書のなかで、本書の特徴は、ほかならぬ「旧版」の執筆方針のなかに、以下のように示されている。要約して再説する。

類書のなかには、著者独自の体験的理解を述べたものや、中国の注釈家、とくに天台大師智顗（五三八―五九七）の『法華経』解釈を媒介にした理解を述べたものや、日本の日蓮（一二二二―一二八二）の『法華経』解釈を媒介にした理解を述べたものが目立つようである。いずれも著者の深い人生体験や、天台教学、日蓮教学への深い造詣を示すものであろう。そこで、本書では、体験的理解や、天台教学、日蓮教学を媒介とする解釈を極力避け、鳩摩羅什訳『法華経』の物語の展開をできるだけ正確に追うことを目標とした。そのために、次のような執筆の方針を立てた。

1 『法華経』に限らず、聖典、古典の類は全体を読破することが望ましいが、『法華経』もかなりの分量であり、現代人にとって全体の読了は少しく困難であろう。それに仏典には繰り返しが多く、また、長行（散文の部分）と偈頌（韻文の部分）との内容的重複がとても多い。このような繰り返しは、まだ書物が流通していない時代に、耳で聞いただけで理解するためには必要不可欠なものであったし、教えを聴衆の心に刻みつけるためにも効果があったと思われる。ただし、現代においては、書物によって経典を読むことができ、必要に応じていつでも前の箇所に立ち戻って読み返すことができる。そこで、本書では、長行の部分を中心とし、繰り返しを避けて、物語の展開を整理することにした。

2 各品の冒頭に粗筋・大意を記したので、読者はその部分を拾い読みすれば、『法華経』全体の粗筋を把握できるであろう。

3 その上で、各品の中に独自に見出しをつけて、物語の展開が容易に把握できるよう工夫した。本書の目次では、この見出し全体を通覧できるようにした。これによって、各品冒頭の粗筋よりも、より詳細に『法華経』の展開を把握することができるはずである。

4　各品では、見出しのもと、現代語訳・訓読文・注・解説の順に論述した。この場合、**［訳］［訓読］［注］［解説］**のように区別した。ただし、紙数の制約と、あまりに煩瑣になることを恐れ、現代語訳・訓読文・注を省略して、解説だけを試みた部分も多くなったが、この場合は一々［解説］と記さず、見出しの後にすぐ解説文を続けた。全体的に言えば、物語の展開をあまり省略せず、かなりの程度正確に整理したつもりである。もちろん紙数の許す限り、現代語訳・訓読文を掲載し、鳩摩羅什訳の原典にも直接親しめるように配慮した。

5　物語の展開を正確にたどれば、『法華経』の思想はそれほど難解なものではない。したがって、『法華経』の思想についてもわかりやすく解説することができたと信じる。とくに重要なテーマに関しては、別に項目を立てて解説したところもある。

6　『法華経』を理解するために必要な事項について、序論で簡潔な解説を試みた。

本書が再び読者の期待に応えることができるならば、著者として望外の幸せである。最後に、この増補新装版の刊行にあたり、米森俊輔氏にお世話になった。衷心よりの感謝の意を表したい。

二〇一二年四月

菅　野　博　史

目次

目次

序　論

本書では主として鳩摩羅什《くまらじゅう》訳『妙法蓮華経《みょうほうれんげきょう》』（以下、単に『法華経』と呼ぶこともある）全体の内容を解説する。この序論では『法華経』を理解するための予備知識、『法華経』をめぐるさまざまな問題、『法華経』の思想などについて、必要な項目をいくつか立てて、簡潔に解説する。

【1】インド仏教史における『法華経』の位置

『法華経』は初期大乗経典の中の代表的な経の一つである。インド仏教の大まかな流れを簡潔に説明すると、何といっても仏教は釈尊＝ゴータマ・ブッダ（生没年代は紀元前六世紀から五世紀、または五世紀から四世紀と推定される）の悟りから出発する。釈尊は二十九歳で出家し、三十五歳のとき菩提樹下《ぼだいじゅげ》での坐禅瞑想《ざぜんめいそう》によって悟りを開いたとされる。出家、成道《じょうどう》の年齢については、十九歳出家、三十歳成道説などもあるが、いずれにしろ、釈尊は八十歳で涅槃《ねはん》に入るまで、倦《う》むことなく人々に教えを説き続けたのである。釈尊の死後、摩訶迦葉《まかかしょう》が中心となって仏典の結集《けつじゅう》がなされ、釈尊の教えが伝持《でんじ》される基盤ができた。このとき、釈尊の教えをまとめた経と、出家教団の規則集ともいうべき律ができた。

釈尊の死後、およそ百年、ないし二百年ほど経過した頃、仏教教団は保守的な上座部《じょうざぶ》と進歩的な大衆《だいしゅ》部《ぶ》とに分裂した。この分裂を根本分裂と呼ぶが、その後、紀元前一世紀頃までに約二十ほどのグループ（部派《ぶは》）に分裂したので、これを前の根本分裂に対して枝末分裂と呼ぶ。そして、根本分裂以前の仏教を原始仏教（初期仏教）と呼び、分裂以降の仏教を部派仏教と呼ぶ。部派仏教時代には、出家者たちは経と律を伝持しながら、仏教理論の体系化に取り組み、多くの論を制作した。ここに、仏教聖典の総称ともいうべき経・律・論の三蔵《さんぞう》が確立する。

この部派仏教の一部が、紀元前一世紀頃から登場した大乗仏教から小乗（hīnayāna. 劣った乗り物＝教えの意）と厳しく批判され（小乗の用語は『法華経』に出るのが最も早い時期のものであるとする説がある）、中国、日本では、部派仏教全体を小乗仏教と呼ぶ呼び方が定着して今にいたっているが、学問的に、また国際社会における儀礼上、東南アジアの仏教を小乗仏教と呼ぶ呼び方は避けるべきであると言われる（長老仏教、上座部仏教と呼ぶのが適当とされる）。

部派仏教は釈尊の教えを伝持し、出家者の僧院仏教として社会的な勢力を持ち、それを支える在家の仏教信者も相当数いたと思われるが、ともすると学問仏教に陥り、社会との生き生きした関係を忘れ、宗教としてのみずみずしい生命が枯渇《こかつ》してしまった面があったようである。すべての生きとし生ける者の成仏を高く掲げる大乗仏教の登場する理由が、まさにこのような部派仏教の欠陥を乗り越えることにあったと考えられるからである。

大乗仏教の担い手たちは、伝統的保守的な部派仏教を厳しく批判しながら、新しい宗教運動を展開したが、その中で新しい大乗経典を次々に生み出していった。その大乗経典を三期に分けると、紀元前一世紀から紀元後二、三世紀頃までに『般若経《はんにゃきょう》』、『法華経』、『維摩経《ゆいまきょう》』、『無量寿経』、『阿弥陀経』、『華厳《けごん》経』を構成する『十地経《じゆっち》』などの初期大乗経典が生まれ、四世紀頃から『解深密経《げじんみっきょう》』などの唯識系経典、『勝鬘経《しょうまん》』、大乗の『涅槃経』などの如来蔵系経典などの中期大乗経典が生まれ、七世紀頃から後期大乗経典としての『大日経《だいにち》』、『金剛頂経《こんごうちょう》』などの密教経典が生まれたと推定される。

ただし、大乗仏教が出現しても、部派仏教が消えてなくなったわけではなく、インドにおいてはそれなりの社会的な勢力を持ち続けた（十三世紀に仏教が滅びるまで）。また、原始仏教と部派仏教は上に述べたように時代的に区別できるが、原始経典も現在見られるものは部派仏教の時代を経由してきたものであるので、内容的に原始仏教と部派仏教とを区別することはかなり難しい。

さて、以上の説明に明らかなように、原始経典は釈尊の教えを部派が伝持してきたのであるが、大乗経典は新しい宗教運動の中で自分たちの信仰を盛り込んだ形で創作されたと考えられている。これが一般にいう大乗非仏説の議論である。日本の仏教界には、ある時期、この考えに対する激しい反発もあったが、現在では基本的に受け入れられていると言えよう。ただし、大乗経典の特性を考えるとき、忘れてならない点は次の事がらである。第一には、大乗経典の素材は原始経典に説かれている釈尊の生涯とその思想であるということである。原始経典に示されながら、部派仏教時代を通じてあまり着目、重要視されてこなかった思想が大乗経典の中で蘇ったこともあったであろう。つまり、大乗経典は釈尊の生涯と思想の新たな解釈であると捉えることができよう。

たとえば、『法華経』においても、原始経典に説かれる釈尊の生涯と思想との連続性を指摘することができる。釈尊が成道した直後の感懐として、「自分には師がおらず、したがって尊敬するものがないが、このことは苦しみである。しかし、自分は今後自分が悟ったサッダンマ（saddhamma. 正法《しょうぼう》）を尊敬していこう」と決意したことが知られている。この釈尊が尊敬し続けるサッダンマこそ、『法華経』の梵名にあるサッダルマ（saddharma）であると考えられる。また、方便品における、舎利弗の釈尊に対する、三回にわたる説法のお願いは梵天勧請の説話を踏まえたものであろうし、化城喩品には梵天勧請が壮大な規模に変えられた話が展開されている。

第二に、大乗経典には、阿弥陀如来《にょらい》、薬師如来、阿閦《あしゅく》如来、毘盧遮那《びるしゃな》如来などの新しい仏が登場するように、歴史上の釈尊ではなく、歴史を越えた立場の仏との結びつきが示唆されている。このことは、大乗経典の成立の基盤に、歴史を越えた仏を見るという宗教的体験（見仏三昧《けんぶつざんまい》）の存在が示唆されていると言えよう。古今東西の宗教の成立に、神の言葉を聞くとか、神の言葉を預《あず》かるとかいう、超越者とのかかわりという根源的な事態がその基盤にあることはよく指摘されることであるが、大乗経典も勝手気ままに創作されたものではなく、深い宗教体験に基づくものであると言えよう。ほかならぬ『法華経』においても見仏の事態は重視されている（二二七頁を参照）。

〔2〕『法華経』の成立史

『法華経』が初期大乗経典の一つであることはすでに述べた。その成立については、紀元前一世紀頃から紀元後二世紀頃までの成立と推定されている。仏教の開祖である釈尊の生没年代さえ正確に分からないインド古代史のことであるから、『法華経』の正確な成立年代もよく分からないのが現状である。『法華経』の成立の絶対年代は不明であるが、『法華経』内部の新古の層の区別、言い換えれば、『法華経』の段階的成立に関しては、これまで多くの研究がなされてきた。いま、その代表的な学説として布施浩岳氏の説（『法華経成立史』、一九三四年、大東出版社）を紹介する。

布施氏は『法華経』全体を三類に分けた。第一類は、序品《じょほん》から授学無学人記《じゅがくむがくにんき》品までと随喜功徳《ずいきくどく》品との十品である。第二類は、法師《ほっし》品から如来神力《にょらいじんりき》品までの十品である（もちろん随喜功徳品は除かれる）。第三類は、嘱累《ぞくるい》品から経末までの七品である。そして、三類の成立年時を四期に分ける。それによれば、第一期は、第一類の韻文（偈頌）で、紀元前一世紀頃に思想が形成され、紀元前後頃に文章化され、第二期は、第一類の散文（長行）で、紀元後一世紀頃に成立し、第三期は、第二類の韻文・散文で、紀元百年前後に成立し、第四期は、第三類で、百五十年前後に成立したと推定した。

その後の研究者はこの布施説に大きな影響を受け、このような『法華経』の細かい段階的成立説にさらに修正を加えてきた。ところが、近年、苅谷定彦氏は序品から如来神力品までの同時成立説を主張した（『法華経一仏乗の思想』、一九八三年、東方出版）。実は、布施氏以前に、松本文三郎氏や本田義英氏は序品から嘱累品までを原始法華（『法華経』の中で最も早く成立した部分を意味する）と見なしていたのであるが、布施氏の学説の大きな影響下にある、布施氏以降の研究状況のなかで、再び約二十品の同時成立説を主張した苅谷説は注目に値すると思われる。

ところが、その後、勝呂信静氏は提婆達多《だいばだった》品を除く二十七品同時成立説を発表し（『法華文化研究』第十二号所収の「法華経の成立に対する私見」、一九八六年）、学界の注目を集めた。

したがって、『法華経』の成立過程の考察は再び振り出しにもどった感がする。筆者にはこの問題に発言する資格はないが、初期の大乗仏教の信仰運動のあり方を考えた場合、新しい仏に対する信仰が運動の基盤となっていることに気づく。『法華経』の場合は如来寿量品に説かれる長遠《ちょうおん》な寿命を持つ釈尊に対する信仰である。この仏への信仰が欠けていては、信仰運動が成立しないのではないかと想像するので、如来寿量品を中核とする部分も原始法華の中に入れるべきであると思う。

ところで、提婆達多品が鳩摩羅什訳に元来存在しなかったことから、以上に紹介した研究者の学説においても、提婆達多品は最も遅く『法華経』に組み込まれたと推定されてきたが、この点に関して、渡辺照宏氏は異説を提示している（『法華経物語』一三二—一四二頁、一九七七年、大法輪閣）。それは、古い失訳経典（漢訳者の名が失われて知られない経）である『薩曇分陀利経《さつどんふんだりきょう》』には宝塔《ほうとう》の出現と、提婆達多品の内容である提婆達多の過去世の物語や龍女《りゅうにょ》の成仏が説かれており、しかも簡素な内容でかなり古型を保っていることから、提婆達多品の内容が古くから知られていたことを指摘したものである。

〔3〕『法華経』の梵本と翻訳

『法華経』の梵名はサッダルマプンダリーカ・スートラ（Saddharmapuṇḍarīka-sūtra）である。この『法華経』の梵語《ぼんご》原典は、イギリスのネパール駐在公使であったホジソンが一八二一年にその写本を発見して以来、現在まで多くの写本が発見されてきた。それらは発見された地域によって、ネパール本、ギルギット（カシミール）本、中央アジア（西域）本の三種の系統に分類される。

刊本としては、ケルン・南条本（一九〇八—一九一二年）が最初に刊行され、その後、荻原・土田本（一九三四—一九三五年）、ダット本（一九五三年）、ヴァイドゥヤ本（一九六〇年）が刊行された。また、ギルギット本のローマ字本が渡辺照宏氏によって刊行（『ギルギット出土法華経梵本』第二部　ローマ字版、一九七五年、仏乃世界社）され、さらに、中央アジア本のローマ字本が戸田宏文氏によって刊行（『中央アジア出土・梵文法華経』、一九八一年、教育出版センター）された。

また、ネパール本、ギルギット本、中央アジア本の三種の系統から三十数種の写本を写真で対照させたものが刊行（『梵文法華経写本集成』十二巻、一九七七—一九八二年、梵文法華経刊行会）され、研究の条件が飛躍的に整備された。そのローマ字転写本も、現在のところ二巻まで刊行（塚本啓祥その他『梵文法華経写本集成——ローマ字本・索引』第一巻・第二巻、一九八六年・一九八八年、梵文法華経研究会）されている。

『法華経』の翻訳には、漢訳（別項で紹介）・チベット語訳（スレーンドラボーディとエーシェーデの共訳）のほかに、西夏語、古代トルコ語、満州語、安南語、蒙古語などの訳がある。

また、『法華経』梵本の近代語訳について言えば、最初にフランスのビュルヌフによって仏訳が刊行（一八五二年）され、次にオランダのケルンによって英訳が刊行（一九〇九年）された。日本語訳には、南条文雄・泉芳璟共訳『梵漢対照新訳法華経』（一九一二年、大谷大学尋源会）、岡教邃『梵文和訳法華経』（一九二三年、大阪屋号書店）、坂本幸男・岩本裕訳注『法華経』上・中・下（一九六二—一九六七年、岩波書店。梵文和訳の担当は岩本氏）、松濤誠廉・長尾雅人・丹治昭義訳『法華経』I・II（一九七六—一九七七年、中央公論社）がある。

また、鳩摩羅什訳『妙法蓮華経』の英訳もこれまで五種類の訳が刊行され、現代日本語訳も十数種刊行されている。

〔4〕『法華経』の経題の意味

『法華経』の梵名はサッダルマプンダリーカ・スートラ（Saddharmapuṇḍarīka-sūtra）であることはすでに触れた。サットは正しい、善いの意味であるので、サッダルマは「正しい法」といった意味であるが、周知のように、鳩摩羅什は当時流行の『老子』の思想において「道」の形容語として重視された「妙」の文字を用い「妙法」と訳した。これによって、我々の感覚・知覚で捉えることのできない不可思議なものという意味が込められ、「正法」と訳すよりも、かえって中国の人々には魅力あるものとして受け取られるようになったと推定される。このサッダルマについて、悟りを開いた釈尊が今後尊敬し続けるものと言ったことはすでに紹介した。このサッダルマを「正しい教え」と解釈することには賛成しかねる。この場合のダルマは言葉で説かれた教え以前のより根源的なもので、方便品の解説で示すように、如来たちが無数の仏のもとでの長い修行によって身につけ、知った如来たちの「特性」の意味であり、その内実は究極的には仏の智慧である。釈尊が尊敬すると言ったサッダルマとこの仏の智慧は一体のものと捉えられる。仏の智慧において仏とサッダルマが一体となっていると考えられるからである。

プンダリーカは白蓮華であり、これは一応、サッダルマを形容するものと考えられるが、あるいは、白蓮華それ自身が菩薩を象徴することがあるので、涅槃に完全に入ってしまうのではなく、霊鷲山に常にあって衆生を救済する釈尊、つまり永遠の菩薩道を貫く釈尊自身を象徴するものかもしれない。本書の副題は、この永遠の菩薩道に生きる釈尊に基づいて名づけたものである。釈尊滅後に『法華経』を担う地涌の菩薩も、嘱累品以降に登場する偉大な菩薩たちも、菩薩に転換する声聞たちも、すべてこの釈尊をモデルとして、永遠の菩薩道に生きるのである。

『法華経』の本質は、その経題のとおり、仏の智慧の偉大さを讃え、仏の智慧は仏以外の者には理解し難いと言いながら、仏には方便力があるので、仏の智慧を衆生に知らせることができることをも説き、そして、衆生に仏の智慧を獲得させることこそが、仏がこの世に出現する理由であることを示すことにあると思われる。簡潔に表現すれば、仏の智慧の開顕ということになろう。

〔5〕『法華経』の漢訳

中国における現存する『法華経』の漢訳には次の三種がある。第一には西晋《せいしん》の竺法護《じくほうご》（生年およそ二三〇年代で、七十八歳死去）の『正法華経』十巻（二八六年訳）である。第二には姚秦《ようしん》の鳩摩羅什（三四四―四一三、あるいは三五〇―四〇九。現在では後者の塚本善隆氏の説が有力視されている）の『妙法蓮華経』七巻、あるいは八巻（四〇六年訳）である。第三には隋の闍那崛多《じゃなくった》（五二三―六〇五）と達摩笈多《だつまぎゅうた》（?―六一九）の共訳の『添品《てんぽん》妙法蓮華経』七巻（六〇一年訳）である。第三訳は鳩摩羅什訳の補訂版である。鳩摩羅什の訳が最も流行し、多くの注釈書も彼の訳本を対象としたものである。

〔6〕鳩摩羅什について

鳩摩羅什はクマーラジーヴァ（Kumārajīva）の音写で、童寿《どうじゅ》と漢訳する。父の名である鳩摩炎《くまえん》（Kumārayaṇa）と母の名である耆婆《ぎば》（Jīva）の名を合わせたものである。鳩摩羅什の父はインドから中央アジアの亀茲国《きじこく》（クッチャ）にやって来た出家僧であったが、亀茲国王に重んぜられ、還俗《げんぞく》して国王の妹と結婚した。彼らは鳩摩羅什と弗沙提婆《ふっさだいば》の二人の子を儲《もう》けたが、その後、母は夫と兄の国王の反対を押し切って出家した。比丘尼になるための準備期間が終わって、母が比丘尼になるとき、鳩摩羅什もともに出家して沙弥《しゃみ》（具足戒《ぐそくかい》を受けて一人前の比丘となる前の年少の出家者）となった。彼が七歳のときであった。

その後、鳩摩羅什が九歳のとき、彼は母に伴われて、罽賓《けいひん》（カシミール）に留学した。そこで、彼は説一切有部《せついっさいうぶ》の学匠、槃頭達多《ばんずだった》（Bandhudatta）に師事し、主として有部の三蔵を学んだ。彼が十二歳のとき、母は彼とともに亀茲国に帰国しようと思い、帰路、娑勒国《さろく》（カシュガル）に一年間滞在した。この間、彼は説一切有部の論蔵をとくに研究し、また、僧の喜見《きけん》の推薦で『転法輪経《てんぼうりん》』を講義した。そして、その後の鳩摩羅什に決定的な影響を与えたのは、大乗仏教に精通した須利耶蘇摩《しゅりやそま》（Sūryasoma）に出会ったことである。

須利耶蘇摩は鳩摩羅什のために大乗経典の『阿耨達経《あのくだつ》』を説いてくれた。鳩摩羅什は大乗仏教に開眼し、それまで学んだ説一切有部の教学から大乗に転向し、インド中観派の祖であるナーガールジュナ

(約一五〇—二五〇。龍樹《りゅうじゅ》)の『中論《ちゅうろん》』、『十二門論』やその弟子アーリヤデーヴァ(聖提婆《しょうだいば》)の『百論』などを熱心に学んだ。また、仏教以外の学問を広く修めたのであった。

その後、彼は温宿《おんしゅく》国で一人の著名な出家者と対論して打ち破り、名声をほしいままにし、ついに亀茲国に帰って来る。二十歳になった鳩摩羅什は具足戒を受けて比丘となり、卑摩羅叉《びまらしゃ》(Vimarakṣa)に『十誦律《じゅうじゅりつ》』を学んだ。

その後、母はインドに行くことを決意し、鳩摩羅什には中国への仏教弘通を勧め、彼は母に不惜身命《ふしゃくしんみょう》の実践を誓っている。このようなわけで、鳩摩羅什は亀茲国に残留し、『放光《ほうこう》般若経』を発見して学んだり、旧師の槃頭達多を大乗仏教に転向させたりした。

鳩摩羅什の名声は中国にも伝わり、当時、『般若経』の研究に取り組みながら、良い翻訳のないことに悩んでいた釈道安《しゃくどうあん》(三一二—三八五)は、鳩摩羅什の中国招聘《しょうへい》を前秦王苻堅《ぜんしんおうふけん》(三三八—三八五)に進言し、苻堅は三八三年、将軍呂光《りょこう》(三三七—三九九)と七万の軍隊を亀茲国に派遣し、これを破らせた。呂光は鳩摩羅什のすぐれた智慧を知ることができず、また年少であることから、彼を凡人として遇し、泥酔させた上、美女と密室に幽閉し、ついに女犯《にょぼん》の罪を犯させた。言うまでもなく、具足戒を受けた比丘にとって女犯は波羅夷罪《はらいざい》(比丘の最も重い罪で、教団を追放される。つまり、出家僧の資格を失う)であり、鳩摩羅什の人生の一大痛恨事であった。

三八六年、呂光は中国への帰途、涼州《りょうしゅう》で前秦国の滅亡(三八五年、羌族《きょうぞく》の姚萇《ようちょう》が苻堅を破り、後秦国《こうしんこく》を建てた)を知り、姑臧《こぞう》(甘粛省武威県)に都して後涼《こうりょう》を建てた。このとき、鳩摩羅什は呂光に伴われていたので、この姑臧に長くとどまり、中国語に習熟したのである。四〇一年、後秦の姚興《ようこう》(三六六—四一六）は鳩摩羅什の長安入りを拒否した後涼を打ち破って、ついに十二月二十日に鳩摩羅什を長安に迎え入れたのである。

姚興は鳩摩羅什を国師の礼を以て迎え、国家的事業として逍遙園内の西明閣や長安大寺において、仏典の翻訳をさせた。『出三蔵記集《しゅつさんぞうきしゅう》』巻第二の経録によれば、鳩摩羅什は三十五部、二百九十四巻を訳出したとされる。その内容は、『般若経』、『維摩経』、『法華経』などのように以前に訳出された重要な大乗経典の重訳、また『中論』、『十二門論』、『百論』、『大智度論《だいちどろん》』などの般若思想に関係の深い論の新訳、さらに戒律、禅観に関する『十誦律』、『坐禅三昧経《ざぜんざんまいきょう》』などの新訳がある。その他、『成実論《じょうじつろん》』、『十住毘婆沙論《じゅうじゅうびばしゃろん》』、『十住経』、『阿弥陀経』、『弥勒下生経《みろくげしょうきょう》』、『弥勒成仏経』なども重要である。

鳩摩羅什以前の翻訳家が仏教思想に通じていても、中国語にそれほど堪能《たんのう》でなかったのに対し、鳩摩羅什はこれまで紹介した経歴から容易に分かるように、仏教思想の深い理解と中国語の語学力を合わせ持った稀有《けう》な存在であり、なおかつ国家的な事業として翻訳が進められたことは、優秀な人材に十分補佐されたことを意味する。このような理由で、彼の翻訳した仏典は名訳の誉れ高く、広く、また長く読まれることになったのである。

彼が女犯の罪を犯したことはすでに紹介したが、彼は長安に入ってからも、鳩摩羅什の優秀な子孫を期待する姚興の強い願いによって、十人の美女を与えられたと言われる。そして、その後、僧坊に住むことなく、別に官舎を建てて住んだとされる。このような鳩摩羅什に対して、長安の仏教界の一部に強い反発があったことは容易に想像できる。彼は講義のたびに、泥水《でいすい》に咲く蓮華《れんげ》の譬《たと》えを借りて、蓮華を取って、泥水を取るなと語ったと伝えられ、また臨終に際し、自分の翻訳に誤りがなければ、火葬しても自分の舌だけは焼けないで残るであろうと遺言し、果してそのとおりになったと伝えられることも、彼のこのような僧侶としての破戒と深い関係のある発言なのである。「羅什《らじゅう》舌焼《したや》けず」という有名なエピソードには、稀代《きだい》の学匠《がくしょう》で大翻訳家であった鳩摩羅什のこのような悲劇が反映しているのである。

〔7〕梵本・漢訳三本の相互異同

梵本《ぼんぽん》（ケルン・南条本）と漢訳三本の間の異同を形態の上から整理すると、次の六点が大きな相違として認められる。品名は鳩摩羅什訳を用いる。

第一に、提婆達多品が梵本、『正法華経』、『添品妙法蓮華経』では、見宝塔《けんほうとう》品の中に包摂《ほうせつ》されて、独立の品として別立されていない。したがってこれらの本では全体が二十七品から成っている（ただし『正法華経』のあるテキストでは、提婆達多品に相当する部分が梵志《ぼんじ》品として別立されている）。現行の『妙法蓮華経』では提婆達多品が独立しているので、全部で二十八品あることになる。また、本来の鳩摩羅什訳の段階では、この提婆達多品が欠けていたことが立証されている。後に紹介する中国の『法華経』の注釈書の古いもの、たとえば竺道生《じくどうしょう》（三五五頃―四三四）や光宅寺法雲《こうたくじほううん》（四六七―五二九）の注釈書、また日本の聖徳太子の撰述と伝えられる注釈書（『法華義疏《ほっけぎしょ》』）には提婆達多品の注釈が含まれていないこと、『出三蔵記集』に「妙法蓮華経は、並びに提婆達多有れども、中夏《ちゅうか》に伝うる所は、此の一品を闕《か》く」（大正五五・一三中）とあることなどがその証拠である。中央アジア出土のファルハード・ベーグ本においても提婆達多品がないので、鳩摩羅什所持の原典に提婆達多品がなかったとしても不思議はない。

なお、中央アジア出土のペトロフスキー本においては、提婆達多品が別立されて、二十八品の構成となっている点も注目される。

第二に、薬草喩《やくそうゆ》品の後半の部分が『妙法蓮華経』にだけ欠けている。

第三に、嘱累品が『妙法蓮華経』においては第二十二（現行本）として経中に置かれているが、他の本においてはいずれも経末に置かれる。通常、嘱累品は経末にあるべきものなので、『法華経』の成立過程を推定する際に、『妙法蓮華経』の嘱累品以降の六品は後代の付加であろうという推定の根拠となった。

第四に観世音菩薩普門《かんぜおんぼさつふもん》品の偈が『正法華経』と本来の『妙法蓮華経』には欠けていた。この偈は闍那崛多が益州龍淵寺《えきしゅうりゅうえんじ》において五六九年頃訳出し、『添品妙法蓮華経』の訳出前に長行と合わせ、『添品妙法蓮華経』、現行の『妙法蓮華経』に挿入した。

第五に、五百弟子受記《ごひゃくでしじゅき》品の前半が『正法華経』にだけある。

第六に、陀羅尼《だらに》品の位置づけについて、梵本、『添品妙法蓮華経』では如来神力品の次の第二十一章に置かれ、『正法華経』、『妙法蓮華経』では観世音菩薩普門品の次に置かれる。つまり、前者では第二十四章に置かれ、後者（現行本）では第二十六章に置かれる。

このような諸本間の相違の事実は、経典というものが時の経過とともに、またさまざまな地域に流伝していくなかで、改変、増広されていくケースの多いことを物語っている。

［8］インド・中国における『法華経』の注釈書

『法華経』は代表的な大乗経典の一つとして、インド、中国、日本において広く人々の信仰を集めてきたことは言うまでもない。

インドにおいて著わされた『法華経』の注釈書で現存するものは、ヴァスバンドゥ（約三二〇―四〇〇。天親《てんじん》、世親《せしん》と漢訳される）の『法華論《ほっけろん》』である。残念ながらサンスクリット原典は現存せず、漢訳二本がある。菩提留支《ぼだいるし》訳『妙法蓮華経憂波提舎《うばだいしゃ》』と勒那摩提《ろくなまだい》訳『妙法蓮華経論優波提舎』である。略して『法華論』と呼ぶ。ちなみに、前者には吉蔵《きちぞう》の注釈書（『法華論疏《しょ》』）がある。

ナーガールジュナ（龍樹）の『大智度論』（『大品《だいぼん》般若経』の注釈書）には『法華経』の引用が多数見られるが、『法華経』への最大の関心は阿羅漢《あらかん》の成仏にあるようである。『法華経』以外の経典では阿羅漢の成仏が説かれず、涅槃に入って二度とこの世に生まれないとされる阿羅漢が改めて菩薩道を修行して成仏するということはまったく不可思議なことと受け取られていたからであった。インドにおける『法華経』への関心の所在を知ることができる。

次に、中国における注釈書について紹介する。現存する代表的な『法華経』の注釈書を見ると、まず最古のものとして、竺道生の『妙法蓮花経疏』がある。道生は鳩摩羅什の門下で、闡提《せんだい》成仏説（法顕《ほっけん》将来の『六巻泥洹《ないおん》経』は一闡提《いっせんだい》の成仏には否定的であったが、それにもかかわらず、道生は背経《はいきょう》の徒と譏《そし》られながら、曇無讖《どんむしん》訳『大般《だいはつ》涅槃経』四十巻の思想を先取りして、一闡提も仏性《ぶっしょう》を有し終には成仏するという説を主張）や頓悟《とんご》説（仏教の真理は不可分、唯一なるものであるとし、その真理を部分的、段階的に悟るという漸悟《ぜんご》説を批判し、修行の段階的進展は認められるものの、こと悟りに関しては、悟るか悟らないかのいずれかであることを主張）によって、その独創的かつ透徹した仏教理解を高く評価された人物である。

次に、光宅寺法雲の『法華義記《ほっけぎき》』（法雲の講義を、弟子が筆録したもの）がある。法雲は、開善寺智蔵《かいぜんじちぞう》（四五八―五二二）や荘厳寺僧旻《しょうごんじそうびん》（四六七―五二七）とともに梁《りょう》の三大法師と呼ばれた人で、その法華学は南北朝時代（江南において成立した宋王朝（四二〇―四七九）と華北を統一した北魏王朝が拮抗併立した五世紀前半から、隋の文帝によって南北が統一される西暦五八九年までの時代）を通じて第一級のものであった。天台大師智顗もその著『法華玄義《ほっけげんぎ》』において、妙法の解釈について、「昔から今までのさまざまな解釈について、世間では光宅寺法雲をもっともすぐれていると見なしている」（大正三三・六九一下）という見地から、旧説を法雲に代表させて、これを批判しているほどである。

次に、その智顗には、『法華玄義』のほかに、法華経の随文解釈《ずいもんげしゃく》である『法華文句《ほっけもんぐ》』があるが、実はこの二著は智顗の親撰ではなく、弟子の章安大師灌頂《しょうあんだいしかんじょう》（五六一―六三二）が智顗の講義を筆録したものを整理して完成したものと言われている。

次に、三論《さんろん》学派（龍樹の『中論』、『十二門論』、その弟子の聖提婆の『百論』の三論を重視する）の大成者である嘉祥《かじょう》大師吉蔵（五四九―六二三）には、『法華玄論』、『法華義疏』、『法華遊意《ゆうい》』、『法華統略《とうりゃく》』があり、最も多くの法華経注釈書を著わしているのである。

最後に、法相宗《ほっそうしゅう》（玄奘《げんじょう》三蔵の伝訳経論に基づき、唯識《ゆいしき》を説く）の慈恩《じおん》大師基《き》（六三二―六八二）には『法華玄賛《ほっけげんざん》』がある。

これらの人々はいずれも中国仏教史上著名な仏教徒であり、それぞれの宗教的、学問的立場から『法華経』の研究に取り組んだのである。とくに、『法華玄義』、『法華文句』、『法華玄賛』には末注《まっちゅう》が多く、後代まで研究された。

〔9〕中国における『法華経』の分科

中国において経典を注釈する場合、経典全体を序分《じょぶん》・正宗分《しょうしゅうぶん》・流通分《るずうぶん》、あるいは序説・正説・流通説などの三段落（これを一経三段《いっきょう》と呼ぶ）に分けることが流行した。ここでは、次項で『法華経』の物語の展開を解説する前に、中国の代表的な注釈家の『法華経』の分科《ぶんか》（段落分け）を紹介する。

道生は序・正・流通の一経三段をまだ明確にしていないが、彼独自の段落分けを試みている。道生のときは、提婆達多品が欠けていたので、二十七品の『法華経』であった。それによれば、序品第一から安楽行品《あんらくぎょう》第十三までは、声聞乗《しょうもんじょう》・縁覚乗《えんがく》・菩薩乗の三乗の教えの修行＝三種類の因が実は菩薩乗という一因に統一されることを明らかにする段落としている。次に、従地涌出品《じゅうじゆじゅっ》第十四から嘱累品第二十一までは、声聞乗・縁覚乗・菩薩乗の三乗の教えの修行の果報＝阿羅漢果・縁覚・仏という三種類の果が、実は仏という一果に統一されることを明らかにする段落と規定される。最後に、薬王菩薩本事品《やくおうぼさつほんじ》第二十二から普賢菩薩勧発品《ふげんぼさつかんぼっ》第二十七までは、声聞・縁覚・菩薩の三種類の修行者の類型が、実は菩薩という一つの類型に統一されることを明らかにする段落と規定される。このように、道生は三乗が一乗に統一されることを、修行という因と、修行の果と、修行する人との三つの観点から明らかにしたものが『法華経』であると捉えたのである。

法雲の分科はきわめて詳細であることで有名であるが、大枠だけを紹介する。法雲の場合も、二十七品の『法華経』であった。まず、序品第一を序とし、方便品第二から分別功徳品《ふんべつくどく》第十六の格量偈《かくりょうげ》（二三〇頁を参照）までを正説とし、それ以降、普賢菩薩勧発品第二十七までを流通とする。さらに、序品を通序《つうじょ》と別序《べつじょ》に分ける。正説を方便品第二から安楽行品第十三までと、それ以降に分ける。前者については「開三顕一《かいさんけんいち》して、以《も》って因の義を明かす」とし、三乗が方便で一乗が真実であることを示して、成仏の因を明らかにする段落と規定し、後者については「開近顕遠《かいごんけんのん》して、以て果の義を明かす」とし、菩提樹下で成道したとする立場が方便で、五百塵点劫《じんてんごう》（二二九頁を参照）という想像を絶する過去に成道したとする立場が真実であると示して、仏の果を明らかにする段落と規定した。流通については、分別功徳品第十六の後半から妙荘厳王本事品《みょうしょうごんのうほんじほん》第二十六までを化他《けた》流通とし、普賢菩薩勧発品第二十七を自行《じぎょう》流通としている。

吉蔵の分科を『法華義疏』によって紹介すると、『法華経』（吉蔵の場合は提婆達多品を組み込んでいるので二十八品である）全体を序説、正説、流通説の三段落に分ける。序説は序品第一で、正説は方便品第二から分別功徳品第十七の格量偈までで、流通説は格量偈の終わった所から普賢菩薩勧発品第二十八までである。序説はさらに証信序《しょうしんじょ》と発起序《ほっきじょ》に分けられる。正説は方便品第二から法師品第十までが乗（教法の意）方便・乗真実を明かす段落で、見宝塔品第十一から分別功徳品第十七の格量偈までが身（仏身の意）方便・身真実を明かす段落と規定される。流通説は格量偈から如来神力品第二十一までが讃歎《さんだん》流通で、嘱累品第二十二から普賢菩薩勧発品第二十八までが付嘱《ふぞく》流通とされる。

最後に智顗の分科を紹介する。『法華経』（二十八品）全体を序分・正宗分・流通分の三段落に分けるとともに、『法華経』前半の十四品を迹門《しゃくもん》とし、後半の十四品を本門《ほんもん》とし、迹門、本門をそれぞれさらに序分・正宗分・流通分の三段落に分ける。これを一経三段・二経六段と呼ぶ。まず一経三段について言えば、序品第一を序分とし、方便品第二から分別功徳品第十七の格量偈までを正宗分とし、それ以降を流通分とする。二経六段について言えば、まず迹門の三段は、序品第一を序分とし、方便品第二から授学無学人記品第九までを正宗分（開三顕一を説くとする）とし、法師品第十から安楽行品までを流通分とする。本門の三段は、従地涌出品第十五の前半を序分とし、後半から分別功徳品第十七の格量偈までを正宗分（開近顕遠を説くとする）とし、それ以降を流通分とする。

〔10〕中国における『法華経』への関心——教判の基準としての『法華経』

中国における『法華経』に対する関心の中心は、中国仏教の大きな特色の一つと言われる教判《きょうはん》思想の基準を与えてくれる経典としての『法華経』にある。中国に仏教が伝来したのは、およそ西暦紀元前後頃と考えられ、経典の翻訳にいたっては、やっと二世紀の半ばになってからであるから、釈尊の死からすでに五、六百年を経過してからである。この間、インドの仏教は諸部派に分かれ、また大乗仏教が興起して小乗仏教と厳しく対立する状況も生じていたのである。このような多様な仏教思想が、インドにおける仏教思想の発展の歴史をまったく知らされずに、無秩序に中国に伝来し、翻訳されたのである。したがって、多様な大小乗さまざまな経典をすべて釈尊の金口直説《こんくじきせつ》として受容した中国人仏教徒の間に混乱が生じたのは当然のなりゆきであった。

たとえば、鳩摩羅什と廬山《ろざん》の慧遠《えおん》（三三四—四一六）の往復書簡集である『大乗大義章』を参照すると、当時の中国仏教界の第一人者である慧遠でさえ、意外にも大乗と小乗の区別に対する明瞭な認識を持っていなかったことが判明して驚かされる。そこで、仏教の研究が盛んになるにつれ、経典間の矛盾対立する思想に何らかの統一を与え、それによって釈尊一代の説法教化を秩序づけようとの試みがなされるようになった。これが教相判釈、教判（これらの術語は和製漢語であって、中国では判教、釈教相などと呼ばれた）と呼ばれるものが生まれた事情である。

この教判思想は五世紀、主《おも》だった大乗経典が漢訳された頃から盛んになった。この頃、すなわち南北朝時代にとくに南地において有力であった慧観《えかん》（生没年未詳。鳩摩羅什の門下で、『法華宗要序』が現存）の五時教判（これは実は慧観の創唱ではなく、もっと後代に成立したものと推定する説もある）を紹介すると、仏の教えには大きく分けると頓教《とんぎょう》と漸教《ぜんぎょう》との二種類があり、前者には『華厳経』が相当する。後者は仏が鹿野苑《ろくやおん》で説法してから涅槃に入るまで、次第に浅い教えから深い教えに説き進めたもので、『阿含経《あごんきょう》』などの小乗仏教を指す三乗別教・『大品般若経』を指す三乗通教・『維摩経』や『思益梵天所問経《しやくぼんてんしよもんきょう》』を指す抑揚教《よくようきょう》・『法華経』を指す同帰教《どうききょう》・『涅槃経』を指す常住教の五種の教えに分類される。この教判の特徴は、頓教として『華厳経』を別格の高い地位に置いたこと、釈尊の一代の説法は時間的に秩序づけられ、浅い教えから深い教えに漸次《ぜんじ》に説き進められたこと、そしてその従浅至深《じゅうせんしじん》（浅き従《よ》り深きに至る）の原理から論理的に結果することであるが、『涅槃経』が漸教中最高の地位に置かれたことである。したがって、『法華経』は『華厳経』や『涅槃経』の二経の下位に置かれたのである。また、漸教の中の三乗別教（声聞には四諦《したい》が説かれ、縁覚には十二因縁《いんねん》が説かれ、菩薩には六波羅蜜《ろくはらみつ》が説かれるように、修行の因も、それによって得られる果もそれぞれ別である教え）、三乗通教（三乗の人に共通な教え）、同帰教（三乗の人の区別なく、すべてが成仏という一果に同じく帰着する教え）は『法華経』の方便品の三乗方便・一乗真実の思想に基づいて考案されたことは容易に想像できる。『法華経』自身が、釈尊一代の教化を三乗から一乗へ説き進められたものであることを示しているので、中国の教判を考える人は『法華経』を参考に教判を考えたのである。三乗から一乗へという図式では十分に釈尊一代の教化を整理しきれないときには、中国の注釈家は、信解品の長者窮子の譬喩などを手がかりに、より詳密な整理を試みた。

この五時教判は、『法華経』を『華厳経』と『涅槃経』の二経の下位に置いたので、吉蔵や智顗によって厳しく批判されたが、『法華経』が教判に基準を与えるものとして重視されたことは、吉蔵や智顗にあっても変わらなかったと言える。

[11]『法華経』の物語の展開

『法華経』の全体の内容は、各品の冒頭に記した粗筋・大意や、本論によって知ることができるので、ここでは『法華経』の物語の展開を大摑《おおづか》みに捉える。

序品第一は『法華経』全体の序にあたるもので、文殊菩薩《もんじゅぼさつ》が自分の経験した、はるか過去の日月灯明仏《にちがっとうみょうぶつ》の『法華経』の説法に照らして、今の釈尊も三昧《さんまい》を出られた後に、きっと『法華経』を説くであろうと語る。

次に、方便品第二から授学無学人記品第九までは、一乗思想とそれに基づく声聞授記《じゅき》を中心とするもので、この範囲の物語の展開の全体像を理解するには、中国における図式的解釈が参考となる。釈尊は、三乗方便・一乗真実の思想を、上中下の三段階の機根《きこん》の声聞に対応して、それぞれ法《ほう》、譬喩《ひゆ》、宿世《しゅくせ》因縁《いんねん》を説くという仕方で三回にわたって説法する。つまり、上根の声聞である舎利弗《しゃりほつ》に対しては方便品第二において法説《ほっせつ》が与えられ、中根の声聞である須菩提《しゅぼだい》・迦旃延《かせんねん》・迦葉《かしょう》・目犍連《もっけんれん》の四大《しだい》声聞に対しては譬喩品第三において譬喩説（三車火宅《さんしゃかたく》の譬喩）が与えられ、その他の下根の声聞たちに対しては化城喩《けじょうゆ》品第七において宿世因縁説（大通智勝仏の物語）が与えられる。

以上がこの範囲の構成の骨格であるが、改めて物語の流れに沿って説明すると、序品第一において無《む》量義《りょうぎ》処三昧《しょざんまい》に入った釈尊が、方便品第二において、三昧から出られ、舎利弗を相手に語りだし、仏の智慧の偉大さを讃《たた》える。舎利弗は、釈尊に三回にわたって説法を請《こ》い、釈尊もそれに応《こた》えて説こうとしたところ、五千人の増上慢《ぞうじょうまん》のものが退席してしまう。釈尊は残った聴衆は純粋なものばかりであると言って、いよいよ釈尊がこの世に出現した理由を明らかにする。それは唯一の偉大な仕事のため（一大《いちだい》事因縁《じいんねん》）であり、その仕事とは衆生を成仏させることであった。ここに仏のこの世に出現する目的がはっきりと示され、これまでの長い教化と『法華経』の対比を、三乗方便と一乗真実という形で説くのである（法説）。

舎利弗は法説を領解《りょうげ》（理解の意味）し、譬喩品第三において成仏の確信を抱き、釈尊によって授記（将来の成仏を予言すること）される。しかし、法説を理解できたのは舎利弗だけであったので、舎利弗はその他の声聞のために、より分かりやすく三乗方便・一乗真実を説いてほしいと釈尊に願った。釈尊はその願いに応えて三車火宅の譬喩を説いた（譬喩説）のである。

信解《しんげ》品第四において、譬喩説を領解した四大《しだい》声聞は、これまで大乗を真剣に求めなかった自分たちの態度を厳しく自己批判した後に、自分たちの理解を長者窮子《ちょうじゃぐうじ》の譬喩に仮託して示した。薬草喩品第五において、釈尊は四大声聞の領解が正しいことを認め、三草二木《さんそうにもく》の譬喩を説いた（述成《じゅつじょう》という）。これは、種類や大きさの異なる草木（三草二木）が、空一面の雲から降り注ぐ同一の雨に当たって平等に潤いを受けながら、それぞれの種類や大きさに応じて生長するという譬喩である。四大声聞が一乗を正しく理解したので、釈尊は授記品第六において四大声聞に授記した。

しかし、譬喩説を理解できないその他の声聞がまだいたので、釈尊は、化城喩品第七において、はるか過去の大通智勝仏の物語を説いた（宿世因縁説）。この過去の物語によって、声聞はこの世ではじめて釈尊の弟子となったのではなく、三千塵点劫（一三七頁を参照）の昔から深い師弟の関係のあったことに目覚め、一乗を理解することができたのである。

次に、その他の声聞も一乗を理解できたので、授記される。五百弟子受記品第八では、富楼那《ふるな》と千二百の阿羅漢が授記され、授学無学人記品第九においては、阿難《あなん》、羅睺羅《らごら》と二千人の学・無学の声聞への授記がなされる。

次に、法師品第十から従地涌出品第十五までの範囲は、釈尊が涅槃に入った後に、いったい誰が『法華経』を受持し、弘通《ぐつう》するのかというテーマが底流をなしている。これまでの声聞を相手にした話と打って変わって、法師品以降が菩薩を説法の相手としていることも大きな特色である。法師品第十においいては、『法華経』を受持する者の功徳や、その者の本地（偉大な菩薩であり、如来の使者であること）、『法華経』の偉大さ、『法華経』の弘通の方法（大慈悲心を持ち、柔和《にゅうわ》忍辱心《にんにくしん》を持ち、一切法の空を認識すること）などが説かれる。見宝塔品第十一においては、多宝《たほう》如来が出現して『法華経』の真実性を証明する。さらに、釈尊滅後の『法華経』の弘通を勧めるとともに、『法華経』の弘通がいかに困難であるかが六《ろく》難《なん》九《く》易《い》の譬えによって明らかにされる。提婆達多品第十二においては、提婆達多への授記と八歳の龍女の成仏が説かれる。この提婆達多品が見宝塔品と勧持《かんじ》品との間に挿入される理由は、現行本では必ずしも明らかではない。勧持品第十三においては、六難九易を通して『法華経』が受持し難いことを明かした見宝塔品を受けて、薬王菩薩たちの『法華経』受持の決意や、声聞たちの娑婆世界以外の国土における『法華経』弘通の決意が述べられる。また、摩訶波闍波提《まかはじゃはだい》比丘尼や耶輸陀羅《やしゅだら》比丘尼などの比丘尼に対する授記が説かれている。安楽行品第十四においては、菩薩たちの『法華経』弘通の決意を受けて、釈尊滅後の悪世における弘通の方法として、身《しん》・口《く》・意《い》・誓願《せいがん》（これは中国のある解釈による）の四種の安楽行（四安楽行）を説く。従地涌出品第十五においては、他方の国土からやって来た八恒河沙《ごうがしゃ》（恒河沙はガンジス河の砂の数ほど多い数をいう単位）を超過する数の菩薩たちが仏滅後の『法華経』弘通を誓ったが、釈尊はこれを拒絶し、その理由に関して、自分のこの娑婆世界に六万恒河沙の菩薩がいて『法華経』を弘通するからであると言う。この菩薩たちがいわゆる地涌《じゅ》の菩薩である。法師品以降、釈尊滅後に『法華経』を担う主体者はいったい誰なのかが問われてきたが、ようやくこの品において地涌の菩薩こそその任に当たるものであることが明らかにされる。この地涌の菩薩こそ、『法華経』が成立した歴史的状況における『法華経』信仰者の自画像であろう。

従地涌出品においては、弥勒菩薩が地涌の菩薩について、これらの菩薩はいったいいかなる存在なのかを質問する。釈尊はこれらの菩薩は自分が成仏してから教化した弟子であると答えるが、弥勒菩薩は釈尊はまだ成仏して間もない（四十余年）のに、これほど多くの弟子がいることは納得できないと思って、さらにこのような疑惑をはらして下さいと釈尊にお願いする。この弥勒の疑問を受けて、如来寿《にょらいじゅ》量《りょう》品第十六において、釈尊が成仏したのは今世ではなく、五百塵点劫というはるか遠い過去においてであることを明かし、あわせて未来の仏の寿命も過去の二倍あることを説く。すなわち、釈尊の寿命の長遠が説き示されるのである。

分別功徳品第十七から法師功徳品第十九までは、寿量品における釈尊の寿命の長遠を信受する者の獲得する功徳・利益を明らかにする。分別功徳品ではその功徳を十二段階に分けて説き、随喜功徳品第十八では随喜の功徳について説き、法師功徳品では六根清浄《ろっこんしょうじょう》の功徳を説く。したがって、これらの品は如来寿量品と一連のものである。また、常不軽菩薩《じょうふきょうぼさつ》品第二十においては、常不軽菩薩の物語を通して、『法華経』を受持するものを誹謗《ひぼう》するものの罪の報いと、信じるものの六根清浄の功徳とを説いている。

如来神力品第二十一においては、地涌の菩薩がこの『法華経』を受持することを誓い、釈尊が地涌の菩薩に『法華経』を付嘱《ふぞく》し、嘱累品第二十二においては、一切の菩薩たちに対して総じて『法華経』を付嘱する。

ここまでの範囲において、すべての衆生を平等に成仏させる一仏乗を説き、釈尊滅後の『法華経』の受持・弘通の主体者が地涌の菩薩であることを説き、さらに釈尊の寿命の長遠を説き、それを信受する者の功徳を説き、地涌の菩薩とその他すべての菩薩に『法華経』を付嘱するのであるから、『法華経』

はここで終わっても差し支えないと考えられる。そこで、多くの学者が嘱累品以降の六品は後代の付加であると推定したのである。ともあれ、実際には薬王菩薩本事品第二十三から普賢菩薩勧発品第二十八までの六品が続き、陀羅尼品第二十六を除いて、偉大な菩薩や王の故事を取り挙げ、彼らと『法華経』との密接な関係を説き示して、『法華経』の偉大さを讃えている。薬王菩薩本事品においては、薬王菩薩の過去世の物語が語られ、彼が『法華経』の功徳によって現一切色身《げんいっさいしきしん》三昧を得たことを説いている。妙音菩薩品第二十四においては、現一切色身三昧に住する妙音が浄華宿王智仏《じょうけしゅくおうちぶつ》の国から娑婆世界にやって来て、釈尊がこの菩薩の過去の修行について詳しく説き示す。観世音菩薩普門品第二十五においては、現一切色身三昧に住する観音菩薩が三十三身を現わして、苦難の衆生を救うという現世利益《げんぜりやく》を説いている。妙荘厳王本事品第二十七においては、外道の法門に執著している妙荘厳王が浄徳《じょうとく》夫人、浄蔵《じょうぞう》、浄眼《じょうげん》の二人の子供によって仏弟子となり、『法華経』を修行して一切浄功徳荘厳《いっさいじょうくどくしょうごん》三昧を得たことを説く。普賢菩薩勧発品第二十八においては、東方の宝威徳上王仏《ほういとくじょうおうぶつ》の国からやって来た普賢菩薩が『法華経』を修行する者を守護することを誓い、また、釈尊が『法華経』を受持する者の功徳を説く。順序は前後したが、陀羅尼品第二十六においては、薬王菩薩、勇施《ゆぜ》菩薩、毘沙門天王《びしゃもんてんおう》、持国《じこく》天王、十羅刹女《らせつにょ》などがそれぞれ陀羅尼＝呪文《じゅもん》を唱えて、『法華経』を弘通する人を守護することを誓う。

〔12〕『法華経』の特色と中心思想

ここでは『法華経』の特色と中心思想について簡潔に整理する。詳しくは該当する箇所の解説を参照されたい。

（1）『法華経』の普遍性と永遠性――『法華経』は釈尊がはじめて説くものではなく、序品においては日月灯明仏が説き、化城喩品においては大通智勝仏が説き、常不軽菩薩品においては威音王仏《いおんのうぶつ》が説いたとされる。これは『法華経』の普遍性と永遠性を主張したものであり、すべての仏の根源に『法華経』が存していることを暗示している。これと関連して、『法華経』が膨大な分量であることがしばしば指摘され、我々に示される『法華経』がそのほんの一部であることが示唆される。

（2）一乗思想と人間の平等――『法華経』の中心思想は方便品に説かれる一乗思想と、如来寿量品に説かれる永遠の仏と言われる。確かに、すべての衆生が平等に成仏できるという思想（具体的には、成仏できないとされていた阿羅漢の成仏を認め授記したこと）は他の大乗経典にも見られない『法華経』の偉大な思想である。この思想を最も印象深く語りかけるものが、常不軽菩薩の実践である。彼はすべての人々に対して「私は深くあなたたちを尊敬する。軽んじてあなどろうとはしません。なぜならば、あなたたちはみな菩薩の修行を実践して、成仏することができるであろうからです」と話しかけながら、ただ礼拝するという実践を続けた。つまり、すべての人々を未来の仏として尊敬するという実践を続けたのである。中国の三階《さんがいきょう》教の信行《しんぎょう》（五四〇―五九四）はこの常不軽菩薩の礼拝行を自己の創始した宗教の実践に取り入れたと言われるが、現代においても学ぶべきことが多いと思われる。

（3）ニヒリズムを越えて――信解品の冒頭には、摩訶迦葉が小乗としての自己を厳しく批判する場面がある。彼ら声聞は空・無相・無作（無願）の三三昧《さんざんまい》を修行し、悪しき相対主義に陥って、大乗仏教の菩薩の修行である仏国土《ぶっこくど》を浄化することと衆生を救済することとに対して何の関心、興味、喜びも見いださなかったことに対する自己批判である。すべての行為の意味が無化されるニヒリズムを越えたところに、菩薩の修行が説かれるのである。

これと関連して、輪廻《りんね》の捉え直しがある。原始仏教・部派仏教においては、この世に再生しないこと、輪廻からの解脱《げだつ》を宗教的理想として掲げた。したがって、現世は迷いの世界としてまったく否定的に捉えられたのである。ところが、部派の一部で、菩薩は誓願の力によってこの現世に生まれて来ることができることが説かれた。『法華経』はこの思想を受け、法師品において、釈尊滅後に『法華経』を受持、弘通する者は清浄な果報をあえて捨て、衆生に対する大慈悲心によって、願ってこの悪世に生まれてきた大菩薩であることを明かした。つまり、この現世を『法華経』による衆生救済の活動をする場として肯定する思想を示したのである。輪廻と解脱＝涅槃を二元的対立と見ないで、輪廻の世界を菩薩道の実践の場として意味づけたものと理解できる。

（４）永遠の仏――すでに述べたように『法華経』の中心思想として、如来寿量品に説かれる永遠の仏の思想がある。多くの大乗経典が釈尊以外の新しい仏を誕生させた。『法華経』はあくまで歴史上の釈尊に即して、永遠の釈尊という新しい仏を創造した。ここには歴史を重視するという『法華経』の態度が見られる。『法華経』が成立した歴史的状況はすでに無仏の世であったが、それにもかかわらず、霊鷲山で常に説法教化する釈尊を発見し、信仰のある者の前に釈尊が現前するという思想を樹立したのである。

また、永遠の釈尊は、諸仏の時間的統一を意味し、見宝塔品における釈尊の十方の分身仏の集合は諸仏の空間的統一を意味すると理解すれば、『法華経』は仏の統一を試みた経典であると解釈できる。この視点に立つと、一乗思想は、仏の教えの統一を図ったものと解釈できる。したがって、『法華経』の大きな特色として、仏教（仏と仏の教え）の統一を挙げることができる。

（5）『法華経』の七喩――『法華経』には有名な譬喩が多く説かれている。宗教文学としての『法華経』の人気の秘密がここにある。『法華論』の説く七喩が有名である。譬喩品の三車火宅の譬喩、信解品の長者窮子の譬喩、薬草喩品の三草二木の譬喩、化城喩品の化城宝処《ほうしょ》の譬喩、五百弟子受記品の衣《え》裏《り》繫珠《けいじゅ》の譬喩、安楽行品の髻中《けちゅう》明珠《みょうしゅ》の譬喩、如来寿量品の良《ろう》医病子《いびょうし》の譬喩である。内容については、該当する箇所を参照されたい。

［付記］

本書を執筆するにあたり、参考にした単行本を掲げる。記して謝意を表する。

坂本幸男・岩本裕訳注『法華経』上・中・下（岩波書店）
松濤誠廉・長尾雅人・丹治昭義訳『法華経』Ⅰ・Ⅱ（中央公論社）
渡辺照宏『法華経物語』（大法輪閣）
三枝充悳『法華経現代語訳』（第三文明社）
苅谷定彦『法華経一仏乗の研究』（東方出版）
田村芳朗・藤井教公『法華経』上（大蔵出版）
藤井教公『法華経』下（大蔵出版）

［1］序　品（じょほん）

序品は『法華経』全体の序として、はじめに『法華経』を聞くために集まってきた聴衆を紹介する。その後、釈尊が無量義（無限の教説の意）という名の大乗経典を説いた後に、無量義処《むりょうぎしょ》（無限の教説の基礎の意）という名の三昧《さんまい》に入ってしまうが、天から花が降り注ぎ、大地が六種に震動し、さらに釈尊の眉間白毫相《みけんびゃくごうそう》から光が放たれ、東方の一万八千の国土が明々《あかあか》と照らされ、そのありさまが聴衆の眼前に展開した。この不可思議な現象の意味について、聴衆を代表して弥勒菩薩《みろくぼさつ》が文殊《もんじゅ》菩薩に質問する。文殊菩薩は自己の過去の体験、すなわち過去世における二万の日月灯明如来《にちがっとうみょうにょらい》の最後の日月灯明如来のときに、今とまったく同じ不可思議な現象の後に、仏が三昧を出られて『法華経』を説いたこと、そしてそのとき自分は妙光《みょうこう》という名の菩薩として『法華経』を聞き、仏が涅槃《ねはん》に入った後に、仏の出家以前に儲《もう》けた八人の子供を教化したこと、その八番目の王子が成仏して燃灯仏《ねんとうぶつ》になったこと、妙光の弟子の中に利益に執著し、経典を読誦しても理解できず、すぐに忘れてしまう求名《ぐみょう》というものがいたが、それが今の弥勒であることなどを語り、今の釈尊も三昧を出られたならば、きっと『法華経』を説くであろうと答える。

（1）聴衆の列挙

【訳】 このように私は聞いた。ある時、仏は王舎城《おうしゃじょう》の耆闍崛山《ぎしゃくっせん》にとどまり、一万二千人の比丘《びく》たちの大勢の集まりと一緒だった。（比丘たちは）すべて阿羅漢《あらかん》であり、漏《も》れ出る汚《けが》れ（煩悩《ぼんのう》のこと）がなくなり、もはや煩悩もなく、自己の宗教的利益を獲得し、迷いの生存に束縛するもの（煩悩のこと）をなくして、心は束縛から解放されていた。その名前を阿若憍陳如《あにゃきょうじんにょ》・摩訶迦葉《まかかしょう》・……舎利弗《しゃりほつ》・大目犍連《だいもっけんれん》・摩《ま》訶迦旃延《かかせんねん》・……富楼那弥多羅尼子《ふるなみたらにし》・須菩提《しゅぼだい》・阿難《あなん》・羅睺羅《らごら》といった。（彼らは）このように人々に知られた偉大な阿羅漢であった。

また有学《うがく》・無学《むがく》の二千人がいた。摩訶波闍波提比丘尼《まかはじゃはだいびくに》は六千人の仲間と一緒だった。羅睺羅の母の耶《や》輸陀羅比丘尼《しゅだらびくに》もまた仲間と一緒だった。

八万人の菩薩摩訶薩《まかさつ》はすべて最高の正しい悟りに向かってそこから逆戻りすることなく、みな経文を暗記する力と進んで説法する雄弁の力とを得て、（人々を悟りから）逆戻りさせない教えを説き、計量することもできない多数の仏たちを供養し、仏たちのもとで多くの徳の根本を確立し、常に仏たちに褒《ほ》められ、慈悲を身に修得し、巧みに仏の智慧に入り、偉大な智慧に精通し、（悟りという）向こう岸に到り、名声がくまなく無量の世界に広がり、無数の衆生を救済することができた。その名を文殊師利《もんじゅしり》菩薩・観《かん》世音《ぜおん》菩薩・……薬王《やくおう》菩薩・……跋陀婆羅《ばつだばら》菩薩・弥勒《みろく》菩薩・……という。このような八万人の菩薩摩訶薩が一緒だった。

そのとき、釈提桓因《しゃくだいかんにん》はその仲間の二万の天子《てんし》と一緒だった。また名月《みょうげつ》天子・普香《ふこう》天子・宝光《ほうこう》天子・

四大天王《しだいてんのう》がその仲間の一万の天子と一緒だった。自在《じざい》天子・大自在天子・……娑婆《しゃば》世界の主の梵天王《ぼんてんのう》・尸棄大梵《しきだいぼん》・光明《こうみょう》大梵などはその仲間の一万二千人の天子と一緒だった。八人の龍王《りゅうおう》がいた。……四人の緊那羅《きんなら》王がいた。……四人の乾闥婆《けんだつば》王がいた。……四人の阿修羅《あしゅら》王がいた。……四人の迦楼羅《かるら》王がいた。……韋提希《いだいけ》の子の阿闍世《あじゃせ》王は数十万の仲間と一緒だった。

それぞれ仏の足を自分の額につける敬礼をして、片隅に退いて坐った。

[訓読] 是《か》くの如《ごと》く我れ聞く。一時《いちじ》、仏は王舎城[1]の耆闍崛山[2]の中に住し、大比丘[3]衆の万二千人と倶《とも》なり。皆《み》な是《こ》れ阿羅漢[4]にして、諸《もろもろ》の漏《ろ》[5]を已《すで》に尽《つく》し、復《ま》た煩悩[6]無く、己の利[7]を逮得《たいとく》し、諸の有結《うけつ》[8]を尽して、心は自在なることを得。其の名を阿若憍陳如[9]・摩訶迦葉[10]・……舎利弗[11]・大目揵連[12]・摩訶迦旃延[13]・……富楼那弥多羅尼子[14]・須菩提[15]・阿難[16]・羅睺羅[17]と曰う。是くの如く衆に知識《ちしき》せらるる大阿羅漢なり。

復た学[18]・無学[19]の二千人有り。摩訶波闍波提[20]比丘尼[21]は眷属《けんぞく》[22]六千人と倶なり。羅睺羅の母の耶輸陀羅[23]比丘尼も亦た眷属と倶なり。

菩薩摩訶薩[24]の八万人は皆な阿耨多羅三藐三菩提《あのくたらさんみゃくさんぼだい》[25]に於て退転《たいてん》せず、皆な陀羅尼《だらに》[26]、楽説弁才《ぎょうぜつべんざい》[27]を得て、不《ふ》退転《たいてん》の法輪《ほうりん》[28]を転《てん》じ、無量百千の諸仏《しょぶつ》を供養《くよう》し、諸仏の所に於て衆徳の本を殖《う》え、常に諸仏の称歎《しょうたん》する所と為《な》り、善《よ》く仏慧《ぶつて》に入り、大智に通達《つうだつ》し、彼岸《ひがん》[29]に到り、名称普《みょうしょうあまね》く無量の世界に聞こえ、能《よ》く無数百千の衆生を度《ど》す。其の名を文殊師利菩薩[30]・観世音菩薩[31]・……薬王菩薩[32]・……跋陀婆羅菩薩[33]・弥勒菩薩[34]・……と曰う。是くの如き等の菩薩摩訶薩の八万人倶なり。

爾《そ》の時、釈提桓因[35]は其《そ》の眷属の二万の天子[36]と倶なり。復た名月天子・普香天子・宝光天子・四大天王[37]

有りて其の眷属の万の天子と倶なり。自在天子・大自在天子[38]・……娑婆世界[39]の主の梵天王[40]・尸棄大梵・光明大梵等、其の眷属万二千の天子と倶なり。八龍王[41]有り。……四緊那羅[42]王有り。……四乾闥婆[43]王有り。……四阿修羅[44]王有り。……四迦楼羅[45]王有り。……韋提希[46]の子の阿闍世[47]王は若干の百千の眷属と倶なり。各《おのおの》、仏足《ぶっそく》を礼《らい》[48]し、退《しりぞ》いて一面に坐《ざ》す。

[1]【王舎城】Rājagṛha. 中インドのマガダ国の首都。城は城壁に囲まれた都市の意。[2]【耆闍崛山】Gṛ=dhrakūṭa-parvata. 霊鷲山《りょうじゅせん》と訳す。グリドラクータは禿鷲《はげわし》の意。[3]【比丘】bhikṣu. 乞食《こつじき》する人の意。男性の出家修行者。[4]【阿羅漢】arhat. 尊敬するに値する人の意。仏の十号の一つで、応供《おうぐ》とも漢訳されるが、ここでは小乗仏教における修行の階位の最高位の者。[5]【漏】āsrava. 漏れ出るものの意。煩悩のこと。[6]【煩悩】kleśa. 身心を悩ます心の悪い働き。[7]【己の利】自利《じり》のことで、利他《りた》の反対語。自己の救済に関する利益。[8]【有結】bhava-saṃyojana. 迷いの生存に束縛されること。[9]【阿若憍陳如】Ājñātakauṇḍinya. 釈尊とともに苦行した五人の比丘の一人で、釈尊の最初の説法を聞いて、最初に悟った人。[10]【摩訶迦葉】Mahākāśyapa. 釈尊の十大弟子の一人。頭陀《ずだ》第一。仏典の第一結集を指導した。『法華経』では、譬喩品第三の三車火宅の譬喩を聞いて、方便品に説かれる三乗方便・一乗真実を理解する中根《ちゅうこん》の声聞《しょうもん》を演じる。[11]【舎利弗】Śāriputra. 十大弟子の一人で、智慧《ちえ》第一。『法華経』では、方便品の三乗方便・一乗真実を最初に理解する上根《じょうこん》の声聞を演じる。[12]【大目犍連】Mahāmaudgalyāyana. 大目揵連とも記す。本書では大目犍連に統一する。十大弟子の一人で、神通《じんずう》第一。『法華経』では、摩訶迦葉と同じく中根の声聞を演じる。[13]【摩訶迦旃延】Mahākātyāyana. 十大弟子の一人で、論議第一。『法華経』では、摩訶迦葉と同じく中根の声聞を演じる。[14]【富楼那弥多羅尼子】Pūrnamaitrāyaṇīputra. 十大弟子の一人で、説法第一。『法華経』で

は、化城喩品第七の大通智勝仏の故事を聞いて、三乗方便・一乗真実を理解する下根《げこん》の声聞を演じるが、その本地は菩薩であると説かれる。[15]【須菩提】Subhūti. 十大弟子の一人で、解空《げくう》第一。『法華経』では、摩訶迦葉と同じく中根の声聞を演じる。[16]【阿難】Ānanda. 十大弟子の一人で、多聞《たもん》第一。釈尊の従弟《いとこ》で、釈尊の晩年二十五年間、侍者《じしゃ》を務めた。[17]【羅睺羅】Rāhula. 十大弟子の一人で、密行第一。釈尊が出家以前に儲けた実子。[18]【学】有学のこと。小乗仏教の修行の階位において、声聞の位を預流果《よるか》・一来果《いちらいか》・不還果《ふげんか》・阿羅漢果の四果に分ける。その中、前の三果を、まだ学ぶべきことがあるという意味で有学という。[19]【無学】声聞の四果の中、阿羅漢果をいう。もはや学ぶべきことのない声聞の最高位。[20]【摩訶波闍波提】Mahāprajāpatī. 釈尊の実母、摩耶（Māyā）の妹で、摩耶の死後、釈尊の養母となった。比丘尼の第一号。[21]【比丘尼】bhikṣuṇī. 女性の出家修行者。[22]【眷属】取り巻きの者の意。随行者。[23]【耶輸陀羅】Yaśodharā. 釈尊の出家前の妻。羅睺羅の生母。[24]【菩薩摩訶薩】bodhisattva-mahāsattva. 菩薩は自ら仏の悟りを求める衆生の意。摩訶薩は慈悲を持つ偉大な衆生の意。自利行・利他行のどちらも行う大乗仏教の修行者をいう。[25]【阿耨多羅三藐三菩提】anuttara-samyak-saṃbodhi. 最高の正しい悟りの意。仏の悟りをいう。[26]【陀羅尼】dhāraṇī. 総持《そうじ》と漢訳する。経典を記憶する力の意。また、呪術的な力を有する章句、すなわち呪文のこと。本経の陀羅尼品第二十六、普賢菩薩勧発品第二十八に陀羅尼が説かれている。[27]【楽説弁才】進んで説法する雄弁の力のこと。[28]【法輪】dharma-cakra. 仏の教えをインド古代の武器チャクラ（輪）にたとえていう。[29]【彼岸】向こう岸の意。迷いの此岸《しがん》に対して、悟りの境界をいう。[30]【文殊師利菩薩】Mañjuśrī. 妙徳、妙吉祥《みょうきっしょう》と漢訳される。本経の序品では、不可思議な瑞相《ずいそう》の意義を弥勒から質問され、自身の過去の体験に基づいて、仏が三昧から出たらまさに『法華経』を説くであろうと答える重要な役割を演じる。[31]【観世音菩薩】Avalokiteśvara. 観音、観自在、光世音などともいう。本経の観世音菩薩普門品第二十五には、この菩薩の信仰が大きな現世利益《げんぜりやく》をもたらすことを説く。[32]【薬王菩薩】Bhaiṣajyarāja. 本経の薬王菩薩本事品第二十三には、この菩薩の過去世における焼身《しょうしん》供養が説かれる。[33]【跋陀婆羅菩薩】Bha=drapāla. 善い守護者の意。在家の菩薩である。梵本では出家の菩薩と別にバドラパーラをはじめとする十六人の在家の菩薩を列挙している。バドラパーラは『法華経』の常不軽菩薩品第二十において、常不軽菩薩を過去世において迫害したものたちの一人とされている。[34]【弥勒菩薩】Maitreya. 釈尊の入滅後、五十六億七千万年後に成仏するといわれる未来仏。本経では、この序品と従地涌出品第十五において、大衆を代表して、それぞれ文殊菩薩、釈尊に質問をする重要な役割を演じる。[35]【釈提桓因】Śakro devānāṃ indraḥ. 神々の王シャクラの意。帝釈天《たいしゃくてん》とも訳す。インドラ神のこと。[36]【天子】deva-putra. 神々の子、または低位の神々。ここでは後者の意。[37]【四大天王】帝釈天の外将として、仏法を守護する。東西南北の方角をそれぞれ持国天《じこくてん》、広目天《こうもくてん》、増長天《ぞうじょうてん》、多聞天《たもんてん》（毘沙門天《びしゃもんてん》）が守護する。[38]【自在天子・大自在天子】自在はĪśvara、大自在はMaheśvaraの訳。バラモン教ではシヴァ神の異名とすることが多い。その場合、自在と大自在は同一視されるが、ここでは別の神格として並列されている。[39]【娑婆世界】娑婆はsahāの音写。忍耐の意。我々が住むこの世界のこと。[40]【梵天王】宇宙の根本原理であるBrahmanを神格化したもので、仏教では色界《しきかい》の初禅天《しょぜんてん》に住み、仏法を守護するとされる。梵本では、次下に出る尸棄（Śikhin）大梵と光明(Jotiśprabha) 大梵は一万二千の眷属の代表として名が挙げられている。[41]【龍王】nāga-rāja. 水中の龍宮に住む。蛇形の鬼神《きじん》。娑迦羅《しゃから》龍王の八歳の娘（龍女《りゅうにょ》）の成仏が提婆達多品第十三に説かれる。[42]【緊那羅】kiṃnara. 人非人と漢訳する。もと、美しい声を持ち、よく歌舞をなす天の楽神《がくしん》。仏教では、乾闥婆とともに帝釈天に音楽で仕《つか》える。[43]【乾闥婆】gandharva. 食香《じきこう》と漢訳する。もと、神々の飲料であるソーマ酒を守護する神。仏教では、緊那羅とともに帝釈天に音楽で仕える。[44]【阿修羅】asura. もと、善神であったが、後に悪神とされ、インドラ神と争うものとされた。仏教では、六道の一として、須弥山《しゅみせん》の下の海底に住む鬼神とされた。また、天龍八部衆《てんりゅうはちぶしゅ》の一として仏法を守護する。[45]【迦楼羅】garuḍa. 金翅鳥《こんじちょう》と漢訳する。金色の翼をもつインドの架空の大鳥で、龍を常食とする。46【韋提希】Vaidehī. 法華経の説法の場所である王舎城があるマガダ国の国王ビンビサーラの后《きさき》。47【阿闍世王】Ajātaśatru. マガダ国のビンビサーラ王の子。未《み》生《しょう》怨《おん》と漢訳する。父王を殺したり、釈尊を迫害したりしたが、後に改心して仏教の熱心な信者となった。48【仏足を礼し……】額を仏の両足につけて敬礼すること。

【解説】 この段は、『法華経』の説法の集会に集まってきた聴衆を列挙する段落である。原始仏典における説法の舞台と違って、大変な数の聴衆が登場するが、これは大乗仏典の一つの特色となっている。スケールの大きな舞台がことさらに設定されているのである。霊鷲山は小高い丘で、頂上が平らになっており、釈尊の説法場所の一つとして有名である。もちろん、ここに本経に列挙されるような膨大な数の人が集まることは不可能であり、大乗仏典が創作であることを自ら明かしていると言えよう。

まず、出家の比丘、比丘尼、菩薩の順に挙げている。羅什訳では、出家の菩薩と在家の菩薩を区別しないで一括して挙げているが、梵本では出家の菩薩の後に、バドラパーラをはじめとする十六人の在家の菩薩を列挙している。その後に、神々をはじめとする想像上の生物、すなわち天龍八部衆を挙げ、最後に阿闍世王を挙げている。阿闍世王は本経の説法場所、マガダ国の王である。

ここでは、ほぼすべての経典の冒頭に置かれる「如是我聞」の意味と、四衆と天龍八部衆について解説する。

如是我聞 初めの「如是我聞《にょぜがもん》。一時仏住《いちじぶつじゅう》……、与大比丘衆《よだいびくしゅ》……倶《く》」（是くの如く我れ聞く。一時、仏は……に住し、大比丘衆の……と倶《とも》なり）という文はほとんどの仏典に共通に見られる定型的表現である。

すべての仏典が釈尊によって説かれたとする伝統的な仏教の建前《たてまえ》に則《のっと》って、経典の以下に述べられる事がらが、釈尊の侍者である阿難によって聞かれたとする。また、釈尊によって説かれた時期は「一時」(ある時)とされ、不確定な表現であるが、説法の場所と釈尊に伴《ともな》った弟子の数、さらに聴衆の名前を列挙して、釈尊の説法の事実性の証拠としている。

『大智度論』巻第一には、すべての経典の冒頭に「如是《にょぜ》」とある理由について「仏法という大海は、信によって入ることができ、智によって渡ることができる。如是の意味は信にほかならない。もし人の心に清らかな信があればこの人は仏法に入ることができ、もし信がなければこの人は仏法に入ることができない。信じない場合は、この事がらはこの通り(如是)ではないと言う。これは不信のすがたである。信じる場合は、この事がらはこの通りであると言う」(大正二五・六二上)と説明している。つまり、「如是」は経典に対する信心を示すものと解釈している。

「如是我聞」という漢訳は、鳩摩羅什以降一般化したが、それ以前は「聞如是」、「我聞如是」などと漢訳されたこともあった。中国語としては「我聞如是」の方が「如是我聞」よりも普通の語順かもしれない。おそらく、鳩摩羅什は梵本の「このように私によって聞かれた」という表現の語順に対応させて漢訳したものであろう。

中国においては経典の注や疏《しょ》が盛んに著わされたが、以下これを仏典解釈学と呼ぶこととすると、この仏典解釈学においては、上記の定型句を「通序」(すべての経典に共通に見られる序の意)、「証信序」(経典の内容が信=真実であることを証明して、経典に対する信心を未来の衆生に生じさせる序の意)などと呼ばれた。

四衆と天龍八部衆　経典の冒頭には、これから仏によって説かれるであろう経典を聞くために集まってきた聴衆の名が列挙される。大乗仏典は原始仏典よりも、より大がかりな舞台設定を行うために、聴衆の数もおびただしい。この聴衆は、大きく分けると、人間と人間でないものの二種に分けられる。前者が比丘、比丘尼、優婆塞《うばそく》、優婆夷《うばい》の四衆であり、後者が天、龍、夜叉《やしゃ》、乾闥婆、阿修羅、迦楼羅、緊那羅、摩睺羅迦の、いわゆる天龍八部衆である。

比丘は男性の出家の修行者、比丘尼は女性の出家の修行者、優婆塞（upāsaka）は男性の在家の信者、優婆夷（upāsikā）は女性の在家の信者である。この段には優婆夷の固有名は出ていないが、経典の中で、「善男子、善女人」と呼びかけられるので、優婆夷が聴衆の一角を占めることは言うまでもない。

聴衆に人間以外の生物、想像上の生物を含むことは、現代人には奇妙な印象を与えるが、ここには、生物は地獄、餓鬼《がき》、畜生、阿修羅、人、天の六道（六種の生存領域）を輪廻《りんね》するという連続的生命観を持つインド思想の反映を見ることができる。さまざまな生物が衆生（sattva）という概念によって括《くく》られるのである。

（2）不思議な現象――東方の世界が眼前に展開

［訳］　そのとき、世尊は四衆に囲まれ、供養され、尊敬され、尊重され、褒《ほ》め讃《たた》えられて、多くの菩薩たちのために、「無限の教説」という名の、菩薩を教化する法で、仏に大切に守られている大乗経典を説いた。仏はこの経を説いてから結跏趺坐《けっかふざ》し、「無限の教説の基礎」という三昧に入って、身も心も

不動の状態になった。このとき、天は曼陀羅華《まんだらけ》、摩訶曼陀羅華、曼殊沙華《まんじゅしゃげ》、摩訶曼殊沙華を雨のように降らして、仏や大衆の上に散らばらせ、仏の世界全体が六種に震動した。

そのとき、集会のなかの比丘、比丘尼、優婆塞、優婆夷、天、龍、夜叉、乾闥婆、阿修羅、迦楼羅、緊那羅、摩睺羅迦の人間や人間でないものたち、及び多くの小国の王、転輪聖王など、このような大勢の人々はこれまでにないすばらしい気持ちになって、喜びの心で合掌し、ひたすら仏を見た。

そのとき、仏は眉間の白い巻き毛から光を放って、東方の一万八千の世界の、下は阿鼻《あび》地獄から上は阿迦尼吒天《あかにたてん》までくまなく照らした。この(娑婆)世界において、かの国土の六道の衆生がすべて見えた。また、かの国土の現に存在する仏たちが見え、及び仏たちの説く経法が聞こえ、あわせてかの比丘、比丘尼、優婆塞、優婆夷たちの修行して得道する者たちが見えた。また、菩薩摩訶薩たちが、さまざまないわれ、さまざまな信による理解、さまざまな姿によって、菩薩道を修行するのが見えた。また、仏たちが完全な涅槃に入るのが見えた。また、仏たちが完全な涅槃に入った後に、仏の遺骨で七宝《しっぽう》の塔を建立するのが見えた。

【訓読】 爾の時、世尊[1]は四衆[2]に囲遶《いにょう》せられ、供養、恭敬《くぎょう》、尊重《そんちょう》、讃歎《さんだん》せられ、諸の菩薩の為《た》めに大乗経の無量義と名づけ、菩薩を教うる法にして仏に護念《ごねん》せらるる[3]を説く。仏は此の経を説き已《おわ》って結加趺坐[4]し、無量義処三昧[5]に入りて、身心動ぜず。是の時、天は曼陀羅華、摩訶曼陀羅華[6]、曼殊沙華、摩訶曼殊沙華[7]を雨《ふ》らして仏の上、及び諸の大衆に散じ、普《あまね》き仏の世界は六種に震動す[8]。

爾の時、会《え》の中の比丘、比丘尼、優婆塞[9]、優婆夷[10]、天、龍、夜叉[11]、乾闥婆、阿修羅、迦楼羅、緊那羅、

摩睺羅迦[12]の人《にん》・非人《ひにん》[13]、及び諸の小王、転輪聖王《てんりんじょうおう》[14]の是の諸の大衆《だいしゅ》は未曾有《みぞう》[15]なることを得て、歓喜合掌《かんぎがっしょう》して一心に仏を観る。

爾の時、仏は眉間白毫相[16]の光を放ちて、東方の万八千の世界を照らして、周遍《しゅうへん》せざること靡《な》く、下《し》も阿鼻地獄[17]に至り、上《か》み阿迦尼吒天[18]に至る。此の世界に於て、尽《ことごと》く彼《か》の土の六趣[19]の衆生を見る。又た彼の土の現在の諸仏を見、及び諸仏の説く所の経法を聞き、并《なら》びに彼の諸の比丘、比丘尼、優婆塞、優婆夷の諸の修行して得道する者を見る。復《ま》た諸の菩薩摩訶薩の、種種の因縁《いんねん》、種種の信解《しんげ》、種種の相貌《そうみょう》もて、菩薩道を行ずるを見る。復た諸仏の般涅槃《はつねはん》[20]する者を見る。復た諸仏の般涅槃の後に、仏の舎利《しゃり》[21]を以て七宝塔[22]を起《た》つるを見る。

1【世尊】Bhagavat. 尊い人の意。仏のこと。2【四衆】比丘、比丘尼、優婆塞、優婆夷のこと。3【大乗経の無量義と名づけ、菩薩を教うる法にして仏に護念せらるるを説く】伝統的には「大乗経の無量義・菩薩を教うる法・仏に護念せらるるものと名づくるを説く」と訓読するが、渡辺照宏氏の説では、経名としては「無量義」までで、「教菩薩法仏所護念」は「大乗経」の言い換えであるとする（「詳解・新訳法華経」第七回、『大法輪』掲載）。妥当な見解であると思う。4【結加趺坐】「加」は重ねるの意。「趺」は足の甲の意。両足をそれぞれ左右の腿に組み合わせる坐法。結跏趺坐と書くこともある。「跏」は足の裏の意。5【無量義処三昧】ananta-nirdeśa-pratiṣṭhāna.「無限の教説の基礎」の意。三昧は samādhi の音写で、瞑想の意。6【曼陀羅華・摩訶曼陀羅華】māndārava. mahā-māndārava. 天妙華、適意華、悦意華、白華と漢訳する。天界の花の一種。「摩訶」は大きいの意。7【曼殊沙華・摩訶曼殊沙華】mañjūṣaka. mahā-mañjūṣaka. 如《にょ》意花《いけ》、檻花《げんけ》と漢訳する。天界の花の一種。日本では彼岸花のこと。8【六種に震動す】上下と東西南北との六種の方向に震動すること。9【優婆塞】upāsaka.「仕える人」の意。男性の在家の信者。10【優婆夷】upāsikā. 女性の在家の信者。11【夜叉】yakṣa. もと、財宝の神クベーラの配下と考えられる鬼神。仏教では、毘沙門天の眷属《けんぞく》で、北方を守護する。12【摩睺羅迦】mahoraga. 大腹、質朴、非人、大胸腹行と漢訳する。大蛇の鬼神。13【人・非人】manuṣya-amanuṣya. 人間と人間でないもの。四衆は人で、天龍八部衆は非人にあたる。14【転輪聖王】インドの神話で、世界を統一支配する理想的帝王のこと。15【未曾有】adbhuta. 元来はすばらしいの意。漢語としてはこれまでにないの意で、珍しいこと、不思議なことを意味する。16【眉間白毫相】仏の三十二相（仏が備える特殊な三十二の肉体的特徴）の一つ。眉間に白い右巻きの細い毛がある。17【阿鼻地獄】Avīci. 無間《むけん》地獄のこと。苦しみが間断無く続く最低の地獄。18【阿迦尼吒天】Akani=ṣṭha. 色界の最高処なので、色究竟天という。また、形ある世界の頂上なので、有頂天ともいう。19【六趣】六道のこと。趣、道はgati（趣くところの意）の漢訳。地獄界、餓鬼界、畜生界、阿修羅界、人界、天界の六種の生存領域で、凡夫はこの世界を輪廻すると言われる。20【般涅槃】parinirvāṇa. 完全な涅槃の意。涅槃は、煩悩の火を吹き消した静寂の境地を意味する。ここでは、仏の入滅を意味する。21【舎利】śarīra. 遺骨の意。22【七宝塔】金、銀、瑠璃《るり》、硨磲《しゃこ》、碼碯《めのう》、真珠、玫瑰《まいえ》の七種の宝石（経典によって七宝の名には異同があるが、『法華経』授記品による。大正九・二一下を参照。ただし方便品には真珠のかわりに頗璃《はり》が出る。大正九・八下を参照）で作られた塔。塔はstūpaの音写。卒塔婆《そとうば》、塔婆。遺骨を埋葬した塚。

【解説】 釈尊は「無量義と名づけ、菩薩を教うる法にして仏に護念せらるる」大乗経典を説いた後に、無量義処三昧に入った。三昧に入ったので、仏の身心はまったく不活動の状態になったが、その三昧の力によって仏はそのとき不可思議な現象を生じさせた。それは、天から花が降り注ぎ、大地が震動し、さらに、仏の眉間白毫相から光が放たれて、東方の一万八千の国土がありありと照らし出され、それらの国土のありさまが手に取るように見えたことである。ここでは、釈尊が無量義処三昧に入る前に説いた経典、聴衆の眼前に展開した東方世界の様子などについて解説する。

「大乗経名無量義教菩薩法仏所護念」について　ここの「無量義」のサンスクリット原語は mahā-nirdeśa で、「偉大な教説」という意味である。また、「無量義処三昧」の「無量義」の原語は ananta-nirdeśa で、「無限の教説」という意味である。釈尊は無量義処三昧から出て『法華経』を説いたことになっているが、ここに言われる、無量義処三昧に入る前に説いた大乗経典とはいったい何を意味するのであろうか。おそらくインド仏教史において『法華経』よりも先に成立した大乗経典一般を、『法華経』の立場から対象化したものと考えられる。

ところが、中国人仏教徒の多くは曇摩伽陀耶舎《どんまかだやしゃ》訳『無量義経』をこれに当てはめ、『法華経』の開経《かいきょう》として重んじてきたが、現在の仏教学では、『無量義経』は西暦五百年頃に中国で作られた偽経《ぎきょう》であろうとされる（横超慧日『法華思想の研究』六八―八三頁。一九七五年、平楽寺書店）。つまり、中国人仏教徒の誰かが、『法華経』の前に説かれたとされる「大乗経名無量義教菩薩法仏所護念」に仮託して『無量義経』を作ったということになる。鳩摩羅什はここで「偉大な教説」という原語を「無量義」と漢訳しているが、これは、「無量義処三昧」との密接な関係を示すことと、偈頌において日月灯明如来について記述する箇所に出る「大乗経名無量義」と「無量義処三昧」との「無量義」の原語がいずれも ananta-nirdeśa であることによると推定される。

東方世界のありさま　釈尊の眉間には白く細い右回りの巻毛がある。これは仏と転輪聖王が備えるという三十二相の一つである。この毛の先から一条の光が放たれて、東方の一万八千の世界（一世界は須弥山を中心とした四大陸から成り、日月を含む）の様子が眼前に展開したというのであるから、聴衆は驚きのあまり呆然自失したであろう。苅谷定彦氏の研究によれば、東方世界の描写はそのまま当時の仏教界の現状に対する『法華経』制作者の認識を反映したものである。すべてが現状の認識か、創作が少しも含まれていないのかなど難しい点があるが、傾聴に値する見解であると思う。では、そこではどのような様子が描かれているのか。ここの本文では簡潔に、彼の世界の六道の衆生、現に存在する仏、その教法、四衆の修行と得道、菩薩の修行、仏の入涅槃、仏滅後の仏塔建立などが見聞されることを叙述している。後の偈頌においては、仏の説法として声聞乗、縁覚乗、菩薩乗の三乗の説かれることが示されている。また、菩薩の修行の具体的な内容が詳しく示され、それによれば、布施、勇猛《ゆうみょう》精進《しょうじん》、禅定、智、戒、忍辱などの、いわゆる六波羅蜜の修行に関する記述が見られる。また、菩薩たちが、仏滅後、仏の舎利を供養し、塔廟《とうみょう》を建立することも記されている。

（3）弥勒の質問

［訳］ そのとき、弥勒菩薩はこのように思った、「今、世尊は不思議な現象を示した。どんな理由でこのような瑞相があるのであろうか。今、仏《ぶつ》・世尊《せそん》は三昧に入っている。不可思議であり、稀有《けう》の事がらを示している。誰に質問するべきであろうか。誰が答えることができるであろうか」と。またこのように思った、「この文殊師利という法王の子は過去の計量することもできない仏たちに近づき供養したこ

とがあるので、きっとこの稀有の現象を見たことがあるにちがいない。私は今、質問しよう」と。

そのとき、比丘・比丘尼・優婆塞・優婆夷、及び神々・龍・鬼神などはみなこのように思った、「この仏の光明、不思議な現象は今、誰に質問するべきであろうか」と。

そのとき、弥勒菩薩は自ら疑問を解決しようと思い、さらにまた四衆の比丘・比丘尼・優婆塞・優婆夷、及び神々・龍・鬼神などの集会の者たちの心を観察して、文殊師利に質問した、「どんな理由で大いなる光明を放って東方の一万八千の国土を照らすと、すべて彼の仏の国土の飾り立てられたありさまが見えるという、このような瑞相、不思議な現象があるのか」と。

【訓読】 爾の時、弥勒菩薩は是の念を作《な》さく、「今者《いま》、世尊は神変《じんぺん》[1]の相を現ず。何の因縁を以て此の瑞《ずい》有るや。今、仏・世尊は三昧に入る。是れ不可思議にして、希有《けう》の事を現ず。当に以て誰に問うべき。誰か能く答うる者ならん」と。復た此の念を作さく、「是の文殊師利法王の子[2]は已に曾《かつ》て過去の無量の諸仏に親近《しんごん》供養すれば、必ず応《まさ》に此の希有の相を見るべし。我れ今当に問うべし」と。

爾の時、比丘・比丘尼・優婆塞・優婆夷、及び諸天・龍・鬼神等は咸《ことごと》く此の念を作さく、「是の仏の光明、神通の相は今当に誰に問うべき」と。

爾の時、弥勒菩薩は自ら疑いを決せんと欲し、又た四衆の比丘・比丘尼・優婆塞・優婆夷、及び諸天・龍・鬼神等の衆会《しゅえ》の心を観じて、文殊師利に問うて言わく、「何の因縁を以て此の瑞、神通の相有り、大光明を放って東方の万八千の土を照らし、悉く彼の仏の国界の荘厳《しょうごん》を見るや」と。

1【神変】仏・菩薩の超人的な能力をいう。神通に同じ。2【法王の子】法王＝仏の子の意で菩薩を指すが、とくに菩薩のなかで指導者的存在である文殊を指す。

［解説］ 弥勒菩薩は一生補処《ふしょ》の菩薩（次の世で成仏することの決まっている最高位の菩薩）であり、釈尊滅後、五十六億七千万年後に兜率天《とそつてん》からこの世に下生《げしょう》し、龍華樹《りゅうけじゅ》の下で坐禅瞑想《めいそう》して成仏し、龍華三会《さんね》と言われる三回の説法を行うことになっている未来仏である。『法華経』においても重要な役割を演じるが、後に文殊によって語られる過去の因縁譚《たん》でははなはだ不名誉な記述が見られる。それは利益に執著し、いくら経典を読誦しても理解できず、忘れてしまうことが多いと言われているからである。しかし、文殊は別格に高い地位を占める菩薩であるから、文殊に比較して低い立場を与えられても仕方がないかもしれない。弥勒は従地涌出品においても、六万恒河沙の地涌の菩薩の出現に疑問を持った大衆を代表して質問する役割を演じている。

一方、文殊菩薩は法王、すなわち仏の子として、過去世において無量の仏たちにお仕えした豊富な経験を持つ菩薩とされ、きっとこのような不可思議な現象に出会った体験を持っているにちがいなく、したがって質問するのに最もふさわしい相手であるとされている。『首楞厳三昧経《しゅりょうごんざんまいきょう》』などでは、文殊は過去の龍種上仏《りゅうしゅじょうぶつ》であるとまで言われて、高い位を与えられていることが分かる。文殊によって語られる物語によれば、文殊が八人の王子に『法華経』を説法し、その八人の王子が次々に成仏し、その八番目の仏が燃灯仏《ねんとうぶつ》と言われる。この燃灯仏は釈尊の師で、釈尊に記別を授けた過去仏として有名な仏であるから、文殊の高い地位は推《お》して知るべしである。

（4） 文殊の解答——日月灯明如来の物語

【訳】 そのとき、文殊師利は弥勒菩薩と多くの菩薩たちに告げた、「皆さん。私の考えでは、今、仏・世尊は偉大な教えを説き、偉大な教えを雨のように降り注ぎ、偉大な教えをほら貝のように吹き鳴らし、偉大な教えを鼓のように打ち鳴らし、偉大な教えの意義を演説しようとしている。皆さん。私は過去の多くの仏のもとで、この瑞相を見たが、（仏は）この光を放ってからすぐに偉大な教えを説いた。こういうわけで分かるはずである。今、仏が光を現わすのもまた同様であり、すべての世間の人々にとって信じることの難しい教えを、衆生が一人も漏れなく聞いて知ることができるようにさせたいと思うので、この瑞相を現わすのである。（続く）

【訓読】 爾の時、文殊師利は弥勒菩薩摩訶薩、及び諸の大士《だいし》[1]に語らく、「善男子等よ。我が惟忖《ゆいじゅん》するが如《ごと》くんば、今、仏世尊は大法を説き、大法の雨を雨《ふ》らし、大法の螺《ら》を吹き、大法の鼓を撃《う》ち、大法の義を演《の》べんと欲す。諸の善男子よ。我れ過去の諸仏に於て、曾て此の瑞を見るに、斯《こ》の光を放ち已《おわ》って、即ち大法を説く。是の故に当に知るべし。今、仏の光を現ずるも亦復《ま》た是くの如く、衆生をして咸く一切世間の難信の法を聞知することを得しめんと欲するが故に斯の瑞を現ず。（続く）

[1]【大士】 立派な男子の意。mahāsattva の訳語。摩訶薩と音写される。

【解説】 文殊の発言が長いので、以下適当に段落分けをした。したがって、ここに出るカギカッコの受けのカギカッコは、(8)の末尾に出るので、注意されたい。

文殊は過去に同じく光を放つ現象を見たこと、そのとき仏は光を放った後に「大法」を説いたので、今も同様に大法を説くであろうと結論を述べている。そして、その大法はすべての世間の人々にとって難信の法とも言われている。まだ『法華経』とは言っていない。この文殊の過去の体験は以下、詳しく展開されている。

(5) 日月灯明如来の登場と三乗の内容

【訳】 皆さん。計量することもできず、限界もなく、考えることもできず、数えることもできない遠い過去のあるとき、日月灯明如来・尊敬に値する人・正しく悟った人・智慧と実践を備えた人・悟りに到達した人・世間を理解する人・最高の人・(人間を)調教するりっぱな人・神々と人間の師・仏・世尊という名の仏がいた。正しい教えを演説したが、(その言葉は)初めもよく、中間もよく、後もよい。その意義は奥深く、その言葉は巧みで、純粋で混じりけがなく、完全無欠で、(煩悩を離れて)清浄で、(涅槃に至る)清らかな修行の様相をしている。声聞を求める者のためには、それにふさわしい四諦の教えを説いて、生老病死の苦を乗り越え、涅槃を完全なものにさせ、縁覚を求める者のためには、それにふさわしい十二因縁の教えを説き、菩薩たちのためには、それにふさわしい六波羅蜜を説いて、最高の

正しい悟りを得、すべてを知る仏の智を完成させた。（続く）

[訓読] 諸善男子よ。過去無量無辺不可思議阿僧祇劫《あそうぎこう》[1]の如き、爾の時に仏有り、日月灯明[2]如来・応《おう》供《ぐ》・正遍知《しょうへんち》・明行足《みょうぎょうそく》・善逝《ぜんぜい》・世間解《せけんげ》・無上士《むじょうし》・調御丈夫《じょうごじょうぶ》・天人師《てんにんし》・仏・世尊と号す。正法を演説するに、初めも善く、中も善く、後も善し。其《そ》の義深遠《じんのん》に、其の語巧妙に、純一無雑《じゅんいつむぞう》にして、具足《ぐそく》、清《しょう》白《びゃく》、梵行《ぼんぎょう》の相なり。声聞を求むる者の為めには、応ずる四諦の法を説いて、生老病死を度し、涅槃を究竟せしめ、辟支仏《びゃくしぶつ》を求むる者の為めには、応ずる十二因縁の法を説き、諸の菩薩の為めには、応ずる六波羅蜜を説いて、阿耨多羅三藐三菩提を得、一切種智《いっさいしゅち》[3]を成ぜしむ。（続く）

[1]【阿僧祇劫】「阿僧祇」は asaṃkhya の音写。無数と訳す。数の単位としては十の五十九乗を意味する。「劫」は kalpa の音写。インドで最も長い時間の単位。阿僧祇劫は無数の劫の意。[2]【日月灯明】Candra-sūrya-pradīpa. 月と太陽を灯火とする者の意。[3]【一切種智】sarvajñajñāna. 普通、一切智智と訳される。すべてを知る者＝仏の智の意。

[解説] 無限とも言うべき過去に日月灯明如来がいたことが明かされる。経典の常套句《じょうとうく》として、如来の十号、仏の説法の備える七善が記され、さらに声聞乗・縁覚乗・菩薩乗の内容が規定されている。順に解説する。

如来の十号　如来・応供・正遍知・明行足・善逝・世間解・無上士・調御丈夫・天人師・仏・世尊を

数えると全部で十一あるので、十号という表現と一致しない。そこで、論書《ろんしょ》によっては無上士と調御丈夫を合わせて一と数えたり、仏と世尊を合わせて一と数えたり、あるいは仏までで十とし、最後の世尊は別な尊称と解釈する説など諸説がある。

如来はタターガタ（tathāgata）の訳で、このように来た人、大乗仏教的には真理の世界からやって来た人の意。これはタター・アガタと分解した解釈である。タター・ガタと解釈した場合は、このように行った人の意となる。この場合は如去《にょこ》と訳される。応供はアルハット（arhat）の訳で、尊敬に値する人の意。阿羅漢と音写される。小乗仏教における最高の修行者の意で用いられることもあるが、ここでは仏の異名である。応供は「応《まさ》に供《そな》うべし」（当然供養すべきであるの意）と訓読する。正遍知はサンヤク・サンブッダ（samyak-saṃbuddha）の訳で、正しく悟った人の意。明行足はヴィドゥヤーチャラナ・サンパンナ（vidyācaraṇa-saṃpanna）の訳で、明＝智慧と行＝実践を具足した人の意。善逝はスガタ（sugata）の訳で、よく行った人、悟りに到達した人の意。世間解はローカヴィッド（lokavid）の訳で、世間を知っている人の意。無上士はアヌットゥラ（anuttura）の訳で、最高の人の意。調御丈夫はプルシャダンヤ・サーラティ（purṣadamya-sārathi）の訳で、人間の調教者の意。天人師はシャースター・デーヴァマヌシュヤーナーム（śāstā devamanuṣyāṇāṃ）の訳で、神々と人間の師の意。仏はブッダ（buddha）の音写で、目覚めた人の意。覚者と訳される。世尊はバガヴァット（bhagavat）の訳で、尊い人の意。

七　善　仏の説法に備わる七種の美点をいう。経典によって内容に若干の相違があり、また論書、経《きょう》疏《しょ》によって整理の仕方が異なる。ここでは「初めも善く、中も善く、後も善し。其の義深遠に、其の語巧妙に、純一無雑にして、具足、清白、梵行の相なり」と訓読したように、初中後の三善・深遠な義・巧妙な語・純一無雑・具足・清白・梵行の相を七善としていると解釈した。また、初善・中善・後善・深遠な義・巧妙な語・純一無雑・具足を七善とし、清白・梵行を純一無雑をさらに説明したものとする解釈もある。

初中後の三善は仏の説法の時期を三つに区切って、そのいずれも優れているというものであるが、少年・中年・老年の三段階に区切るなどの解釈のほかに、多数の解釈がある。素直に読めば、一つの経典の一部始終がすべて優れていると解釈できると思う。

梵行は清浄な修行の意であるが、具体的には性的な純潔を守ることである。五戒の中に不婬戒があるが、その戒めを守ることである。

三　乗　『法華経』の思想の中心の一つは方便品に説かれる三乗方便・一乗真実であるので、三乗の内容を理解しなくては、『法華経』の思想も理解できない。この序品には、三乗の内容が簡潔に整理されている。それによれば、声聞乗とは声聞に対する四諦の教えであり、縁覚乗とは縁覚に対する十二因縁の教えであり、菩薩乗は菩薩に対する六波羅蜜の教えである。以下、順に解説する。

声聞はシュラーヴァカ（śrāvaka）の訳で、声を聞く人の意である。本来は在家・出家の区別なく、仏の教えを聞く人を声聞と呼んだらしいが、出家教団の権威が確立していく中で、在家信者は奉仕する人という意味のウパーサカ（優婆塞）と呼ばれるようになったので、声聞は出家の弟子を指すことになった。もちろん『法華経』では出家の弟子を指す。そして、彼ら声聞は、成仏することを断念し、心のすべての煩悩を断ち切って二度とこの世に輪廻しない存在である阿羅漢になることを理想とした。

縁覚はプラティエーカ・ブッダ（pratyekabuddha）の訳で、独《どっ》覚《かく》とも訳されるように、独自に悟った人の意である。辟支《びゃくし》仏《ぶつ》はその音写語である。これは声聞のように共同生活するのではなく、森林などで孤独な修行をして独自に悟り、しかも人々に教えを説かない修行者を指す言葉として生まれたと推定されるが、『法華経』では、縁覚の「縁」と十二因縁が結びつけられ、独自に悟ると言っても、十二因縁の教えを仏に教えられる存在として描かれている。

菩薩はボーディサットヴァ（bodhisattva）の音写語で、悟りを求める生き者、悟りを本質とする生き者の意である。もともと、ゴータマ・ブッダが成仏する以前の姿を菩薩と呼んだが、仏の前世や、過去仏の成仏以前にまで用法がしだいに拡大されていった。大乗仏教においては仏の悟りを求め、あらゆる衆生の救済という利他行に励むものはすべて菩薩と呼ばれるようになった。もちろん、菩薩の代表的存在は『法華経』にも登場する文殊菩薩、弥勒菩薩、観音菩薩、普賢菩薩などの大菩薩である。小乗仏教では成仏することのできるものは釈尊のような特殊な存在に限られていたが、大乗仏教は成仏という宗教的理想を万人に解放した。それが菩薩としての自己確認であったのである。

このような声聞・縁覚・菩薩は仏教の修行者を三つの類型に分類したものであり、このような分類は部派仏教の論書、『般若経』、『法華経』などに広く見られるが、『法華経』では、上に述べたように、それぞれに説かれる教えを四諦・十二因縁・六波羅蜜と明確に規定している点が特徴的である。そこで、四諦・十二因縁・六波羅蜜の内容を順に見ていこう。

声聞乗と四諦　声聞に対する教えを声聞乗といい、具体的には四諦の教えを指し、阿羅漢になることを理想とする。乗はヤーナ（yāna）の訳で乗り物を意味し、教えをたとえる。乗り物が人を現在地から目的地に運んでくれるように、仏の教えは人を迷いの此岸《しがん》から悟りの彼岸《ひがん》に運んでくれるからである。

四諦の教えは、釈尊が最初に教えを説いた（初転法輪《しょてんぼうりん》）ときに説かれた思想であり、苦諦《くたい》・集諦《じったい》・滅諦《めったい》・道諦《どうたい》の四つの真理である。諦はサトゥヤ（satya）の訳で、真実、真理の意である。

苦諦とは、すべては苦であるという真理である。仏教の世界認識の基本は苦であり、四苦八苦というように、人生全般は苦に塗り込められていると考える。「四苦八苦する」などと言って、大変苦労、難儀する意で今でも使われる言葉であるが、その具体的な内容を知る人は少ないであろう。四苦とは生《しょう》・老《ろう》・病《びょう》・死《し》の四つの苦である。とくに生苦《しょうく》は生きる苦しみではなく、新生児が母の狭くて暗い産道を通って生まれてくる苦しみである。仏教では輪廻を説くが、ではなぜ前世の記憶を持っていないのかという問題に、産道を通る苦しみで記憶を失うという説がある。現在、産道を通る苦しみが人間の性格形成に果たす影響を重視する精神分析学の学説もあるようである。

八苦はこの四苦に、怨憎会苦《おんぞうえく》（恨《うら》み憎む者と出会わなければならない苦）、愛別離苦《あいべつりく》（愛する者と離別しなければならない苦）、求不得苦《ぐふとくく》（求めても得られない苦）・五取蘊苦《ごしゅうんく》（五陰盛苦《ごおんじょうく》ともいう）の四苦を加えたものをいう。五取蘊苦とは、五蘊、すなわち色《しき》（いろ・形あるもの。視覚の対象。身体）・受《じゅ》（感受作用）・想《そう》（表象作用）・行《ぎょう》（他の受・想・識蘊以外の精神作用であり、好悪《こうお》などの意志作用を中心とする）・識《しき》（認識・判断作用）の五つの要素によって構成される、私たちの輪廻的生存そのものが苦であるというもので、他の七つの苦の根底にある苦と考えられる。

集諦とは苦の原因に関する真理である。集の原語（samudaya）は集合して生起させるの意で、仏教では原因が集合して結果が生じると考えるところから、原因に関する真理を意味する。内容的には、苦の原因は煩悩であるという真理である。

滅諦とは苦の滅に関する真理の意であり、内容的には苦の原因である煩悩を滅すれば、絶対的な静寂の境地である涅槃が得られるという真理である。

道諦とは、苦の滅に至る方法に関する真理の意であり、内容的には八正道《はっしょうどう》を指す。八正道とは、正見《しょうけん》（正しい見解）・正思《しょうし》（正しい思惟）・正語《しょうご》（正しい言葉）・正業《しょうごう》（正しい行為）・正命《しょうみょう》（正しい生活）・正精進《しょうしょうじん》（正しい努力）・正念《しょうねん》（正しい気づかい）・正定《しょうじょう》（正しい精神統一）の八つで、宗教生活全般にわたるものである。

この正しさを保証するものは、同じく初転法輪において説かれた苦楽中道の思想である。釈尊の時代に流行していた宗教思想として、また、釈尊の半生において自ら体験したものとして、苦行主義と快楽主義という二つの極端な立場があった。釈尊はこれら二つの極端を離れた中道を自己のよって立つ基盤とした。

この四諦はインド医学の影響を受けた理論構成になっているという指摘がある。つまり、病気の現状の認識・病気の原因の解明・病気を治療する方法・病気の治癒と健康の回復という道筋と共通性があるというものである。

縁覚乗と十二因縁　縁覚に対する教えを縁覚乗といい、十二因縁（縁起《えんぎ》）の教えを指し、縁覚になることを理想とする。因縁はプラティートゥヤ・サンウトパーダ（pratītya-samutpāda）の訳で、縁起とも訳される。「縁《よ》りて起こる」の意で、ものごとは原因・条件によって生起することをいう。縁覚の場合は声聞と阿羅漢のように、因位（修行の段階）と果位（修行によって得られる果報）とを区別する名称がないので同じ用語を使う。

十二因縁は、釈尊が菩提樹下で坐禅瞑想をしていたときに観察したとされるもので、大変重要な実践的教理である。これは、私たちの迷いの生存の成立を構造的に分析したもので、これを認識することはそのまま悟りの実現に直結するものと考えられた。私たちの迷いの現実態は、老死《ろうし》、すなわち老い死んでいくことである。では、この老死の成立する根拠、老死を成立させている条件は、いったい何であろうか。それは生《しょう》、生まれることである。以下、同じ論理で、次々と条件づけの項目が取り挙げられ、全部で十二項目の条件づけの連鎖ができる。順に名と簡潔な意味とを挙げると、有《う》（輪廻的生存）・取《しゅ》（執著）・愛《あい》（喉の渇《かわ》きにたとえられる盲目的執著）・受《じゅ》（感受作用）・触《そく》（感官と対象の接触）・六処《ろくしょ》（眼《げん》・耳《に》・鼻《び》・舌《ぜつ》・身《しん》・意《い》の六つの感官）・名色《みょうしき》（名は精神、色は身体を指す）・識《しき》（認識作用）・行《ぎょう》（潜勢的形成力）・無明《むみょう》（根源的無知）である。この十二因縁はより少ない項目の縁起説を後から結合させて成立したものらしく、全体を統一的に解説することはなかなか難しいので、ここでは一応の解説を示した。要するに、煩悩、業、苦の連鎖を指摘したもので、私たちは煩悩によって、誤った行為をなし、それによって苦の果報を得ているというものである。

菩薩乗と六波羅蜜　菩薩に対する教えを菩薩乗といい、六波羅蜜の教えを指し、仏になることを理想とする。大乗経典のなかでも最も早い時期に成立した『般若経』において、菩薩の実践修行の内容として説かれたものが六波羅蜜にほかならない。布施（財物を与えること・教えを説くこと・精神的恐怖を取り除くこと）・持戒《じかい》（清浄な宗教的生活を送ること）・忍辱《にんにく》（忍耐すること）・精進（努力すること）・禅定（精神的統一）・智慧（すべての存在は空《くう》であること、つまり固定的実体のないことを認識すること）の六種の宗教的行為を完成することである。波羅蜜はパーラミター（pāramitā）の音写で、完成の意である。古くは度《ど》（渡るの意）と訳され、後に到彼岸《とうひがん》（彼岸に到《いた》る）と訳された。

　第六の智慧の完成の原語をプラジュニャー・パーラミター（prajñā-pāramitā）といい、般若波羅蜜と音写する。『般若経』はこれを経典の名称として採用している。この般若波羅蜜に裏づけられてはじめて、他の五つの行為も完成するとされる。たとえば、空の認識を踏まえることによって布施は単なる布施ではなく、布施の完成が実現するとされる。具体的に布施を例に挙げると、ＡさんがＢさんにＣを布施する場合、このＡＢＣのいずれも空で清浄でなければならない。もしも「私があの人にこのことをしてあげた」という観念に執らわれるならば、それは純粋な慈悲心から出た行為ではなく、汚れたものとなってしまう。ＡＢＣの三者に関して執著を離れて清浄であることを三輪清浄《さんりんしょうじょう》といい、そのようであってはじめて布施の完成たりえると言われるのである。

（6）二万の日月灯明如来と八王子

【訳】　次にまた日月灯明という名の仏がいた。次にまた日月灯明という名の仏がいた。このような二万の仏がみな同じ名で日月灯明と名のった。そのうえ同じ姓で頗羅堕《はらだ》という姓を名のった。弥勒よ。分かるはずである。最初の仏から最後の仏までみな同じ名で、日月灯明と名のり、十種の呼び名が備わっていた。説くことのできる教えは、初めも中間も後もよかった。その（二万の）最後の仏がまだ出家する以前に、八人の王子がいた。第一に有意《うい》という名、第二に善意という名、第三に無量意という名、第四に宝意という名、第五に増意という名、第六に除疑意《じょぎい》という名、第七に嚮意《こうい》という名、第八に法意という名であった。これら八人の王子はすぐれた徳があって思うがままであり、それぞれ四天下《してんげ》を支配した。これらの王子たちは、父が出家して最高の正しい悟りを獲得したのを聞いて、すべて王の位を捨て、また（父に）従って出家して大乗の心を生じ、常に清浄な修行を実践して、みな法師となった。千万の仏のもとで多くの善根を植えた。（続く）

【訓読】 次に復た仏有りて、亦た日月灯明と名づく。次に復た仏有りて、亦た日月灯明と名づく。是くの如き二万の仏、皆な同一の字《な》にして、日月灯明と号す。又た同一の姓にして、頗羅堕[1]を姓とす。弥勒よ。当に知るべし。初めの仏、後の仏、皆な同一の字にして、日月灯明と名づけ、十号具足す。説く可き所の法は、初めも中も後も善し。其の最後の仏、未だ出家せざりし時に、八王子[2]有り。一に有意と名づけ、二に善意と名づけ、三に無量意と名づけ、四に宝意と名づけ、五に増意と名づけ、六に除疑意と名づけ、七に嚮意と名づけ、八に法意と名づく。是の八王子は威徳《いとく》自在にして、各《おのおの》四天下[3]を領す。是の諸の王子は、父の出家して阿耨多羅三藐三菩提を得るを聞いて、悉く王位を捨て、亦た随い出家して、大乗の意を発し、常に梵行を修して、皆な法師[4]と為る。已に千万の仏の所に於て、諸の善本[5]を殖《う》ゆ。（続く）

[1]【頗羅堕】Bharadvāja の音写。古代インドのバラモンの姓として有名である。[2]【八王子】有意 (Mati)・善意（Sumati)・無量意（Anantamati)・宝意（Ratnamati)・増意（Viśeṣamati)・除疑意

(Vimatisamudghātin)・嚮意(Ghoṣamati)・法意(Dharmamati)の八人の王子。とくに『法華経』では法意が成仏して燃灯仏となったと言われる。[3]【四天下】須弥山の周囲にある四大陸のこと。四大洲《しゅう》のこと。南贍部洲《なんせんぶしゅう》(閻浮提《えんぶだい》)・東勝身洲《とうしょうしんしゅう》・西牛貨洲《せいごかしゅう》・北瞿盧洲《ほっくるしゅう》のこと。[4]【法師】dharma-bhāṇaka の訳。説法師のこと。大乗経典の護持と弘通の担い手としての大乗の菩薩を指す。『法華経』では、法師品、法師功徳品に詳しく説かれる。[5]【善本】善根と同じ。善を花や実の本《もと》である植物の根にたとえた表現。善が好ましい果報をもたらすからである。

【解説】 日月灯明という名の如来が二万人も続いたという記述に驚かされるが、大乗経典には大きな数の提示が目だつ。同じ名の如来が二万人もいるということは、その仏の由緒《ゆいしょ》の正しさを強調したものであろうか。その二万の如来の最後の日月灯明如来が出家する前に八人の王子がいた。歴史上の釈尊が王位を捨てて出家成道したということが一つのパターンとなって、多くの場合、釈尊以外の仏も王位を捨てて出家成道したというパターンが踏襲《とうしゅう》される。

日月灯明如来の子供は八人とされるが、化城喩品に出る大通智勝仏の子供は十六人とされて、かなり多い。

釈尊の子供としてはヤショーダラー(耶輸陀羅)との子、ラーフラ(羅睺羅)が有名であるが、江戸時代の富永仲基《ちゅうき》(一七一五—一七四六)や平田篤胤《あつたね》(一七七六—一八四三)は漢訳仏典の資料に基づいて、釈尊には三人の夫人と三人の子供がいたことを主張した。彼らは、釈尊はクシャトリヤ(王族)階級の出身であるから、出家以前に子供がいくらいても差し支えないが、後の仏教徒がそのことを隠蔽《いんぺい》して、一人の夫人と一人の子供にした、と批判している。

（7）日月灯明如来の『法華経』の説法

［訳］ このとき、日月灯明仏は「無限の教説」という名の、菩薩を教化する法で、仏に大切に守られている大乗経典を説いた。この経を説いてすぐに大勢の人々の中で結跏趺坐し、「無限の教説の基礎」という三昧に入って、身も心も不動の状態になった。このとき、天は曼陀羅華、摩訶曼陀羅華、曼殊沙華、摩訶曼殊沙華を雨のように降らして、仏や大勢の人々の上に散らばらせ、仏の世界全体が六種に震動した。

そのとき、集会のなかの比丘、比丘尼、優婆塞、優婆夷、天、龍、夜叉、乾闥婆、阿修羅、迦楼羅、緊那羅、摩睺羅迦の人間や人間でないものたち、及び多くの小国の王、転輪聖王など、このような大勢の人々はこれまでにないすばらしい気持ちになって、喜びの心で合掌し、ひたすら仏を見た。

そのとき、如来は眉間の白い巻毛から光を放って東方の一万八千の仏国土をくまなく照らして、今見るこれら多くの仏国土のようであった。弥勒よ。当然分かるはずである。そのとき、集会の中に二十億の菩薩が法を聞こうと願っていた。これら多くの菩薩たちは、この光明がくまなく仏国土を照らすのを見て、これまでにないすばらしい気持ちになって、この光の働きや理由を知りたいと思った。

そのとき、妙光という名の菩薩がいた。（妙光には）八百人の弟子がいた。このとき、日月灯明仏は三昧から起《た》ち上がり、妙光菩薩を機縁《きえん》として「妙法蓮華」という名の、菩薩を教化する法で、仏に大切に守られている大乗経典を説き、六十小劫の間座席を起たなかった。

そのとき、集会の聴衆たちも一つの場所に坐って、六十小劫の間、身も心も不動の状態になって、仏の説くことを聞き、食事をする短い時間のように思った。このとき、集会の人々の中には誰ひとり身や心に怠けたり疲れたりすることが生じなかった。日月灯明仏は六十小劫の間、この経を説いてすぐに梵天・魔王・沙門・婆羅門・神・人間・阿修羅たちの中で、このような言葉を述べた、『如来は今日の夜中に無余《むよ》涅槃に入るであろう』と。

そのとき、徳蔵《とくぞう》という名の菩薩がいた。日月灯明仏はすぐに彼に記別《きべつ》を授け、比丘たちに告げた、『この徳蔵菩薩は（私の）次に仏となるであろう。浄身《じょうしん》如来・尊敬に値する人・正しく悟った人という名である』と。仏は授記してから、そのまま夜中に無余涅槃に入った。（続く）

【訓読】 是の時、日月灯明仏は大乗経の無量義と名づけ、菩薩を教うる法にして仏に護念せらるるを説く。是の経を説き已って、即ち大衆の中に於て結跏趺坐し、無量義処三昧に入りて、身心動ぜず。是の時、天は曼陀羅華、摩訶曼陀羅華、曼殊沙華、摩訶曼殊沙華を雨《ふ》らして仏の上、及び諸の大衆に散じ、普き仏の世界は六種に震動す。爾の時、会《え》の中の比丘、比丘尼、優婆塞、優婆夷、天、龍、夜叉、乾闥婆、阿修羅、迦楼羅、緊那羅、摩睺羅迦の人・非人、及び諸の小王、転輪聖王などの、是の諸の大衆は未曾有なることを得て、歓喜合掌して一心に仏を観る。
爾の時、如来は眉間白毫相の光を放ちて、東方の万八千の仏土を照らして、周遍《しゅうへん》せざること靡《な》く、今見る所の是の諸の仏土の如し。弥勒よ。当に知るべし。爾の時、会の中に二十億の菩薩有りて、法を聴《き》かんと楽欲《ぎょうよく》す。是の諸の菩薩は、此の光明の普く仏土を照らすを見て、未曾有なることを得て、此の光の所為因縁《しょいいんねん》を知らんと欲す。

時に菩薩有りて、名づけて妙光《みょうこう》[1]と曰《い》う。八百の弟子有り。是の時、日月灯明仏は三昧従《よ》り起ちて、妙光菩薩に因《よ》りて、大乗経の妙法蓮華と名づけ、菩薩を教うる法にして仏に護念せらるるを説いて、六十小劫[2]、坐を起たず。時に会の聴く者も亦た一処《いっしょ》に坐して、六十小劫、身心動ぜず、仏の説く所を聴き、食頃《じききょう》の如しと謂《おも》う。是の時、衆の中に一人も、若しは身、若しは心に懈倦《けげん》を生ずること有ること無し。日月灯明仏は六十小劫に於て是の経を説き已って、即ち梵・魔・沙門・婆羅門、及び天・人・阿修羅衆の中に於て、此の言を宣《の》ぶらく、『如来は今日の中夜《ちゅうや》[3]に於て、当に無余涅槃[4]に入るべし』と。

時に菩薩有りて、名づけて徳蔵[5]と曰う。日月灯明仏は即ち其れに記を授け[6]、諸の比丘に告ぐらく、『是の徳蔵菩薩は次に当に仏と作るべし。号して浄身多陀阿伽度《ただあかど》・阿羅訶《あらか》・三藐三仏陀《さんみゃくさんぶつだ》[7]と曰う』と。仏授記し已って、便ち中夜に於て無余涅槃に入る。（続く）

[1]【妙光】Varaprabha. 優れた光を持つ者の意。文殊菩薩の前身とされる。[2]【小劫】antara-kalpa. 普通「中劫」と訳される言葉である。劫を大劫と中劫（小劫）に分け、八十中劫を一大劫とする。[3]【中夜】夜を三分して初夜・中夜・後夜に分ける。中夜は午後九時から午前一時まで、または午後十時から午前二時までをいう。[4]【無余涅槃】余依《よえ》＝身体の残存している涅槃を有余涅槃というのに対して、もはや身体のない涅槃、つまり、死後に獲得する涅槃をいう。[5]【徳蔵】Śrīgarbha. 吉祥《きちじょう》な子宮を持つ者の意。[6]【記を授け……】未来成仏の予言を与えることをいう。[7]【浄身多陀阿伽度・阿羅訶・三藐三仏陀】「浄身」は

Vimalanetra の訳で、清浄な目を持つ者の意。「多陀阿伽度」は tathāgata の音写で、如来と訳す。「阿羅訶」は arhat の音写で、応供と訳す。「三藐三仏陀」は samyak-saṃbuddha の音写で、正遍知と訳す。

【解説】 日月灯明如来は無量義という名の大乗経典を説いた後に無量義処三昧に入り、その後、天からは花が降り注ぎ、大地は六種に震動し、仏の眉間白毫相からは光が放たれて東方の一万八千の国土が明々と照らされた。この記述は、上に述べたように、今の釈尊の場合とまったく同じである。問題はこの後である。日月灯明如来はこの三昧から出られた後、妙光菩薩を相手に『法華経』を説いたのである。仏は六十小劫という長い時間、『法華経』を説いたが、聴衆は食事をする短い時間のように感じたとある。これは聴衆がそれだけ真剣に仏の説法に集中していたことを象徴しているのであろう。仏は『法華経』を説いた後に、徳蔵菩薩を後継者として未来の成仏の予言を与える。『法華経』においては、声聞の授記が有名であるが、仏の名、国土の名、国土の様子、時代（劫）の名、仏の寿命の長さ、正法《しょうぼう》・像法《ぞうほう》の期間などについて明らかにすることである。未来の成仏の信憑性《しんぴょうせい》を高めるために、このような具体的な内容について述べるのであろう。仏は徳蔵に授記してから、無余涅槃に入るのである。

『法華経』の中の『法華経』 日月灯明如来が『法華経』を説いたと言うと、釈尊の説いた『法華経』との関連はどうなのかという疑問が生じるであろう。『法華経』の中には、日月灯明如来の『法華経』、化城喩品に出る大通智勝仏の『法華経』、常不軽菩薩品に出る威音王仏の『法華経』が出る。日月灯明如来は六十小劫の間、その弟子の妙光は八十小劫の間『法華経』を説き（偈の数は記していない）、大通智勝仏は八千劫の間、恒河沙（ガンジス河の砂の数ほど多い数）の偈を説き、その弟子の十六人の沙弥は八万四千劫の間『法華経』を説き、威音王仏は二十千万億の偈を説いた（時間の長さは記していない）とされる。このようにきわめて長時間、膨大な数の偈を説いたとされるのは、『法華経』の内容の豊かさを象徴していると考えられる。釈尊の『法華経』も、従地涌出品において六万恒河沙の地涌の菩薩が釈尊に挨拶する時間だけで五十小劫とされているのである。

現在、我々が見る『法華経』は八巻二十八品であるが、『法華経』自身が描く『法華経』はこれよりはるかに大きなスケールのものなのである。これが注意すべき第一点である。そして、日月灯明如来、大通智勝仏、威音王仏のような過去仏が共通に『法華経』を説いたということが注意すべき第二点である。これは『法華経』の時間的な永遠性、空間的な普遍性を主張したものである。ここには過去仏としての三人の仏しか出ないが、『法華経』の意図を汲めば、過去、現在、未来にわたるあらゆる仏が共通に説く究極の教えが『法華経』なのである。『法華経』自身の中に、ほかならぬ『法華経』を指す言葉があることの趣意は、以上のようなことであろう。

（8）妙光菩薩の『法華経』の説法

【訳】 仏が涅槃に入った後に、妙光菩薩は妙法蓮華経を保持して、まるまる八十小劫の間人々のために演説した。日月灯明仏の八人の子供はみな妙光を師とした。妙光は（彼らを）教化して、彼らに最高の正しい悟りを確固たるものとさせた。これらの王子たちは計量することもできない百千万億の仏を供養して、みな仏の悟りを完成した。その中の最後に成仏したものを燃灯と名づける。

（妙光菩薩の）八百人の弟子の中に、求名《ぐみょう》という名のものがいた。（彼は）利益に執著し、また、多くの経典を読んでも理解できず、多く忘れてしまう。それゆえ求名（名声を求める）と名づけられた。この人もまた多くの善根を植えた理由で、計量することもできない百千万億の仏にお会いすることができ、供養し、尊敬し、尊重し、褒《ほ》め讃《たた》えた。弥勒よ。当然分かるはずである。そのときの妙光菩薩はどうして別人であろうか。私自身なのである。求名菩薩はあなた自身なのである。今、この瑞相を見ると、昔と相違していない。このようなわけで、考えると、今日、如来は「妙法蓮華」という名の、菩薩を教化する法で、仏に大切に守られている大乗経典を説くであろう」と。

【訓読】 仏、滅度《めつど》[1]して後、妙光菩薩は妙法蓮華経を持って、満八十小劫、人の為めに演説す。日月灯明仏の八子は、皆な妙光を師とす。妙光は教化して、其れをして阿耨多羅三藐三菩提に堅固《けんご》ならしむ。是の諸の王子は、無量百千万億の仏を供養し已って、皆な仏道を成ず。其の最後に成仏する者を名づけて燃灯[2]と曰う。

八百の弟子の中に一人有りて、号して求名[3]と曰う。利養《りよう》に貪著《とんじゃく》し、復た衆経を読誦《どくじゅ》すと雖《いえど》も、通利《つうり》ならず、忘失《もうしつ》する所多し。故に求名と号す。是の人も亦た諸の善根を種《う》ゆる因縁を以ての故に無量百千万億の諸仏に値《あ》うことを得て、供養、恭敬《くぎょう》、尊重、讃歎す。弥勒よ。当《まさ》に知るべし。爾の時の妙光菩薩は豈《あ》に異人《いにん》ならんや。我が身是《こ》れなり。求名菩薩は汝の身是れなり。今、此の瑞を見るに、本《もと》と異なること無し。是の故に惟忖《ゆいじゅん》するに、今日、如来は当に大乗経の妙法蓮華と名づけ、菩薩を教うる法にして仏に護念せらるるを説くべし」と。

[1]【滅度】涅槃のこと。[2]【燃灯】Dīpaṃkara. 灯火を輝かす者の意。錠光とも訳される。過去仏として有名で、ある経では釈尊に授記した仏とされる。[3]【求名】Yaśaskāma. 名声を求める者の意。弥勒菩薩の前身とされる。

【解説】　日月灯明如来が『法華経』を説いて涅槃に入った後のことが記されている。妙光菩薩が『法華経』を受持して、仏の出家前の八人の子に『法華経』を教える。彼らはその後長い間の修行が実って、次々と成仏するが、その八番目の仏が過去仏として有名な燃灯仏であったとされる。

妙光菩薩には八百人の弟子がいたが、その中に利益に執著し、経典を読んでもよく理解できず忘れてばかりいるものがいた。「名声を求めるもの」という名であったが、はなはだ不名誉な記述がなされている。この求名菩薩こそ今の弥勒菩薩であり、妙光菩薩こそ文殊菩薩にほかならないことが打ち明けられる。これは過去世の物語の登場人物を現在の人物と結びつけて、物語の信憑性を高める表現方法である。

文殊菩薩はこのような過去の日月灯明如来の物語を語り、今の釈尊も三昧から出られたならば、『法華経』を説くであろうと結論づける。これで序品は終わる。

［2］方便品（ほうべんぼん）

無量義処三昧から出られた釈尊は舎利弗を相手に語り出す。そして、仏の智慧の偉大さを讃《たた》え、「唯《た》だ仏と仏とのみ乃《すなわ》ち能《よ》く諸法の実相を究尽《くじん》す」（ただ仏と仏とだけがはじめて諸法の真実の様相を認識することができる）と述べ、その実相がどのような範疇《はんちゅう》において認識されるのかという文脈で、有名な十如《じゅうにょ》是《ぜ》が説かれる。その後、舎利弗は釈尊に三回にわたって説法を請い、釈尊もそれに応えて説こうとしたところ、五千人の増上慢のものが『法華経』の集会から退席してしまう。釈尊は彼らの退席を制止することなく、かえって残ったものは純粋なものばかりであると言って、いよいよ釈尊がこの世に出現した理由・目的を明らかにする。

それは唯一の偉大な仕事のため（一大事因縁）であり、その仕事とは衆生に仏知見《ぶつちけん》を開き、示し、悟らせ、入らせることであった。換言すれば、一切衆生、すなわち、すべての生きとし生けるものを成仏させることであった。ここにはじめて仏のこの世に出現する目的が開示され、これまでの長期間にわたる教化と『法華経』との対比を、三乗方便・一乗真実という形で明確に示すのである。

この三乗方便・一乗真実は『法華経』において三回にわたって説かれる。第一回目はこの方便品における理論的説明で、これを中国の注釈術語では法説《ほっせつ》という。第二回目は譬喩品における三車火宅の譬喩という譬喩的説明で、譬説《ひせつ》という。第三回目は化城喩品における大通智勝仏の物語で、釈尊と声聞の弟子たちとの過去世における結びつき（因縁）を説いたもので、因縁説（宿世因縁説）という。これら法説・譬説・因縁説を三周説法《さんしゅうせっぽう》という。

（1）仏智の偉大さ

［訳］　そのとき、世尊は三昧から心静かに起ち上がって、舎利弗に告げた、「仏たちの智慧はとても深遠で計量することができず、その智慧（に入る教え）の門は理解することが難しく入ることが難しい。すべての声聞や縁覚の知ることのできないものである。その理由は何か。仏は百千万億という数えることのできない多くの仏たちに近づき、仏たちの計量することのできない多くの仏道を残りなく修行し、勇ましく強く、熱心に努力して、名声がくまなく広がり、とても深遠で、これまでにないすばらしい法を完成し、相手の都合に合わせて説く教えの趣旨は理解することが難しいからである。

舎利弗よ。私は成仏してから、さまざまないわれ、さまざまな譬喩によって敷衍《ふえん》して教えを説き、数えることのできない多くの巧みな手段によって衆生を導いて執著から離れさせた。その理由は何か。如来は巧みな手段と智慧との完成がどちらも備わっているからである。舎利弗よ。如来は智慧が広く大きく深く遠く、㈣無量(心)・㈣無礙《むげ》(弁)・㈩力《りき》・㈣無所畏《むしょい》・㈣禅定・㈧解脱・㈢三昧（の境地）に際限のないほど深く入って、すべてのこれまでにないすばらしい法を完成している。舎利弗よ。如来は多くの法をさまざまに区別して巧みに説き、言葉はものやわらかで、人々の心を喜ばせる。

舎利弗よ。要点を取り挙げて言うと、計量することもできず、限界もない多くのこれまでにないすばらしい法について、仏はすべて完成した。（これ以上語ることを）止《や》めよう。舎利弗よ。もはや説く必要がない。その理由は何か。仏の完成したものは、最高で、稀有で、理解することが難しい法であり、ただ仏と仏とだけがはじめて（仏の完成した）多くの法の真実の様相を認識することができるからである。すなわち、（仏の完成した）多くの法は、このような外面的特徴、このような内面的性質、このような実体、このような潜在的な能力、このような顕在的な活動、このような原因、このような条件、このような結果、このような報い、このような（外面的特徴から報いまでの）本と末とが究極的に等しいこと、という様相をしている」と。

【訓読】 爾の時、世尊は三昧従《よ》り安詳《あんじよう》として起ち、舎利弗に告ぐらく、「諸仏の智慧は甚深《じんじん》無量にして、其の智慧の門は解《げ》し難《がた》く入《い》り難し。一切の声聞、辟支仏《びやくしぶつ》の知ること能《あた》わざる所なり。所以《ゆえん》は何《いか》ん。仏は曾《かつ》て百千万億無数《むしゆ》の諸仏に親近《しんごん》し、尽《ことごと》く諸仏の無量の道法《どうほう》を行じ、勇猛《ゆうみよう》精進して、名称《みようしよう》普く聞こえ、甚深未曾有の法を成就し、宜《よろ》しきに随って説く所の意趣は解し難ければなり。

舎利弗よ。吾《わ》れ成仏して従り已来《このかた》、種種の因縁、種種の譬喩もて広く言教を演《の》べ、無数の方便もて衆生を引導して諸著を離れしむ。所以は何ん。如来は方便と知見[1]の波羅蜜[2]皆な已に具足すればなり。舎利弗よ。如来は、知見広大深遠《じんのん》にして、無量[3]・無礙[4]・力[5]・無所畏[6]・禅定[7]・解脱[8]・三昧[9]に、深く入りて際《きわ》無く、一切の未曾有の法を成ず。舎利弗よ。如来は能く種種に分別して巧みに諸法を説き、言辞柔軟《ごんじにゆうなん》にして、衆の心を悦可《えつか》せしむ。

舎利弗よ。要を取りて之れを言わば、無量無辺の未曾有の法は、仏悉《ことごと》く成就す。止《や》みなん。舎利弗よ。復た説くを須《もち》いず。所以は何ん。仏の成就する所は、第一希有難解の法なればなり。唯だ仏と仏とのみ乃ち能く諸法の実相を究尽す。所謂《いわゆ》る諸法は、是くの如き相、是くの如き性《しょう》、是くの如き体、是くの如き力、是くの如き作《さ》、是くの如き因、是くの如き縁、是くの如き果、是くの如き報、是くの如き本末究竟等《くきょうとう》なり」と。

1【知見】jñāna-darśana. 智慧によって見ること。また、真理を知り、見る智慧を指すと考えられる。2【波羅蜜】pāramitā. 完成すること。3【無量】四無量心（四つの広大な心）のこと。慈（友愛の心）・悲（他人への同情の心）・喜（他人の幸福を喜ぶこと）・捨（執著を捨てること）の心を無限に生じること。4【無礙】四無礙弁《しむげべん》（四種の障害のない理解・表現の能力）のこと。四無礙智、四無礙解ともいう。法無礙（教えについて障害なく知ること）・義無礙（教えの内容について障害なく知ること）・辞無礙（あらゆる場所の言葉に通じること）・楽説無礙《ぎょうぜつ》（上の三種の能力を持って衆生のために自在に説法すること）である。5【力】十力（仏の持つ十種の智慧の力）のこと。処非処智力《しょひしょちりき》（道理とそうでないことを区別する智力）・業《ごう》異熟《いじゅく》智力（業とその報いを知る智力）・静慮解脱等持等至《じょうりょげだつとうじとうじ》智力（四禅・八解脱・三三昧・八等至などの禅定を知る智力）・根上下智力（衆生の宗教的能力の優劣を知る智力）・種種勝解智力（衆生のさまざまな願いを知る智力）・種種界智力（衆生のさまざまな境界を知る智力）・遍趣行《へんしゅぎょう》智力（衆生がさまざまな場所に生まれ変わることを知る智力）・宿住随念《しゅくじゅうずいねん》智力（自他の過去世を記憶している智力）・死生《ししょう》智力（衆生の未来の死生について知る智力）・漏尽《ろじん》智力（煩悩が尽きることを知る智力）である。6【無所畏】四無所畏（四種の畏《おそ》れのない自信）、四無畏のこと。正等覚無畏（自己が最高の正しい悟りを得たと断言することに畏れを持たないこと）・漏永尽《ろようじん》無畏（自己が煩悩を永久に消滅させたと断言することに畏れを持たないこと）・説障法《せっしょうほう》無畏（障法＝煩悩について弟子たちに説くことに畏れを持たないこと）・説出道無畏（煩悩を滅する出離の道について弟子たちに説くことに畏れを持たないこと）である。7【禅定】「禅」はdhyānaの音写、「定」はその訳語。精神を統一する瞑想。四禅定は、色界の四種の禅定で、初禅・二禅・三禅・四禅をいう。8【解脱】八解脱のこと。八種の禅定（初禅・第二禅・第四禅・四無色定《むしきじょう》・滅尽定《めつじんじょう》）によって、煩悩を捨てて束縛から解放されること。9【三昧】三三昧（三種の三昧）のこと。空三昧（すべての存在は固定的実体を持たないことを観察すること）・無相三昧（すべての存在は固定的な特徴を持たないことを観察すること）・無願三昧（何ものも願い求めるものはないと観察すること）である。

【解説】 この段には十如是が説かれ、中国の天台大師智顗《てんだいだいしちぎ》が十如是を契機に一念三千《いちねんさんぜん》説を確立したことから、古来あまりにも有名な箇所である。

無量義処三昧から出られた釈尊は、弟子の質問を待つことなく、自ら舎利弗を相手に語りだす。舎利弗は釈尊の十大弟子の中で智慧第一と讃えられたものであるから、説法の相手として最もふさわしいと思われる。ここで、釈尊の述べた内容を順序よく整理する。

① 仏たちの智慧は深遠であり、その智慧に入るための教えも声聞・縁覚にはとうてい理解できない。

「智慧の門」は智慧に入るための教え＝門と解釈した。教えが難解であるとあるが、仏の智慧が難解であることは言うまでもない。

② なぜ、仏は声聞・縁覚にも理解できない深遠な智慧を体得できたのかと言うと、仏は過去世において

て無数の仏たちに近づき、無限の修行を実践して、「甚深未曾有の法」を完成しているからである。また、仏はこの「甚深未曾有の法」に基づき、相手の宗教的能力の都合に合わせて（随宜《ずいぎ》）教えを説くが、これまた難解なのである。

相手の能力に合わせて説かれるのであるから、教えそのものが難解というのはおかしい。相手の能力に合わせた教えとは方便の教えにほかならないが、方便の教えが説かれる時点では、方便であることは仏にのみ分かっていることで、教えの与えられる相手にとっては自分に説かれた教えは真実であるとばかり思い込んでいるはずである。したがって、教えそのものが難解なのではなく、教えの奥に隠された真実の意図を知ることが困難であると解釈すべきであろう。

③ 仏は成仏してからずっと無数の巧みな手段（方便）によって衆生を救済してきた。仏は巧みな手段を設けることと智慧との両面において完成しているのである。

仏は智慧の面で完成しているだけでなく、衆生を救済するために具体的な巧みな手段を設ける力を持っていることを指摘したものである。仏の智慧は声聞・縁覚の知ることのできない深遠なものであるが、一方、仏は方便力を持っているから、その智慧をさまざまな手段によって説くことができるのである。

④ 仏は「広大深遠」な智慧を持っており、その具体的な智慧の内容としての四無量心・四無礙弁・十力・四無所畏・四禅定・八解脱・三三昧などの具体的徳目を身につけている。

これらの具体的徳目がまとめて「一切未曾有《みぞう》の法」と言い換《か》えられている。したがって、上に出た、仏が過去世において無数の仏たちに近づき、無限の修行を実践して完成した「甚深未曾有の法」もこれと同義で、上記の具体的な徳目を内容とする仏の智慧を指すことになる。

⑤　仏は巧みな手段を設ける力が完成しているから、この「甚深未曾有の法」＝「諸法」を巧みに説くことができ、その仏の言葉はものやわらかで、人々の心を喜ばせる。

「諸法」の意味を上からの文章の流れで捉えると、上記の「甚深未曾有の法」を言い換えたものと理解したい。仏は方便力を持っているから、仏の智慧を巧みに説くことができるのである。すなわち、仏の智慧は人々の理解を絶しているという超越性を持っている面と、仏の方便力によってその智慧を巧みに説くことができるという面との二面を主張していると考えられる。

⑥　最後に結論的に（「要を取りて之れを言わば……」）、仏は「無量無辺の未曾有の法」を完成しており、これはまた「第一希有《けう》難解の法」と言い換えられている。そして、仏と仏とだけが「諸法」＝仏が過去世において無数の仏たちに近づき、無限の修行を実践して完成した「甚深未曾有の法」＝四無量心・四無礙弁・十力・四無所畏・禅定・八解脱・三三昧などの具体的徳目を内容とする仏の智慧、の真実の様相（実相）を認識することができることが宣言されている。そして真実の様相の具体的な範疇として十如是が示されているのである。

以上、六点に整理したが、とくに従来の「諸法実相」の解釈とは異なる著者独自の解釈を述べた。著者のように解釈すると、釈尊が三昧を出られてはじめて語った「諸仏の智慧は甚深無量なり」と、最後の「唯だ仏と仏とのみ乃ち能く諸法の実相を究尽す」とが首尾一貫したものとなる。したがって、この十如是までの部分は、仏の智慧の偉大さを讃歎することに重要な意味があるのであり、具体的な内容はこれから明かされるのである。また、このような仏の偉大な智慧も仏の方便力によって説くことができる一面も看過《かんか》できない点である。

次に、「諸法実相」、十如是、智顗の解釈について項目を立てて解説する。

諸法実相　「唯だ仏と仏とのみ乃ち能く諸法の実相を究尽す」という文章はきわめて有名であるが、梵本と対照すると、実相に相当する原語は梵本のこの箇所には出ていないことに気づく。おそらく訳者の鳩摩羅什が補ったと推定される。

実相があってもなくても意味に相違はないと考えられる。たとえば、「私はAさんを知っている」と言うことと、「私はAさんの真実の姿を知っている」と言うこととが実質的に同じことを意味しうるからである。「私はAさんを知っている」と言う場合も、Aさんの偽りの側面を知っていることを意味しているのではなく、あくまでAさんの真実の姿を知っていることを意味しているからである。したがって、仏が「諸法」を知っていることと、「諸法の実相」を知っていることとは実質的に同じであると考えて良いであろう。もちろん、「実相」があった方が文章としては良いので、鳩摩羅什も補ったのであろう。

「諸法」の意味については、従来「存在するもの」「現象」「あらゆるものごと」などとほぼ同じ方向での理解が見られた。そもそもインド思想、仏教における「法」(dharma) は多くの意味を持つが、「存在するもの」などの理解に当たる意味を持つことも事実である。これは、仏教に特有な意味とされるもので、色法、心法を含む一切法、すなわち、物質的存在や (煩悩、智慧などの) 精神的存在を包括する現象界の意味である。

これに対して、「十八不共《ふぐう》仏法」(十力・四無所畏・三念住・大悲) と言うときの「法」が注目される。これは「特性」「性質」という意味で、保持するという意味の動詞から派生したダルマの意味としては原義に近い用法である。著者はこの「特性」の意味を、方便品の冒頭に頻出する「法」に読み取りたいと思う。上にその解釈を示した通りである。

この解釈の妥当性は梵本においてはより明確に示すことができる。拙著『一念三千とは何か――『摩訶止観』（正修止観章）現代語訳』（一九九二年、第三文明社）において、この問題を論じたが、結論を示すと、「諸法」（梵本ではダルマの複数形）は如来たちが無数の仏陀のもとでの長い間の修行によって身につけ、知った如来たちの「特性」の意味であり、その内実は「仏陀の知」（仏智、仏知＝buddha-jñāna）、仏という「修行の結果」（仏果＝buddha-phala）という概念に集約される。

十如是　古来有名な十如是であるが、梵本にはこれに対応するものがなく、実際には五つの間接疑問文になっている。梵本の訳を紹介しよう。

「あらゆる法を、シャーリプトラよ、如来こそが説き示し、あらゆる法を如来のみが知る。それらの法は何であるか、それらの法はどのようなものか、それらの法はどのような様態か、それらの法はどのような特徴があるか、それらの法はどのような本質があるか。すなわち、それらの法が何であり、どのようなものか、どのような様態か、どのような特徴があるか、どのような本質があるかという、これらの法について、如来だけが知覚でき、明瞭に知る」

この文の意味は、（仏の身につけている）あらゆる法の内容について仏だけが知っているということである。十如是に相当する部分は、何であるか、どのようなものか、どのような様態か、どのような特徴があるか、どのような本質があるか、となっており、ほとんど類義語を列挙しただけである。これは仏典の表現上の特徴であり、耳で聞いてよく理解できるように、また内容を強調するために、類似した言葉をこれでもかと言うほど羅列するのである。

このように、この箇所は、仏だけが仏の身につけている法の内容を知っているという趣旨である。五つの類義語を、五つの独立した範疇と理解することには無理があると思われるが、鳩摩羅什は法の範疇をより明確にするために、『大智度論』を参考として、十如是にしたのである。もっとも鳩摩羅什に十如是という意識があったわけではない。というのは、鳩摩羅什の『法華経』の翻訳の席に列なり、彼の講義を聞いた竺道生《じくどうしょう》の『妙法蓮花経疏』には、「十一事縁」と言っているからである。道生は「本」と「末」を分けて二つに数えているのである。実際には、智顗の師である南岳慧思《なんがくえし》（五一五、または五一四—五七七）が十如是としたのである。

鳩摩羅什が参考にした『大智度論』は、巻第三十二の「復た次に一一の法に九種有り。一には体有り。二には各各《おのおの》法有り。眼耳は同じく四大もて造ると雖も、眼独《ひと》り能く見、耳見る功《こう》無きが如し。又た火は熱を以て法と為して、而も潤《うるお》すこと能わざるが如し。三には諸法に各《おのおの》力有り。火は焼くを以て力と為し、水は潤すを以て力と為すが如し。四には諸法に各自ら因有り。五には諸法に各自ら縁有り。六には諸法に各自ら果有り。七には諸法に各自ら性有り。八には諸法に各限礙《げんげ》有り。九には諸法に各各開通《かいつう》方便有り。諸法生ずる時、体及び余の法に凡《およ》そ九事有り」（大正二五・二九八下）と、巻第三十三の「復た次に法相《ほっそう》を、諸法の業、諸法の所作、力、因、縁、果、報と名づく」（同前・三〇三上）とである。

ところで、鳩摩羅什が五つの範疇を十の範疇にした（正確には五つの範疇と言えないし、十というまとまりを考えたかどうかも怪しいが）妥当性について考えよう。「私はAさんを知っている」と言うとき、本当に知っているかどうかを示すためには、Aさんの国籍、性別、年齢、出身地、家族構成、職業、収入、性格、特技、学歴、生い立ち、などの具体的な項目についての知識を提示しなければならない。それらの項目はより完備したものでなければならない。これと同様に、仏が仏の身につけている法を本当に知っていることを示すためには、より完備した項目を提示することが有効であるから、鳩摩羅什は相・性・体・力・作・因・縁・果・報・本末究竟等などの範疇を補って示したのであろう。

また、梵本では五つの間接疑問文になっていたが、鳩摩羅什の漢訳でも「如是」（このような）という形容語がついているだけで、仏の身につけている法の相が何であり、性が何であり、体が何であるかについてはまったく説かれていないことに注意する必要がある。「このような」と言うだけで、どのようなものかは具体的には説いていないのである。すなわち、仏の身につけている法の相・性・体……は「かくかくしかじかである」と言っているにすぎないことになる。仏だけが「諸法の実相」を認識することができるということは、「諸法の実相」を認識することが仏道の究極的課題であり、言い換えれば、それができれば成仏するということである。しかし、その「諸法の実相」の内実については、少なくとも『法華経』の表面には説かれていない。そこで、智顗は独自に「諸法の実相」の内実を明らかにし、それを、円融《えんゆう》の三諦《さんたい》説や一念三千説として表現したのである。

智顗の解釈　智顗は諸法を地獄・餓鬼・畜生・阿修羅・人・天・声聞・縁覚・菩薩・仏の十法界《じっぽうかい》と解釈し、実相を空《くう》・仮《け》・中《ちゅう》の三諦が円融していることと解釈した。つまり、空諦《くうたい》とは、諸法は有（永遠不変に実在する固定的実体）ではなく、固定的実体が無いという真理である。仮諦《けたい》とは、固定的実体は無いが、諸法は諸原因・条件に依存して仮《か》りの存在として成立しているという真理である。中諦《ちゅうたい》（中道諦）とは、諸法は空と仮のどちらか一方に偏《へん》せず、両者を正しく統合したものであるという真理である。

諸法の真実の様相は、これら三つの真理がばらばらではなく渾然一体となって融合しているのであり、これを三諦円融、または円融三諦という。

一念三千説とは、我々の一瞬の心に三千世間を備えるという思想である。十法界がいずれも十如是を備えている点で共通平等の存在であることを理由に、十法界の一々の法界《ほうかい》が他の九の法界を備えるとされる。これを十界互具《じっかいごぐ》という。そうすると、全部で百の法界があり、それらが十如是を備えるので、千如是となる。また、十の法界が現実に存在するためには、五陰《ごおん》（五蘊《ごうん》。色・受・想・行・識の五つの集まり）、そして五陰によって構成される衆生、さらに衆生の環境世界としての国土という三種の具体的なあり方（三世間）を取らなくてはならないので、千如是に三世間を乗じて、三千世間となる。このように、十界、十界互具、十如是、三世間によって構成される理論が、智顗の確立した一念三千説である。

この一念三千説は、本来、諸法の真実の様相とは何かという問題意識の下で、諸法と言ってもあまりに広大、漠然としているので、諸法の中から自己自身の一瞬の心に的を絞って、その真実の様相を三千世間として明らかにしたものである。

（2）舎利弗の仏に対する説法のお願い

【訳】 そのとき、大勢の人々の中の、声聞や煩悩の尽きた阿羅漢や阿若憍陳如などの千二百人の人、また声聞・縁覚の心を生じた比丘・比丘尼・優婆塞・優婆夷はそれぞれこのように考えた、「今、世尊はなぜ真心を込めて方便を褒め讃えて、『仏の獲得した法はとても深遠で理解することが難しく、言葉で説くものの趣旨は知ることが難しい。すべての声聞・縁覚の及ぶことのできないものである』という発言をするのか。仏は唯一の解脱の意義を説き、私たちもまたこの法を獲得して涅槃に到達した。ところが、今これらのことがどういう意味なのか分からない」と。

そのとき、舎利弗は四衆（比丘・比丘尼・優婆塞・優婆夷）の心の疑問を知り、自分もまだ理解できなくて、仏に申し上げた、「世尊よ。どんな原因、どんな理由で、真心を込めて仏たちの最高の方便、とても深遠で微妙で理解することが難しい法を褒め讃えるのか。私は昔から、まだ仏からこのような説を聞いたことがない。今、四衆はみな疑問を持っている。どうか世尊よ。この事がらを敷衍《ふえん》して説いてください。世尊はなぜ真心を込めてとても深遠で微妙で理解することが難しい法を褒め讃えるのか」と。

【訓読】 爾の時、大衆の中に諸の声聞、漏尽《ろじん》の阿羅漢、阿若憍陳如等の千二百人、及び声聞・辟支仏の心を発する比丘・比丘尼・優婆塞・優婆夷は各是の念を作さく、「今者、世尊は何が故に慇懃《おんごん》に方便を称歎《しょうたん》して是の言を作すや。『仏の得る所の法は甚深にして解し難く、言説《ごんぜつ》する所の意趣知り難き有り。一切の声聞・辟支仏の及ぶ能わざる所なり』と。仏は一解脱の義を説き、我れ等も亦た此の法を得て涅槃に到る。而《しか》るに今、是の義の趣く所を知らず」と。

爾の時、舎利弗は四衆の心の疑いを知り、自らも亦た未だ了せずして、仏に白《もう》して言わく、「世尊よ。何の因、何の縁もて慇懃に諸仏の第一の方便、甚深微妙《みみょう》難解の法を称歎するや。我れ昔自《よ》り来《このか》た、未だ曾て仏従り是くの如き説を聞かず。今者、四衆は咸《み》皆な疑い有り。唯だ願わくは世尊よ、斯の事を敷演せんことを。世尊は何が故に慇懃に甚深微妙難解の法を称歎するや」と。

【解説】 釈尊が、仏の体得している「甚深微妙難解の法」と、それを巧みに説くことのできる仏の最高の方便力とを褒め讃える理由が、四衆や舎利弗には分からなかった。とくに、解脱は唯一であり、自分たちもその解脱＝涅槃を得たと思い込んでいる者にとっては、仏の体得している法が自分たちの理解を絶していることを強調されることには納得がいかなかったのである。そこで、舎利弗がみなを代表して、釈尊に質問するのである。

（3）仏の拒絶と舎利弗の重ねてのお願い

【訳】 そのとき、仏は舎利弗に告げた、「止めなさい。止めなさい。もはや説く必要がない。もしこの事がらを説けば、すべての世界の神々や人々はみな当然驚き疑うであろう」と。

舎利弗は重ねて仏に申し上げた、「世尊よ。どうかこれを説いてください。その理由は何か。この集会の数えることもできない百千万億阿僧祇という多くの衆生は、仏たちを見たことがあり、感覚機能が強く鋭く、明らかな智慧を持っている。仏の説くことを聞けば、尊敬し信じることができる」と。

【訓読】 爾の時、仏は舎利弗に告ぐらく、「止めよ。止めよ。復た説くを須《もち》いず。若し是の事を説かば、一切世間の諸天、及び人は皆な当に驚疑すべし」と。

舎利弗は重ねて仏に白して言わく、「世尊よ。唯だ願わくは之れを説かんことを。唯だ願わくは之れを説かんことを。所以は何ん。是の会の無数百千万億阿僧祇の衆生は曾て諸仏を見、諸根《しょこん》[1]猛利《みょうり》にして、智慧明了《みょうりょう》なり。仏の説く所を聞かば、則ち能く敬信《きょうしん》す」と。

1【諸根】眼・耳・鼻・舌・身の五根を指す。信・精進・念・禅定・智慧の五根を指すという説もあるが、ここでは前者を採用した。

［解説］　舎利弗の第一のお願いに対して、釈尊は説法を拒絶した。その理由は、釈尊が説けば、神々や人々がみな驚き、疑うからであると指摘される。これに対して、舎利弗は第二のお願いをしている。ここに集った聴衆はその宗教的能力が優れているので、仏の説法を信じることができる、というものである。ここでは、本文を省略したが、この舎利弗の第二のお願いに対する仏の拒絶、そして舎利弗の第三のお願いが続く。

この舎利弗の三回にわたる説法のお願いを見ると、我々はすぐに梵天勧請《かんじょう》の説話を思い出す。釈尊は菩提樹の下で最高の正しい悟りを得たが、自分の悟った奥深い法を衆生に説いても、衆生はけっして理解できないであろうから、説法はまったくの徒労に終わるかもしれず、もしそうであるならば、沈黙を守ってそのまま涅槃に入ったほうがよいのではないかと考えた。そのとき、梵天王は釈尊の心中を察し、梵天の世界から下りてきて釈尊の前に姿を現わし、説法を三回にわたってお願いするのである。これを梵天勧請と呼ぶ。釈尊は梵天の願いに応えて、改めて世間の人々の宗教的能力を観察し、自分の説法を理解できる優れたものもいることを認識して、説法を決意したのである。本書には載せないが、方便品の偈頌《げじゅ》に、この梵天勧請の話が紹介されており、化城喩品《けじょうゆ》には十方のそれぞれ五百万億の国土の梵天王たちが大通智勝仏に説法をお願いする壮大なスケールの話が出る。

（4）五千人の増上慢の退席

［訳］ そのとき、世尊は舎利弗に告げた、「あなたは真心を込めて三回お願いした。どうして説かないことがあろうか。あなたは今注意してよく聞き、よく考え記憶しなさい。私はあなたのために区別して説き解説しよう」と。

（仏が）このように語ったとき、集会の中の比丘・比丘尼・優婆塞・優婆夷の五千人がすぐさま席を起って、仏に敬礼して退席した。その理由は何か。これらの者は罪の根が深く重く、またおごり高ぶっている。まだ（悟りを）得ていないのに得たと思い込み、まだ悟っていないのに悟ったと思い込んでいる。このような過失がある。そこで（この集会に）とどまらない。世尊は黙って（彼らの退席を）制止しなかった。

そのとき、仏は舎利弗に告げた、「私の、今ここにいる人々にはもはや枝葉《えだは》のような者はなく、もっぱら正しく真実の者だけがいる。舎利弗よ。このようなおごり高ぶった人は退席するのも結構である。あなたは今よく聞きなさい。あなたのために説こう」と。

舎利弗は言った、「はい。世尊よ。ぜひとも聞きたいと思います」

【訓読】 爾の時、世尊は舎利弗に告ぐらく、「汝は已に慇懃《おんごん》に三たび請う。豈《あ》に説かざるを得ん。汝は今諦《あきら》かに聴き、善く之《こ》れを思念《しねん》せよ。吾れは当に汝の為めに分別解説《ふんべつげせつ》すべし」と。

此の語を語る時、会の中に比丘・比丘尼・優婆塞・優婆夷の五千人等有りて、即ち座従り起ちて、仏を礼して退く。所以は何ん。此の輩は罪根深重《ざいこんじんじゅう》にして、及び増上慢《ぞうじょうまん》[1]なり。未だ得ざるを得たりと謂《おも》い、未だ証せざるを証せりと謂う。此くの如き失有り。是《ここ》を以て住せず。世尊は黙然《もくねん》として制止せず。

爾の時、仏は舎利弗に告ぐらく、「我が今此の衆は復た枝葉無く、純《もっぱ》ら貞実《じょうじつ》のみ有り。舎利弗よ。是くの如き増上慢人は退くも亦た佳《よ》し。汝は今善く聴け。当に汝の為めに説くべし」と。

舎利弗は言わく、「唯然《ゆいねん》。世尊よ。願楽《ねが》わくは聞かんと欲す」と。

1【増上慢】おごり高ぶること。内容的には本文にあるように、まだ悟っていないのに、悟ったと思い込んで、おごり高ぶること。

【解説】 舎利弗の三回にわたる説得は舎利弗の真剣な求道心を余すところなく示し、釈尊はそれに応えて説法することを宣言した。ところが、五千人もの比丘・比丘尼・優婆塞・優婆夷は重い過去の罪と、まだ悟っていないのに悟ったと思い込む慢心とのために、これから開始される『法華経』の説法を聞かずに退席してしまう。そのとき、釈尊は彼らの退席を制止することなく、かえってこのような増上慢の者が去ることは結構であり、聴衆には純粋なもののみが残ったと言う。

このような五千人の退席は何を意味するのか。これから説法の開始される『法華経』を聞くためには、何よりも増上慢を取り除かなければならないことを意味しているように思われる。というのは、舎利弗などのような阿羅漢は涅槃をすでに得た小乗の究極の人であるから、彼らの悟り、彼らの得た涅槃が一時的暫定的《ざんていてき》な仮りのものであると説く『法華経』は彼らの自尊心を激しく傷つけるものであり、それに耐えるためには、仏の説法に謙虚に耳を傾けなければならないからである。『法華経』を読む者は自分自身がこの五千人に入らないように、粛然《しゅくぜん》と衿《えり》を正さざるをえないであろう。

これら五千人がその後どのように救済されるのかについては、『法華経』はあまり明確にしていない（一五〇頁参照）。智顗は『法華経』の後に説かれた大乗の『涅槃経』において救済されると考えたが、これは直接『法華経』とは関係のない話である。仏教は衆生の救済に関して、きわめて楽観的な考えを持っている。楽観的というのは、誰でも最終的には必ず救われるということである。仏教には永遠の地獄という考えはないのである。したがって、この五千人も何らかの仕方で救われるはずであり、彼らを救済からあくまで排除するという考えはもうとうないはずである。

なお、この五千人の退席は、提婆達多《だいばだった》が教団の分派活動をおこしたとき、最初行動をともにした五百人の比丘に基づくという説のあることを紹介しておく。

（5）仏のこの世に出現した目的——一大事因縁と四仏知見

［訳］ 仏は舎利弗に告げた、「このような妙《たえ》なる法は、あたかも優曇鉢華《うどんぱつけ》が適当な時に一度だけ現われるように、仏・如来たちが適当な時にはじめて説く。舎利弗よ。あなたたちは仏の説く言葉が虚偽でな

いことを信じるべきである。舎利弗よ。仏たちは相手の都合に合わせて法を説き、その趣旨は理解することが難しい。その理由は何か。私は数えることもできない多くの巧みな手段、さまざまないわれ・譬喩・言葉によって多くの法について演説するが、この法は思惟・分析によって理解できるものではなく、ただ仏たちだけがはじめてこれを知ることができるからである。

その理由は何か。仏・世尊たちは唯一の偉大な仕事という理由のために、この世に出現するからである。舎利弗よ。どのようなことを、仏・世尊たちは唯一の偉大な仕事という理由のために、この世に出現することと名づけるのか。仏・世尊たちは衆生に仏の智慧を開かせて清浄な状態になるようにさせようとするので、この世に出現する。衆生に仏の智慧を示そうとするので、この世に出現する。衆生に仏の智慧を悟らせようとするので、この世に出現する。衆生を仏の智慧の道に入らせようとするので、この世に出現する。舎利弗よ。以上が仏たちは唯一の偉大な仕事という理由のために、この世に出現する、ということである」と。

［訓読］ 仏は舎利弗に告ぐらく、「是くの如き妙法は、諸仏如来は時に乃ち之れを説くこと、優曇鉢華[1]の時に一たび現ずるが如きのみ。舎利弗よ。汝等《なんだち》は当に仏の説く所の言は虚妄《こもう》ならざるを信ずべし。舎利弗よ。諸仏は宜しきに随って法を説き、意趣解し難し。所以は何ん。我れは無数の方便、種種の因縁・譬喩・言辞を以て諸法を演説すれども、是の法は思量分別の能く解する所に非ず、唯だ諸仏有りて乃ち能く之れを知るのみなればなり。

所以は何ん。諸仏・世尊は唯だ一大事の因縁を以ての故に世に出現するのみなればなり。舎利弗よ。

云何《いか》なるをか諸仏・世尊は唯だ一大事の因縁を以ての故に世に出現するのみと名づくるや。諸仏・世尊は衆生をして仏知見《ぶっちけん》[2]を開かしめ、清浄なることを得しめんと欲するが故に世に出現す。衆生に仏知見を示さんと欲するが故に世に出現す。衆生をして仏知見を悟らしめんと欲するが故に世に出現す。衆生をして仏知見の道に入らしめんと欲するが故に世に出現す。舎利弗よ。是れを諸仏は唯だ一大事の因縁を以ての故に世に出現するのみと為す」と。

[1]【優曇鉢】udumbara の音写。優曇華《うどんげ》とも訳す。三千年に一度しか開花しないので、稀《まれ》な現象をたとえる。

[2]【仏知見】梵本の対応語は、tathāgata-jñāna-darśana である。如来の智慧を意味すると考えてよいと思う。中国の智顗や吉蔵は仏知見を仏性と同義として解釈した。

【解説】 仏はウドゥンバラの花のように稀にしか仏の体得した妙なる法について説かない。それを今まさに説くのである。仏はさまざまな仕方で法を説くが、法は思惟・分析によっては理解できず、仏だけが知ることができることが強調される。

ではなぜ、稀にしか説かない法を、今説くのか。そもそも仏は唯一の偉大な仕事をするためにこの世に出現したのである。その唯一の偉大な仕事とは何か。それは衆生に仏知見を開き、示し、悟らせ、入らせることである。これを開示悟入《かいじごにゅう》の四仏知見《しぶっちけん》という。仏知見は仏の知見であり、知見とは智慧による認識、あるいは端的に智慧の意味と理解してよい。訳では「仏の智慧」とした。この仏の智慧を衆生に開き、示し、悟らせ、入らせるということは、とりもなおさず衆生を成仏させることである。したがって、仏はすべての衆生を成仏させるためにこの世に出現したことが明らかにされたことになる。このように仏がこの世に出現した目的が明らかにされたので、『法華経』を仏の「出世《しゅっせ》の本懐《ほんかい》」の経と言うのである。「出世の本懐」とは、この世に出現した本心という意味である。

すべての衆生を成仏させるということは、これまで阿羅漢、縁覚を最終的な目標として成仏を断念してきた声聞・縁覚の二乗の人も成仏できるということである。このように仏のこの世に出現した目的は、すべての衆生を成仏させることにあるので、今、まさにこの仏の体得した法を説くのである。

（6）三乗方便・一乗真実

【訳】 仏は舎利弗に告げた、「仏・如来たちはただ菩薩を教化《きょうけ》するだけである。あらゆる活動は常に一つの仕事のためである。ただ仏の智慧を衆生に示し、悟らせることだけである。舎利弗よ。如来はただ一仏乗によって、衆生のために法を説くのである。第二、第三などのその他の教えはない。舎利弗よ。すべての十方《じっぽう》の仏たちの法も同様である。

舎利弗よ。過去の仏たちは計量することも数えることもできないほど多くの巧みな手段・さまざまないわれ・譬喩・言葉によって衆生のために多くの法を演説する。この法はみな一仏乗のためである。これらの衆生は仏たちから法を聞き、最終的にみなすべてを知る仏の智慧を得る。

舎利弗よ。未来の仏たちが世に出現する場合もまた計量することも数えることもできないほど多くの巧みな手段・さまざまないわれ・譬喩・言葉によって衆生のために多くの法を演説する。この法はみな一仏乗のためである。これらの衆生は仏たちから法を聞き、最終的にみなすべてを知る仏の智慧を得る。

舎利弗よ。現在の十方の計量することもできない百千万億の仏国土の仏・世尊たちは衆生に利益を与え、安楽にさせることが多い。これらの仏たちも計量することも数えることもできないほど多くの巧みな手段・さまざまないわれ・譬喩・言葉によって衆生のために多くの法を演説する。この法はみな一仏乗のためである。これらの衆生は仏たちから法を聞き、最終的にみなすべてを知る仏の智慧を得る。

舎利弗よ。これらの仏たちはただ菩薩を教化するだけである。仏の智慧を衆生に示そうとするから、仏の智慧を衆生に悟らせようとするから、衆生を仏の智慧の道に入らせようとするからである。

舎利弗よ。私も今また同様である。衆生にさまざまな欲と心中深く執著するものがあることを知って、(衆生の)その本性にしたがって、さまざまないわれ・譬喩・言葉・巧みな手段を設ける力によって(衆生の)ために法を説く。舎利弗よ。このようなことは一仏乗のすべてを知る仏の智慧を得させるためである。舎利弗よ。十方の世界には第二の教えさえないのであるから、まして第三の教えはなおさらないのである。(続く)

【訓読】 仏は舎利弗に告ぐらく、「諸仏如来は但《た》だ菩薩を教化するのみ。諸有《あらゆ》る作《な》す所は常に一事の為めなり。唯だ仏の知見を以て衆生に示悟《じご》するのみ。舎利弗よ。如来は但だ一仏乗[1]を以ての故に、衆生の為めに法を説くのみ。余乗の若《も》しは二、若しは三有ること無し。舎利弗よ。一切十方の諸仏の法も亦た是くの如し。

舎利弗よ。過去の諸仏は無量無数の方便、種種の因縁・譬喩・言辞《ごんじ》を以て、衆生の為めに諸法を演説す。是の法は皆な一仏乗の為めなるが故なり。是の諸の衆生は諸仏従り法を聞き、究竟《くきょう》して皆な一切種智を得。

舎利弗よ。未来の諸仏当に世に出ずべきも亦た無量無数の方便・種種の因縁・譬喩・言辞を以て衆生の為めに諸法を演説す。是の法は皆な一仏乗の為めなるが故なり。是の諸の衆生は仏従り法を聞き、究竟して皆な一切種智を得。

舎利弗よ。現在の十方の無量百千万億の仏土の中の諸仏世尊は、衆生を饒益《にょうやく》し、安楽にする所多し。是の諸仏も亦た無量無数の方便・種種の因縁・譬喩・言辞を以て衆生の為めに諸法を演説す。是の法は皆な一仏乗の為めなるが故なり。是の諸の衆生は仏従り法を聞き、究竟して皆な一切種智を得。

舎利弗よ。是の諸仏は但だ菩薩を教化するのみ。仏の知見を以て衆生に示さんと欲するが故に、仏の知見を以て衆生に悟らしめんと欲するが故に、衆生をして仏知見の道に入《い》らしめんと欲するが故なり。

舎利弗よ。我れも今亦復《ま》た是くの如し。諸の衆生に種種の欲と深心《じんしん》に著《じゃく》する所有るを知りて、其の本性に随って、種種の因縁・譬喩・言辞・方便力を以ての故に、而《しか》も為めに法を説く。舎利弗よ。此くの如きは皆な一仏乗の一切種智を得しめんが為めの故なり。舎利弗よ。十方世界の中には、尚《な》お二乗すら無し。何《いか》に況《いわ》んや三有らんをや（続く）。

- 【一仏乗】 仏乗は（buddha-yāna）は仏になるための教えである。声聞乗、縁覚乗は方便の教えであり、真実には仏乗しかないので、一乗（eka-yāna. 唯一の教えの意）と言い、仏乗と熟して、一仏乗（eka-buddha-yāna）と言う。

【解説】 仏が菩薩だけを教化するとはどういうことか。すでに「大乗経の無量義と名づけ、菩薩を教うる法にして仏に護念《ごねん》せらるるを説く」「大乗経の妙法蓮華と名づけ、菩薩を教うる法にして仏に護念せらるるを説く」という表現の中にも、菩薩を教えるという言葉があった。菩薩に対する言葉は声聞・縁覚であるから、仏は声聞・縁覚を教化しないのであろうか。これは、声聞・縁覚を教化しないのではなく、むしろ彼らを教化して、声聞・縁覚というあり方を打破し、最終的には彼らを菩薩として自己転換させ、菩薩道を実践して成仏させることを意味していると考えられる。成仏できるのは菩薩だけであるから、声聞・縁覚を菩薩の中に収め取るのである。

このように仏は菩薩を相手に、仏の智慧を示し、悟らせようとする。このように菩薩を対象に仏の智慧を示し、悟らせる教えが一仏乗にほかならないのである。この一仏乗を聞いた衆生も一切種智（すべてを知る仏の智慧）を獲得できるのである。このような仏の仕事は釈尊ばかりでなく、三世十方の仏たちに共通であることが強調されている。

三乗方便・一乗真実　『法華経』では、過去の教えを声聞乗・縁覚乗・菩薩乗の三乗に整理している。これらについてはすでに解説した。前二者を二乗と言い、小乗（hīnayāna. 劣った教えの意）とも言う。菩薩乗が大乗（mahāyāna. 偉大な教えの意）にあたる。つまり、声聞・縁覚・菩薩という三種類の修行者の類型に対して、三種類の教えと修行が説かれ、それによって達成される理想にも三種類があるとされる。

ところが、『法華経』はこれらの三乗は方便の教えであると宣言する。方便（upāya）とは巧みな手段の意である。つまり、声聞や縁覚は志が劣っているので、初めから成仏できるという教え（菩薩乗、または仏乗）を説くことができなかったので、声聞や縁覚の宗教的能力に合わせて、声聞乗、縁覚乗という教えによって彼らを成熟させ、教育したとされる。仏に巧みな手段を設定する力、方便力が存することはすでに本文に出た通りである。しかし、このことはあくまで、声聞や縁覚にとっては秘密のことであり、彼らは彼らに与えられた教えを真実とばかり思い込んでいた。この『法華経』においてはじめて、三乗が存在すると説くことは方便であったことが打ち明けられたのである。したがって、声聞乗、縁覚乗は一時的暫定的な仮りの教えであり、声聞、縁覚も永久に変化しない固定的なあり方ではなく、十分に成熟、教育された時には、彼らも最終的には菩薩として成仏することができると説く。このようにすべての人が同じく成仏することのできる教えなので、これを仏乗と呼び、言うまでもなく『法華経』自身を指す。したがって、三乗は暫定的な存在であり、真実には仏乗しか存在しないので、これを一乗と呼び、仏乗と一乗を結合して、一仏乗という呼び方も生まれたのである。

ところで、本文の「余乗の若しは二、若しは三有ること無し」「十方世界の中には、尚お二乗すら無し。何に況んや三有らんをや」の「二」「三」を序数詞として解釈して翻訳したが、これは梵本に沿った解釈である。中国でも道生や吉蔵はこのように解釈した。ところが、漢語では序数詞と基数の区別があいまいであるから、これらの「二」「三」を「二つの教え」「三つの教え」と解釈することも漢語としては可能であった。具体的には、「声聞乗、縁覚乗の二つの教えがない」「声聞乗、縁覚乗、菩薩乗の三つの教えがない」という解釈になり、法雲や智顗がこのように解釈した。

これらの二つの解釈において、最も重要な相違点は菩薩乗の位置づけに関してである。前者の解釈では、第二の縁覚乗、第三の声聞乗の存在が否定されるだけで、菩薩乗については仏乗と同一のものとしてその存在が認められる。これに対して後者の解釈では、声聞乗、縁覚乗ばかりでなく、菩薩乗もその存在が否定されるのである。具体的には、『法華経』以外の大乗経典を指す菩薩乗と『法華経』を指す仏乗とを同一のものとして認めるか、異なるとして『法華経』＝仏乗の優越性を主張するかという相違が生じるのである。

実は、この問題は譬喩品に説かれる三車火宅《さんしゃかたく》の譬喩の中に出る牛車《ごしゃ》と大白《だいびゃく》牛車との同異の問題として、中国で盛んに議論され、三車家《さんしゃけ》、四車家《ししゃけ》の対立が生まれたのである。これについては譬喩品のところで解説する（一一七頁を参照）。

（7）五濁悪世における三乗の説法と阿羅漢・縁覚の救済

〔訳〕　舎利弗よ。仏たちは五つの濁《にご》りを持つ悪い世に出現する。つまり、時代の濁り・煩悩の濁り・衆生の濁り・誤った見解の濁り・生命の濁り、このようなものである。舎利弗よ。時代が濁り乱れるときは、衆生の垢《けがれ》がひどく、ものおしみの心、嫉妬の心を持ち、多くの悪行をなすので、仏たちは巧みな手段を設ける力によって、一仏乗について区別して三乗を説く。舎利弗よ。もし私の弟子で、自ら阿羅漢、縁覚であると思う者が、仏・如来たちはただ菩薩だけを教化するという仕事を聞かず、知らなければ、これらは仏の弟子でもなく、阿羅漢でもなく、縁覚でもない。

そのうえ、舎利弗よ。これらの比丘・比丘尼たちは自ら阿羅漢を得た、（輪廻の）最後の身体である、究極的な涅槃であると思い込み、そのままもはや最高の正しい悟りを求めなければ、当然これらの者はみなおごり高ぶった人であることが分かるはずである。その理由は何か。もしある比丘が本当に阿羅漢の悟りを得るならば、この法を信じないようなことは、ありえないからである。仏が涅槃に入った後、目の前に仏がいない場合は例外である。その理由は何か。仏が涅槃に入った後に、このような経を受持《じゅじ》、読誦《どくじゅ》して、その意義を理解するものは得難いからである。もし他の仏に出会えば、そのままこの法について理解することができる。舎利弗よ。あなたたちはひたすら信じ理解して仏の言葉を受持すべきである。仏・如来たちは、その言葉に虚偽はない。その他の教えはなく、ただ一仏乗だけがあるのである」と。

【訓読】 舎利弗よ。諸仏は五濁《ごじょく》[1]悪世《あくせ》に出ず。所謂《いわゆ》る劫濁《こうじょく》・煩悩濁・衆生濁・見《けん》濁・命《みょう》濁、是くの如し。舎利弗よ。劫の濁乱《じょくらん》なる時、衆生の垢《く》重く、慳貪嫉妬《けんどんしっと》にして、諸の不善根を成就するが故に、諸仏は方便力を以て一仏乗に於て、分別《ふんべつ》して三を説く。舎利弗よ。若し我が弟子の、自ら阿羅漢、辟支仏なりと謂《おも》う者、諸仏如来は但だ菩薩を教化するのみなる事を聞かず知らずんば、此れは仏弟子に非ず、阿羅漢に非ず、辟支仏に非ず。

又た舎利弗よ。是の諸の比丘・比丘尼、自ら已《すで》に阿羅漢を得、是れ最後身《さいごしん》にして、究竟の涅槃なりと謂い、便ち復た阿耨多羅三藐三菩提を志求《しぐ》せずんば、当に知るべし、此の輩は皆な是れ増上慢の人なり。所以は何ん。若し比丘有りて、実に阿羅漢を得ば、此の法を信ぜざるが若《ごと》きは、是の処《ことわり》有ること無ければなり。仏の滅度の後に現前に仏無きを除く。所以は何ん。仏の滅度の後、是くの如き等の経は、受持し読誦して、其の義を解《げ》する者、是の人得難ければなり。若し余仏に遇《あ》わば、此の法の中に於て、便ち決了《けつりょう》することを得。舎利弗よ。汝等は当に一心に信解《しんげ》して、仏語を受持すべし。諸仏如来は、言に虚妄無し。余乗有ること無く、唯だ一仏乗のみ」と。

1【五濁】劫濁（戦争・疫病・飢饉などが多いという時代の濁り）・煩悩濁（煩悩が多いという濁り）・衆生濁（衆生の身心が弱り、苦しみが多いという濁り）・見濁（誤った思想がはびこるという濁り）・命濁（衆生の寿命が短くなるという濁り）の五種の濁りで、悪世の特徴である。

【解説】　五濁悪世に出現した仏は、悪世の衆生の宗教的資質が劣るので、一仏乗をそのまま説くことをせず、方便力によって衆生のレヴェルに合わせて三乗を説くことを明かしている。したがって、三乗があると説くことは方便であり、真実には一仏乗だけが存するのである。一仏乗とは、すべての衆生がそれによって成仏できる教えである。

そこで、仏が菩薩だけを教化すること、すなわち真実には一仏乗しか存しないことを認識しないものは、阿羅漢でも縁覚でもないと批判している。また、阿羅漢の自覚のあるものが仏の最高の正しい悟りをさらに追求しなければ、それは真の阿羅漢ではなく、まだ阿羅漢の悟りを得ていないのに得たとおごり高ぶっている増上慢にすぎないと批判している。なぜならば、阿羅漢であれば、必ずこの法を信じるはずであるからである。ただし、仏から直接、この法を聞く場合に限られる。というのは、仏が涅槃に入った後、すなわち、無仏《むぶつ》の世では、『法華経』を受持、読誦し、それを理解するものはいないからである。

では、無仏の世の阿羅漢はどのようにして救済されるのであろうか。他の仏に出会い、その仏の法（どの仏の法も共通である）について理解することによってである。この場合も、結局仏から直接聞かなければ、阿羅漢は信じることができないことを指摘しているのである。それほど、『法華経』が阿羅漢にとっては信じ難い教えであることと、仏には偉大な方便力があるから、仏が直接阿羅漢に対して説けば阿羅漢も信じることができるということの二面を指摘したものと考えられる。

また、このことは、『法華経』が成立した歴史的状況＝無仏の世においては、伝統的保守的な部派教団における阿羅漢の聖者は仏から直接『法華経』を聞くことができないので、『法華経』を信じることができないと言って、あらかじめ部派教団との積極的関わりを回避したことを意味するのであろうか。『法華経』の信仰者たちの宗教運動を推定する上で、興味深い問題である。

［3］ 譬喩品 （ひゆほん）

方便品において三乗方便・一乗真実の法説を聞いた舎利弗は、その法説を領解《りょうげ》（理解の意）し、譬喩品において自己の成仏の確信を抱き、釈尊によって授記される。しかし、法説を理解できたのは舎利弗だけであったので、舎利弗はその他の声聞のために、より分かりやすく三乗方便・一乗真実を説いてほしいと釈尊に願った。その願いに応えて三車火宅の譬喩を説く。これを譬説（または譬喩説）という。

（1） 舎利弗の理解と歓喜

［訳］ そのとき、舎利弗は躍り上がって歓喜し、すぐに起ち上がって合掌し、（釈尊の）尊い顔を仰ぎ見て仏に申し上げた、「今、世尊からこの説法を聞き、心に躍り上がるほどの喜びを持ち、これまでにないすばらしい気持ちになった。その理由は何か。私は昔、仏からこのような法を聞いたことがあるが、多くの菩薩が記別を受けて成仏するのを見ても、私たちはこの事に関与せず、如来の無量の智慧を失ったことにとても心を痛めていたからである。世尊よ。私は常にひとりぼっちで山林や樹木の下にいて、坐ったり歩いたりしながら、いつもこのように思った、『私たちも（菩薩と）同じく仏法の世界に入っ

ているのに、どうして如来は小乗の法によって救済されるのか』と。これは私たちの過失であり、世尊（の過失）ではない。その理由は何か。もし私たちが最高の正しい悟りを完成する根拠を説くのを待つならば、きっと大乗によって救済することができたからである。ところが、私たちは巧みな手段によって都合に合わせて説いたことを理解せず、最初に仏法を聞いて、思いがけずそのまま信受し、思惟して（小乗の）悟りを取った。世尊よ。私は昔からずっと、昼も夜も一日中、いつも自ら厳しく責めた。ところが今、仏からまだ聞いたこともないすばらしい法を聞き、多くの疑いや後悔を断ち切り、身も心もゆったりとして、気持ちよく安らかになった。今日やっと、真に仏の子であり、仏の口から生じ、法から化生《けしょう》し、仏法の一分を得たのが分かった」と。

【訓読】 爾の時、舎利弗は踊躍歓喜《ゆやくかんぎ》し、即《すなわ》ち起ちて合掌し、尊顔《そんげん》を瞻仰《せんごう》して仏に白《もう》して言わく、「今、世尊従り此の法音を聞き、心に勇躍《ゆやく》[1]を懐《いだ》き、未曾有を得。所以は何ん。我れ昔、仏従り是くの如き法を聞くに、諸の菩薩、記を授《う》[2]けて作仏するを見れども、我れ等は斯の事に預《あず》[3]からず、甚だ自ら如来の無量の知見を失うを感傷すればなり。世尊よ。我れは常に独り山林樹下に処し、若しは坐し若しは行きて、毎《つね》に是の念を作さく、『我れ等も同じく法性《ほっしょう》[4]に入るに、云何んが如来は小乗の法を以て済度《さいど》せらるるや』と。是れ我れ等が咎《とが》にして、世尊に非ざるなり。所以《しょいん》[5]は何ん。若し我れ等、阿耨多羅三藐三菩提を成就する所因を説くを待たば、必ず大乗を以て度脱《どだつ》することを得ればなり。然るに我れ等は方便もて宜しきに随って説く所を解せず、初め仏法を聞いて、遇《たま》ま便ち信受し、思惟して証を取る。世尊よ。我れ昔従《よ》り来《このかた》、終日竟夜《しゅうじつきょうや》、毎に自ら剋責《こくしゃく》す。而るに今、仏従り未だ聞かざる所の未曾有の法を聞き、諸の疑悔《ぎげ》を断じ、身意泰然《しんにたいねん》として快く安隠《あんのん》を得。今日乃《すなわ》ち、真に是れ仏子にして、仏の口従り生じ、法従り化生[6]し、仏法の分を得るを知る」と。

[1]【勇躍】「勇」は「踊」に通じる。[2]【授】「受」に通じる。[3]【預】大正蔵本の「豫」を大正蔵本の注記によって「預」に改める。[4]【法性】梵本の対応語は、dharma-dhātu. 仏法の世界の意。[5]【所因】「所以」「所由」などとほぼ同義と考えられる。「……する理由、原因、根拠」の意。[6]【化生】母胎・卵・水などに託して生まれるのではなく、何も託するものがなく突然生まれること。浄土、地獄、神々の世界などでは、このような超自然的な仕方で生まれる。

【解説】 舎利弗が方便品の三乗方便・一乗真実の法説を聞いて理解し、歓喜したことが冒頭に述べられている。なぜ、それほど歓喜したかと言えば、かつて菩薩たちが記別を受けて成仏したのを見たことはあるが、それらは自分たち声聞には関係のないことだと思って、心を痛めた。ところが、今、まさに声聞たちも成仏できることが仏によって明らかにされたからである。舎利弗は「真に仏の子であり、仏の口から生じ、法から化生し、仏法の一分を得たのが分かった」と、歓喜の声をあげている。

舎利弗は、『法華経』を聞くまでは、菩薩が記別を受けて成仏する姿を見、声聞も菩薩と同様に仏法の世界に入っているのに、なぜ仏は小乗の教えによって声聞を救済するのか疑問に思っていたことを打ち明けている。ところが、今、舎利弗は、これは仏の過失ではなく、声聞の過失であったことが分かった。なぜなら、声聞は、仏が相手の都合に合わせて説いた方便の教えをそのまま絶対化して、小乗の悟りを取ってしまい、最高の正しい悟りの根拠が説かれるのを待たなかったからである。

舎利弗はこのように方便品の説を理解した。具体的に言えば、自分たち声聞も成仏できるという説を理解したのである。この点は、長行よりも偈頌において、「仏は大衆の中に於て、我れ当に仏と作るべしと説く」「我れは定んで当に仏と作り、天人の敬する所と為り、無上の法輪を転じ、諸の菩薩を教化すべし」と明言されている。つまり、舎利弗は方便品の説を聞いて、自己の成仏を確信したのである。

この後、釈尊は舎利弗に授記する。授記は仏が弟子に未来成仏の予言を与えることであるが、これは仏が授記するから弟子が成仏できるのではない、つまり、仏の権威によって何か恩恵のような形で弟子に与えるものではないことに注意しなければならない。成仏できるかどうかは、普遍的な道理であり、さらに本人の修行にかかわっている事がらである。ここで、舎利弗が自ら成仏の確信を披瀝《ひれき》し、その後、舎利弗に記別が与えられることは、このことをよく物語っていると言えよう。

(2) 舎利弗への授記

【訳】 そのとき、仏は舎利弗に告げた、「私は今、神々・人々・沙門・婆羅門などの大勢のものたちの中で説こう。私は昔二万億の仏のもとで、最高の悟りのために、常にあなたを教化したことがある。あなたもまた長く私に従って学問を受けた。私は巧みな手段によってあなたを指導したので、私の法の中に生まれた。舎利弗よ。私は昔、あなたを教えて、仏道を求め願わせたが、あなたは今すべて忘れて、そのまま自ら涅槃を得たと思い込んだ。私は今またあなたに本来の願によって修行する道を思い出させようとするので、声聞たちのために、この「妙法蓮華」という名の、菩薩を教化する法で、仏に大切に守られている大乗経典を説く。

舎利弗よ。あなたは未来の世で、計量することもできず、限界もなく、考えることもできない劫を過ぎて、幾千万億の仏を供養し、正法を推《お》し戴《いただ》いて持ち、菩薩の修行する道を完全に備え、当然仏となることができるであろう。華光《けこう》如来・尊敬に値する人・正しく悟った人・智慧と実践を備えた人・悟りに到達した人・世間を理解する人・最高の人・（人間を）調教するりっぱな人・神々と人間の師・仏・世尊と言い、国を離垢《りく》と名づける。その国土は平らで、清らかで飾りたてられ、安らかで豊かで、神々や人々が大勢いる。琉璃《るり》で地を作り、八方からの交差する道がある。黄金で縄を作り、それでその道の端を区切り、その傍にはそれぞれ七宝でできた並木があって、常に華や果実がある。華光如来もまた三乗によって衆生を教化する。舎利弗よ。かの仏が出現するときは、悪世でないけれども、本来の願によって、三乗の教えを説く。その劫を大宝荘厳と名づける。なぜ大宝荘厳と名づけるのか。その国の中では、菩薩を大宝とするからである。かの菩薩たち（の数）は、計量することもできず、限界もなく、考えることもできず、計算や譬喩も及ぶことのできないものである。仏の智慧の力でなければ、知ることのできるものはいない。もし歩こうとするときには、（地を直接踏むことなく）宝華《ほうけ》が足を支えてくれる。これらの菩薩たちは発心《ほっしん》したばかりのものではなく、すべて長い間、（悟りの）根本たる善を植え、計量することもできない百千万億の多くの仏のもとで、清浄な修行をなして、常に仏たちに褒め讃えられ、常に仏の智慧を修し、偉大な神通を備え、巧みにすべての教えの門を知り、飾りけがなく正直で偽りがなく、気持ち・思いが確固としている。このような菩薩がその国に満ちるのである。

舎利弗よ。華光仏の寿命は十二小劫である。王子であってまだ成仏していない時を除外する。その国の人々の寿命は八小劫である。華光如来は十二小劫を過ぎて、堅満《けんまん》菩薩に最高の正しい悟りの記別を授け、比丘たちに告げた、『この堅満菩薩は次に仏となるであろう。華足安行《けそくあんぎょう》如来・尊敬に値する人・正しく悟った人と名づける。その仏国土もまたこのようである』と。舎利弗よ。この華光仏が涅槃に入った後、正法が世に三十二小劫とどまり、像法もまた世に三十二小劫とどまる」と。

[訓読] 爾の時、仏は舎利弗に告ぐらく、「吾れ今、天・人・沙門・婆羅門等の大衆の中に於て説く。我れ昔、曽て二万億の仏の所に於て、無上道の為めの故に、常に汝を教化す。汝も亦た長夜《じょうや》に我れに随って受学す。我れは方便を以て汝を引導するが故に、我が法の中に生まる。舎利弗よ。我れは昔、汝を教えて、仏道を志願せしむるに、汝は今悉く忘れて、便ち自ら已に滅度を得たりと謂う。我れ今、還《ま》た汝をして本願もて行ずる所の道を憶念《おくねん》せしめんと欲するが故に、諸の声聞の為めに、是の大乗経の妙法蓮華と名づけ、菩薩を教うる法にして仏に護念せらるるを説く。

舎利弗よ。汝は未来世に於て、無量無辺不可思議劫を過ぎて、若干《にゃっかん》の千万億の仏を供養し、正法を奉持《ぶじ》し、菩薩の行ずる所の道を具足し、当に仏と作ることを得べし。号して[1]華光如来・応供・正遍知・明行足・善逝・世間解・無上士・調御丈夫・天人師・仏・世尊と曰い、国を[2]離垢と名づく。其の土は平《びょう》正《しょう》にして、清浄厳飾《ごんしょく》、安隠豊楽《ぶらく》、天人熾盛《しじょう》なり。琉璃《るり》もて地を為《つく》り、八交道《きょうどう》有り。黄金もて縄を為り、以て其の側《ほとり》を界《さかい》し、其の傍に各七宝の行樹有りて、常に華菓《けか》有り。華光如来も亦た三乗を以て衆生を教化す。舎利弗よ。彼の仏出ずる時は、悪世に非ずと雖も、本願を以ての故に、三乗の法を説く。其の劫を大宝荘厳[3]と名づく。何が故に名づけて大宝荘厳と曰うや。其の国の中には、菩薩を以て大宝と為すが故なり。彼の諸の菩薩は無量無辺不可思議にして、算数《さんじゅ》譬喩も及ぶこと能わざる所なり。仏の智力に非ざれば、能く知る者無し。若し行かんと欲する時には、宝華足《あし》を承《う》く。此の諸の菩薩は初発意《しょほっち》に非ず、皆な久しく徳本を殖《う》え、無量百千万億の仏の所に於て、浄《きよ》く梵行を修し、恒《つね》に諸仏の称歎する所と為り、常に仏慧《ぶって》を修し、大神通を具《ぐ》し、善《よ》く一切諸法の門を知り、質実無偽にして、志念堅固《しねんけんご》なり。是くの如き菩薩、其の国に充満す。

舎利弗よ。華光仏の寿は十二小劫なり。王子と為りて、未だ仏と作らざる時を除く。其の国の人民《にんみん》の寿は八小劫なり。華光如来は十二小劫を過ぎて、堅満[4]菩薩に阿耨多羅三藐三菩提の記を授け、諸の比丘に告ぐらく、『是の堅満菩薩は次に当に仏と作るべし。号して華足安行[5]多陀阿伽度・阿羅訶・三藐三仏陀と曰う。其の仏国土も亦復た是くの如し』と。舎利弗よ。是の華光仏の滅度の後、正法世に住すること三十二小劫、像法世に住することも亦た三十二小劫なり」と。

[1]【華光】Padmaprabha. 紅蓮《ぐれん》の光を持つ者の意。 [2]【離垢】Viraja. 塵《ちり》のないの意。 [3]【大宝荘厳】Mahā-ratnapratimaṇḍita. 偉大な宝で飾られたの意。 [4]【堅満】Dhṛtiparipūrṇa. 堅固さを完全に満たしたの意。 [5]【華足安行】Padmavṛṣabhavikrāmin. 紅蓮の上を牛王のように勇敢に歩く者の意。

【解説】 釈尊が舎利弗に授記する段である。まず授記の前に、釈尊の口から釈尊と舎利弗の深い関係が説き示される。それによれば、釈尊は二万億の仏のもとで舎利弗を成仏できるように教化したが、舎利弗はすっかりそれを忘れてしまい、小乗の悟りを取ってしまったのである。そこで、釈尊は、舎利弗が成仏しようという本願を立て、それによって修行した大乗の実践道を思い出させるために、『法華経』を説くのである。このような過去世における釈尊と舎利弗の関係は、ここでは舎利弗の法説理解の後に明かされているが、後に出る下根の声聞たちには、化城喩品における大通智勝仏の物語によって、釈尊と声聞たちとの過去世における深い関係を説き示し、それによってやっと彼らは三乗方便・一乗真実の道理を理解することができるのである。

授記とは未来の成仏の予言を与えることである。具体的には、仏の名、国の名、国土の様子、時代の名、仏の寿命の長さ、正法・像法の期間などについて箇条書き風に記す。舎利弗以降の声聞授記の内容もほぼ同じである。舎利弗の場合は、華光という名の仏になりその国土は離垢という名で、その時代は大宝荘厳という名である。その名の由来は、その国土に偉大な宝とも言うべき菩薩たちが満ちているからと説明される。また、その時代は今の娑婆世界のような悪世ではないが、華光仏は本願によって三乗の教えを説くと言われる。華光仏の寿命は十二小劫で、正法は三十二小劫、像法も三十二小劫の間存続するとされる。また、華光仏が涅槃に入る前には、堅満菩薩に授記することが説かれる。これは日月灯明如来が涅槃に入る前に徳蔵菩薩に授記したのと同様である。

（3）四衆と八部衆の歓喜

舎利弗が授記される様子を見た四衆と天龍八部衆が大いに歓喜し、身につけていた上衣《じょうえ》を仏に供養し、また帝釈天《たいしゃくてん》や梵天王たちも神々の妙なる衣や曼陀羅華・摩訶曼陀羅華を仏に供養し、供養された神々の衣は空中で回転し、膨大な数の楽器で音楽が奏《かな》でられ、天の華を雨のように降り注いだ。そして、神々は「仏は昔、ヴァーラーナシーで最初に法輪を転じたが、今やっと再び無上最大の法輪を転じた」と語った。

ヴァーラーナシーの鹿野苑《ろくやおん》で、五人の出家者を相手に説いた初転法輪に対して、この『法華経』の説法を第二の法輪を転じたと表現しているのである。

(4) 舎利弗のお願いと三車火宅の譬喩

舎利弗は釈尊に、自分にはもはや疑い・後悔がなく、直接仏前で記別を受けることができたことを述べ、さらに千二百人の阿羅漢は釈尊のかつての教えによって涅槃を得たと思い込んでいたが、まだ聞いたこともない教えを聞いて、みな疑惑に落ち込んでいるので、彼らのためにその教えのいわれを説いて、疑い・後悔から離れさせてくださいとお願いする。

そこで、釈尊は「仏・世尊たちがさまざまないわれ・譬喩・言葉などの巧みな手段によって法を説くのは、みな最高の正しい悟りのためである、と私は先に言わなかったか。これらの説はみな菩薩を教化するためである。ところで、舎利弗よ。今、また譬喩によって改めてこの意義を明らかにしよう。智慧のある者たちは譬喩によって理解することができる」と言って、三車火宅の譬喩を説くのである。今、この譬喩の内容の要点を紹介する。

あるところに一人の年老いた長者がいた。とても富裕で、田畑や邸宅や召し使いを多数持っていた。彼の邸宅は広大であるが、ただ一つの狭い門しかなかった。五百人ほどの人が住み、三十人ほどの長者の子供が住んでいた。とても古びており、火事が生じればひとたまりもないようなものであった。

ここまで説明すると、それほど大金持ちの長者がどうしてそんなに朽ち果てたような家に住んでいるのか、家がそんなにも広いのに、どうして狭い門が一つしかないのかなど単純な疑問が出て来るが、これは三乗方便・一乗真実をたとえる特殊な譬喩であるので、細かい点では設定に無理があるのはやむを得ない。

この家に突然火事が生じる。長者はこの大火が四面から起こるのを見て、大いに驚き恐れ、「私はこの燃えている門から安全に脱出することができるが、子供たちは燃えさかる家の中で遊びに夢中になって、火事をまったく知らず、驚きも恐れもしていない。火や苦痛が自己の身に迫っているが、火事を厭《いと》い、脱出しようとする気はまったくない」と考え、さらに「私には体力、腕力があるので、花を盛る皿や机を使って、子供たちを脱出させるべきか」と考えた。しかし、また「家には狭く小さな門がただ一つだけある。子供たちは幼稚で、まだ何も知らず、遊び場所に愛着している。子供たちは落ちて焼かれるかもしれない。私は子供たちのために、（次のように）恐ろしい事がらを説こう。『この家は火事になった。今すぐ速《すみ》やかに脱出して、火に焼かれ害されることのないように』と」と思い、すべての子供たちに「あなたたちよ、速やかに脱出しなさい」と告げた。

ところが、このように父が子供たちを憐《あわ》れんで、巧みな言葉で誘い教えても、子供たちは遊びに夢中になって、父の言葉を信じようとはせず、火事を驚かず、恐れず、結局脱出する気持ちはなかった。子供たちは火事の意味も、家の意味も、生命を失うという意味も理解できず、ただあちこち走り回って父を見るだけであった。長者は「この家は大火に焼かれているので、私と子供たちは今脱出しなければ、必ず焼け死ぬだろう。私は今、巧みな手段を設けて、子供たちがこの害から免れるようにさせよう」と思い、子供たちが自分の好きなおもちゃや珍しい物にはひどく愛着する性格を知って、「あなたたちが好むおもちゃは数少なく、手に入れるのが難しい。もし取らなければ、きっと後に後悔するであろう。今、あなたたちが好むような羊車《ようしゃ》、鹿車《ろくしゃ》、牛車《ごしゃ》が門の外にあるから、それで遊びなさい。あなたたちはこの燃えさかる家から速やかに脱出しなさい。あなたたちの好きなだけ与えよう」と言った。

すると、子供たちは父の言った珍しいおもちゃのことを聞いて、願いに合致するので、それぞれ心勇み、たがいに押し退《の》けあい、先を争って走り、燃えさかる家を脱出した。長者は子供たちが安全に脱出することができ、みな四辻《よつつじ》の露地《ろじ》に坐り、もはや障害のないのを見て、心はゆったりとして、躍り上がらんばかりに喜んだ。子供たちはそれぞれ父に「お父さん。先に約束したおもちゃである羊車、鹿車、牛車を今ください」と言った。そこで長者は子供たちに同一の大きな車を与えた。その車は高く広くて、多くの宝石で飾り、周囲には手すりがあり、四面に鈴がかかっている。また、その上にはほろがさを張り、また珍しいさまざまな宝石で飾っている。宝石でできた縄が張りめぐらされ、多くの花飾りを垂らし、敷物を何重にも敷きつめ、赤い枕を置き、白い牛を結びつけている。その牛は皮膚の色は清潔で、身体は美しく、強い筋力がある。平らに歩き、風のように速い。また、多くの召し使いがこれを守護している。

このようなりっぱな牛車を与えた理由は何かと言えば、この長者が無限に富裕で、さまざまな倉庫はすべて満ちており、「私の財産は計量することもできない。下劣な小さな車を子供たちに与えるべきではない。今、これらの幼児はみな私の子供たちであるので、愛するのに偏りはない。私には計量することもできないほど多くの七宝で飾られた大きな車がある。平等な心でそれぞれに与えなくてはならず、差別してはならない。私のこの車を一国にくまなく与えても、私の財産は乏しくならないのであるから、まして子供たちには与えよう」と考えたからである。子供たちは大きな車に乗って、これまでにないすばらしい気持ちになった。本来の望みを越えたでき事であった。

以上が三車火宅の譬喩の内容である。釈尊は羊車、鹿車、牛車が門の外にあると言い、実際には大きな白い牛車を平等に与えたことは、嘘を言ったことになるかどうか、舎利弗に質問している。これは『法華経』のキーワードである方便と、五戒の中の不妄語戒《ふもうごかい》との相違をめぐる問題である。舎利弗は、この長者は子供たちを火事から救い、身命を全うさせたのであって、嘘を言ったのではないと答えている。

（5）三車火宅の譬喩の意味

釈尊は三車火宅の譬喩の意味について、詳しく説き明かしているが、ここでは要点だけを記す。まず、長者は如来を指し、子供は衆生である。火宅は欲界《よっかい》・色界《しきかい》・無色界《むしきかい》の三界である。衆生が生老病死などのさまざまな苦に迫られながら、その苦に埋没《まいぼつ》し、遊び戯《たわむ》れて、三界における輪廻を解脱しようとしない姿が、子供たちが火宅の中で遊び戯れて脱出しない姿にたとえられているのである。

仏は衆生の父であるから、衆生を苦難から救済しようと思うが、仏の神通力と智慧の力だけを用い、巧みな手段を捨てれば、衆生を救済することはできない。かの長者が体力、腕力があっても、真心を込めた巧みな手段によって子供たちを脱出させたように、仏も十力や四無所畏などの特別な能力があるが、これを用いないで、智慧と巧みな手段だけによって衆生を救済しようとして、声聞乗、縁覚乗、仏乗の三乗を説いた。声聞乗は羊車に相当し、縁覚乗は鹿車に相当し、仏乗は牛車に相当すると規定される。

仏は、最終的に衆生がみな三界を脱出したのを見て、平等に大乗を与えようと思って、大乗を与える。要するに、仏は三乗を説いて衆生を指導するが、その後、大乗だけによって衆生を救済するのである。結論として「諸仏は方便力の故に、一仏乗に於て分別して三を説く」と言われる。

三車家と四車家　ところで、三車のなかの牛車と、最後に与えられる大白牛車《だいびゃくごしゃ》とが同じかどうか、中国において解釈が分かれた。同じであれば、車は全部で三車となり、異なるのであれば四車となる。前者の解釈が三車家《さんしゃけ》と呼ばれ、後者の解釈が四車家《ししゃけ》と呼ばれた。三車家の代表が法相宗《ほっそうしゅう》の基《き》であり、四車家の代表が法雲や智顗である。吉蔵は従来、三車家の代表と言われてきたが、近年の研究によれば、三車家と四車家のいずれか一方に執著することのない自由な立場に立っていたとされる。吉蔵によれば、衆生の悟りこそ重要であって、学説自体は衆生の悟りとの関係を踏まえて評価すべきであると言うのである。この議論の思想的意義は牛車にたとえられる『法華経』以前の大乗と、大白牛車にたとえられる『法華経』自身との優劣をめぐる教判の問題にある。すべての大乗経典は価値的に平等であるとする立場が三車家であり、他の大乗経典に対する『法華経』の優越性を強調する立場が四車家である。『法華経』自体にこの両面が見られるので、議論が分かれたのであるが、『法華経』に限らず、多くの大乗経典は自らの優越性、絶対性に対する宗教的確信を表明した信仰告白書であると捉《とら》えるならば、『法華経』が基本的に四車家の立場に立っていることは当然のことであるように思われる。

ともあれ、仏がなぜ方便の教えである三乗を説いたのかが、この譬喩によって分かりやすく示されたと言えるだろう。

[4] 信解品（しんげほん）

譬喩品における譬喩説を領解した四大声聞、すなわち、須菩提《しゅぼだい》、迦旃延《かせんねん》、迦葉《かしょう》、目犍連《もっけんれん》の四人の声聞は、これまで大乗を真剣に求めなかった自分たちの態度を厳しく自己批判した後に、自分たちの理解を長者窮子《ちょうじゃぐうじ》の譬喩に仮託して示した。

（1）四大声聞の自己批判

［訳］ そのとき、慧命《えみょう》須菩提、摩訶《まか》迦旃延、摩訶迦葉、摩訶目犍連は、仏から聞いたこれまでにないすばらしい法と、世尊が舎利弗に最高の正しい悟りの記別を授けたことにたいし、世にも稀な心を生じ、躍り上がらんばかりに歓喜して、座席から起ち上がって、衣服を整え、右肩だけをあらわにし、右膝を地につけ、ひたすら合掌し、身体を曲げて尊敬し、尊い顔を仰ぎ見て仏に申し上げた、「私たちは教団の指導的立場におり、いずれも年老いている。涅槃を得て、引き受ける仕事はないと自ら思い込んで、もはや進んで最高の正しい悟りを求めなかった。世尊は昔、法を説くことが長期にわたったので、私はそのとき座にいて、身体が疲れだらけて、ただ空・無相・無作《むさ》を心に思うだけで、菩薩の法である神通

に自在に遊び、仏国土を浄化し、衆生を救済することにたいして、心に喜び楽しまなかった。その理由は何か。世尊は私たちに三界を出て、涅槃という悟りを得させたからである。そのうえ、今、私たちは年老いて、仏が菩薩に最高の正しい悟りを教化することにたいし、好み楽しむ心を一瞬も生じない。私たちは、今、仏の前で、声聞に最高の正しい悟りの記別を授けるのを聞いて、心の中でとても歓喜し、これまでにないすばらしい気持ちになった。今、突然世にも稀な法を聞くことができるとは思いもしなかった。大きなすばらしい利益を得、求めないのに無量の宝石が自然に得られたことを、心の底から幸いと喜ぶ……」と。

【訓読】 爾の時、慧命須菩提、摩訶迦旃延、摩訶迦葉、摩訶目犍連は、仏従り聞く所の未曾有の法と、世尊の舎利弗に阿耨多羅三藐三菩提の記を授くるとに、希有《けう》の心を発《ほっ》し、歓喜踊躍して、即ち座従り起ちて、衣服《えぶく》を整え、偏《ひと》えに右肩を袒《はだぬ》ぎ、右膝を地に著《つ》け、一心に合掌して躬《み》を曲げて恭敬《くぎょう》し、尊顔《そんげん》を瞻《せん》仰《ごう》して仏に白して言わく、「我れ等は僧の首《はじめ》に居《こ》し、年並びに朽邁《くまい》す。自ら已に涅槃を得て、堪任《たんにん》する所無しと謂《おも》い、復た進んで阿耨多羅三藐三菩提を求めず。世尊は、往昔《おうしゃく》、法を説くこと既に久しければ、我れ時に座に在りて、身体疲懈《ひげ》して、但だ空・無相・無作を念ずるのみにして、菩薩の法たる神通に遊戯《ゆげ》し、仏国土を浄め、衆生を成就することに於て、心に喜楽《きぎょう》せず。所以は何ん。世尊は我れ等をして三界を出で、涅槃の証《しょう》を得しむればなり。又た今、我れ等は年已に朽邁して、仏の、菩薩に阿耨多羅三藐三菩提を教化するに於て、一念の好楽《こうぎょう》の心を生ぜず。我れ等、今、仏の前に於て、声聞に阿耨多羅三藐三菩提の記を授くるを聞き、心甚《はなは》だ歓喜し、未曾有を得。今に於て、忽然《こつねん》として希有《けう》の法を聞くことを得るを謂《おも》わず。深く自ら大善利を獲《え》、無量の珍宝、求めずして自ら得るを慶幸《きょうこう》す……」と。

［解説］ この段には、四大声聞の自己批判が述べられ、期せずして小乗と大乗の区別が示されている。まず、大乗の内容は「菩薩の法」と規定される、神通に遊戯すること、仏国土を浄化すること、衆生を救済することである。菩薩の自由自在な活動を神通に遊戯することと表現したのであろう。この自在な活動によって、仏の国土を浄化し、衆生の救済に励むことが大乗の修行なのである。

これに対して、小乗の修行は空・無相・無作を観察することと説明されている。この中で、最も基本的なものは空の観察である。空とは固定的実体のないことを意味し、実践的には、現に執著している対象に固定的実体がないとして、執著を捨てることである。したがって、空それ自体は『般若経』に主張されるように、大乗仏教の基本的な世界認識でもある。しかし、空の認識が、すべての活動、行為の意味を無意味化することに直結するとしたならば、その空は、大乗の修行の内容である仏の国土を浄化し、衆生を救済することをも無意味なものと見なしてしまう。すべての行為の無意味化とはニヒリズムそのものであるが、このような悪しき空は悪取空《あくしゅくう》、虚無空見《こむくうげん》と呼ばれる。

ところが、『法華経』において声聞も成仏できることが宣言され、具体的に舎利弗が授記されるのを見て、四大声聞は「無量の珍宝、求めずして自ら得」と歓喜の声を挙げるのである。偈頌では「無上の宝聚《ほうじゅ》、求めずして自ら得」と言われる。

（2）長者窮子の譬喩

四大声聞は三車火宅の譬喩に対する自分たちの理解を譬喩によって示そうとする。そこで説かれた譬喩が有名な長者窮子《ぐうじ》の譬喩である。譬喩の粗筋を示す。

ある子が幼いときに父のもとから逃走して、十年、二十年、五十年と長い期間、衣食にも困窮《こんきゅう》しながら他国を流浪《るろう》した。一方、父は子を捜《さが》し求めながらも捜し当てることができず、ある都市に住みついて、莫大《ばくだい》な財産と高い地位を得た。

窮子（困窮する子の意）は偶然、その都市にたどり着き、父の邸宅の門の側で遠くから父の姿を見るが、もちろん父であるとは思いもつかず、「このような王のような威勢ある人の所は自分にふさわしくない。長くいれば、捕まえられ強制労働をさせられてしまう。むしろ貧しい村に行って衣食を得よう」と思って急いで逃げ去った。

そのとき、父は、窮子の姿を一目《ひとめ》見るなり、変わり果てた姿ではあるが、可愛いわが子であることに気づき、心は歓喜で満たされた。そこで、すぐに側近に窮子を追いかけて捕まえさせた。ところが、窮子は自分は何の罪もないのに捕まえられ、きっと殺されると思って気絶してしまった。遠くからこの様子を見ていた父は、窮子の心が長い流浪のためにすっかり卑しくなってしまっていることを認め、すぐに父子の名のりをあげることを諦めて、窮子の顔に冷水を浴びせて気絶から目を覚まさせて解放させた。

窮子は命拾いしたと喜んで、貧しい村に行った。その後、父は貧しい村に似つかわしい貧相な二人の使者を窮子のもとに送り、二倍の給金が貰《もら》える糞便《ふんべん》の汲み取りの仕事があると誘わせた。そして、窮子は父の邸宅で下男として汲み取りの仕事に従事することになった。ある日、やつれ果て、汚れた息子の哀れな姿を、父は窓から覗《のぞ》き、自ら汚れた姿に変装して窮子に近づき、言葉を交わす仲になった。その後、父は窮子に「いつまでもここで仕事をしなさい。どこにも行かないように。給料も増やしてあげよう。必要なものは何でもあげよう。おまえは他の労働者と違って真面目だから、私を父のように思いなさい。私もおまえを息子のように思おう」と告げ、窮子に「息子」という名前を付けてやった。窮子はこのような良い待遇を喜んだが、相変わらず自分のことを単なる下男と思って、二十年間、汲み取りの仕事に従事した。

二十年後、窮子は父に信用されて、父の邸宅に自由に出入りできるようになるが、自分は相変わらず粗末な小屋に住んでいた。そのころ、父は病にかかり、死期の遠くないことをさとって、自分の莫大な財産の管理をすべて窮子に任せた。窮子は財産の管理をしながら、昔の下劣な心を払拭《ふっしょく》することがまだできずに、財産の少しばかりも自分のものにしようとせず、住まいも小屋のままであった。

また、しばらく過ぎて、ようやく窮子の心も立派になり、かつての卑しい心を恥じるようにもなった。そこで、父は、国王、大臣、親族のものを自分の臨終の場に集めて、彼らの前で、父子の名のりをあげ、すべての財産を窮子に相続させることを宣言した。窮子は父の言葉を聞いて「私はもともと何も望んでいなかったが、今や宝の蔵が自然にやってきた」と大いに喜んだのである。

『法華経』の七喩の中で、仏を父にたとえ、衆生を子にたとえる譬喩は、三車火宅の譬喩と長者窮子の譬喩と良医病子の譬喩の三つである。仏と衆生を父子の関係と見ることは、仏の衆生に対する慈悲を、親の子に対する情愛に等置させたもので、大衆に仏の慈悲を感じさせる上で大きな効果を持ったであろうことは容易に想像がつく。『法華経』において仏と衆生を父子にたとえた譬喩は三つあるが、仏の偉大な慈悲がひしひしと身に迫って感じられるものは、何といっても長者窮子の譬喩であろう。たとえば、わが子の苦労する姿を窓から覗き見した父は涙を抑えることができなかったであろう。その物語を聞く我々も思わず涙を誘われる場面である。

(3) 長者窮子の譬喩の意味

四大声聞は譬喩を説いた後に、自ら譬喩の説明をする。それによれば、長者は仏のことであり、窮子は声聞を指す。声聞は小乗の教えに執著し、小乗の涅槃を得るという、わずかな日当で自己満足する。声聞が煩悩を断ち切ることが、糞便の汲み取りの仕事にたとえられる。釈尊は小乗に執著する声聞に対しては、彼らにも如来の知見があるとは説かなかったが、それは窮子が実は長者の子供であり、長者の財産を相続する権利があることを打ち明けなかったことにたとえられる。最後に『法華経』においてただ一乗だけを説いたのは、窮子が長者の実子であり、すべての財産を贈与されたことにたとえられる。

この譬喩は、声聞は本来仏の子であるが、自分から仏のもとを離れる、仏に出会っても、仏の子であることに気づかない、仏も声聞の心の下劣さを知って、すぐに仏の子であることを打ち明けず、長い期間、さまざまな方法で教化して、最後に仏の子であることを明かす、というものである。『法華経』の方便品は、釈尊の一代の教化を三乗→一乗の順に整理している。これが中国における教判形成に一つの基準を与えたのであるが、三乗→一乗という図式だけでは、多部の経典を整理するのに不十分である。

なぜなら、その図式では、三乗の中の二乗＝小乗と、菩薩乗＝大乗との説時の先後関係さえ明示していないし、ましてや大乗の中の『華厳経』、『大品般若経』、『維摩経』などの位置づけに至っては何らの示唆も与えていないと言わざるをえない。そこで、長者窮子の譬喩が注目されるようになったのである。上に見た四大声聞の譬喩の説明の中には当然のことながら明示されていないが、読み方によっては、この譬喩の中に父が窮子を教育する過程が段階的に詳細に説かれていることに気づくからである。つまり、仏が声聞をさまざまな方法で教化する過程が詳しく明かされているということである。

吉蔵の解釈　中国の多くの『法華経』の注釈家がこの長者窮子の譬喩の解釈の中で自らの教判思想を展開しているのである。たとえば、吉蔵を例に挙げてみよう。譬喩との細かい対応の指摘は省略するが、彼の『法華義疏』巻第七における解釈を示す。

過去世において釈尊がまだ菩薩であったとき、衆生との間に大乗による教化の事実があった。それが父子の関係にたとえられる。しかし、その大乗による教化は成功せず、子の衆生は生死輪廻《しょうじ》に流浪し、父の釈尊は衆生の大乗の善根を求めてもうまくいかない。次に、衆生において輪廻の苦が極まると、衆生は釈尊から大乗の教化を受けたという過去の根源的事態に必然的に立ち返る。一方、菩薩であった釈尊もその後成仏して、法身《ほっしん》の立場から衆生の救済の可能性を観察認識し、法身から舎那身《しゃなしん》（『華厳経』の教主であるビルシャナ仏のこと）を現わし、『華厳経』を説法する段階に入る。しかし、『華厳経』における大乗の教化は、声聞の小機《しょうき》（小乗を受けるべき宗教的あり方）と相応せず、結局、大乗による声聞教化は断念される。この断念から、仏の方便力に基づく、声聞に対する具体的な教化が開始される。はじめに、初成道《しょじょうどう》のときに声聞に人天乗《にんてんじょう》を教える。次に、舎那身から釈迦身を現わして、鹿野苑（初転法輪の地であるミガダーヤ）において声聞に対して声聞乗・縁覚乗の二乗教を教える。その後、二乗教によって修行し煩悩を断ち切った後に、ようやく声聞に大乗を聞くべき機《き》（宗教的な構え、あり方）が生じるようになったので、実際に大乗を教えるが、疑心《ぎしん》を生じることはなかったが、相変わらず大乗は菩薩のための教えであり、自分の学ぶべきものではないと思い込んでいた。次に、声聞はすでに大乗の教えに接し、機もしだいに熟してきたので、『大品般若経』を説いた。次に、声聞は『大品般若経』によっても悟ることができなかったので、『維摩経』などの方等経《ほうどうきょう》を説いて、声聞の心を陶冶《とうや》訓練した。最後に、声聞の大機《だいき》が完成したので、『法華経』を説いて悟らせた。その証《あかし》が舎利弗に対する授記である。

以上が、吉蔵の解釈のあらましであるが、大乗の教えによる声聞の教化については、省略した本文の中に「昔、菩薩の前に於て、声聞の小法を楽《ねが》う者を毀訾《きし》すれども、然るに仏は実には大乗を以て教化す」と明言されている。これに基づけば、『大品般若経』や『維摩経』などの大乗経典によって声聞を密かに教化したという吉蔵などの解釈も根拠を与えられるのである。

[5]　薬草喩品（やくそうゆほん）

釈尊は、長者窮子の譬喩に仮託して示された四大声聞の理解が正しいことを承認し、三草二木の譬喩を説いた。このように弟子の領解を祖述《そじゅつ》することを、中国の注釈術語で述《じゅつ》成《じょう》と言う。三草二木の譬喩は、種類や大きさの異なる草木（三草二木）が空一面に広がる雲から降り注ぐ同一の雨を受けて、平等に潤いを受けながら、それぞれの種類や大きさに応じて生長するという譬喩である。

（1）三草二木の譬喩

【訳】　そのとき、世尊は摩訶迦葉と多くの偉大な弟子たちに告げた、「すばらしい。すばらしい。迦葉よ。巧みに如来の真実の功徳を説いた。本当に言う通りである。如来にはそれ以上計量することもできず、限界もなく、数えることもできない多くの功徳があって、あなたたちが計量することもできない長い劫の間説いても、説き尽くすことはできない。

迦葉よ。当然分かるはずである。如来は多くの法の王であり、もし説くものがあれば、すべて虚偽ではないのである。すべての法について、智慧と巧みな手段によって説き、その説く法によって、いずれの場合もすべてを知る仏の智慧の基礎に到達させる。如来はすべての法の帰着するところを観察して知り、またすべての衆生の心の深い次元の働きをも知って、障害なく精通する。そのうえ、多くの法について、明瞭に究め尽くして、多くの衆生にすべての智慧を示す。

迦葉よ。たとえば三千大千世界の山、川、谷、地面に生えている草木、叢林《そうりん》、多くの薬草のようなものである。（それらは）幾種類かあり、それぞれ名や形が相違している。厚い雲が空いっぱいに広がり、三千大千世界をくまなく覆《おお》い、同時に平等に注ぎ、その潤いはくまなく草木、叢林、多くの薬草の小さな根・茎・枝・葉を持つものと、中位の根・茎・枝・葉を持つものと、大きな根・茎・枝・葉とを持つものとを潤す。多くの樹木の大きなものと小さなものは、その上中下（の性質）に従ってそれぞれ受ける潤いが異なり、同一の雲によって雨を受けても、それぞれの種類・性質に適合して、生まれ育つことができ、華が咲き、果実が実る。同一の地面に生じても、同一の雨によって潤されても、多くの草木にそれぞれ区別がある。……」と。

［訓読］　爾の時、世尊は摩訶迦葉、及び諸の大弟子に告ぐらく、「善《よ》き哉《かな》。善き哉。迦葉よ。善く如来の真実の功徳を説く。誠《まこと》に言う所の如し。如来に復た無量無辺阿僧祇の功徳有りて、汝等若し無量億劫に於て説くとも、尽くすこと能わず。

迦葉よ。当に知るべし、如来は諸法の王にして、若し説く所有らば、皆な虚《きょ》ならざるなり。一切法に於て、智と方便とを以て之れを演説し、其の説く所の法も皆な悉く一切智地《いっさいちじ》に到らしむ。如来は一切諸法の帰趣《きしゅ》する所を観知し、亦た一切衆生の深心《じんしん》に行ずる所をも知り、通達して無礙《むげ》なり。又た諸法に於て、究尽明了《くじんみょうりょう》にして、諸の衆生に一切の智慧を示す。

迦葉よ。譬えば三千大千世界の山川・谿谷《けいこく》・土地に生ずる所の卉木《きもく》・叢林、及び諸の薬草の如し。種類若干にして、名色各異なり。密雲弥《あまね》く布《し》き、遍く三千大千世界を覆い、一時に等しく澍《そそ》ぎ、其の沢は普く卉木・叢林、及び諸の薬草の小根・小茎・小枝・小葉と、中根・中茎・中枝・中葉と、大根・大茎・大枝・大葉とを洽《うるお》す。諸の樹の大小は上中下に随って、各受くる所有り、一雲の雨《ふ》らす所なるも、其の種性に称《かな》って、生長《しょうちょう》することを得、華果《けか》は敷《ひら》き実る。一地の生ずる所、一雨の潤す所なりと雖も、諸の草木に各差別《しゃべつ》有り。……」と。

1【一切智地】sarvajña-bhūmi. すべてを知る智慧＝仏の智慧の基礎の意。

【解説】 この段は、はじめに前の信解品で四大声聞が長者窮子の譬喩を説いて、仏の偉大な慈悲に基づく救済の働きを明らかにしたことに対し、釈尊がそれを承認する。そのうえで、仏には説き尽くすことのできない無限の功徳のあることを強調する。とくに、仏の説法には虚偽がなく、すべての衆生を一切智地に到達させ、すべての智慧を示すこと、換言すれば、成仏させることができることを取り挙げている。

このように仏が法を説き、すべての衆生を成仏させることを三草二木の譬喩によって示すのである。三草二木とは、小・中・大の薬草と、小・大の樹木を指すが、ここに示した本文よりも、偈頌に出る表現のほうが分かりやすい。その偈頌によれば、小の薬草は人・天の存在をたとえ、中の薬草は声聞・縁覚をたとえ、大の薬草と小樹と大樹はいずれも菩薩をたとえるが、その菩薩を三段階に分類したものと解釈する。これは『法華経』自身の説明による解釈であるが、中国の注釈家は『法華経』に基づきながら、また独自の解釈を与えている。

（2）三草二木の譬喩の意味

仏の出現は大雲《だいうん》の起こることにたとえられ、仏が世間の天・人・阿修羅に大音声《だいおんじょう》によって説法することは大雲が三千大千世界を覆うことにたとえられる。仏はすべての衆生を救済するものであり、衆生の宗教的能力を認識し、それぞれの能力に適合した仕方で説法する。衆生の側でも、それぞれの能力に応じて仏道に入ることができる。このことが、大雲によって平等に雨を受けながら、三草二木がそれぞれの種子の性質に応じて生まれ育つことができることにたとえられる。

仏の説法は「一相一味」であり、内容的に「解脱相・離相《りそう》・滅相にして、究竟して一切種智に至らしむ」と言われ、また「解脱相・離相・滅相・究竟の涅槃・常寂《じょうじゃく》の滅相にして終《つい》に空に帰す」と言われる。つまり、仏の説法は同一、平等であることを主張し、その説法の働きは衆生を束縛から解放させ、煩悩から離れさせ、執著を止滅《しめつ》させ、究極的にはすべてを知るもの＝仏の智慧に到達させる特徴を持つものなのである。また、「究竟の涅槃・常寂の滅相にして終に空に帰す」も、仏の説法が衆生に究極的な涅槃、執著が常に静寂となる止滅を得させる特徴を持ち、最終的に空に帰着させるものであるという意味である。

仏の説法は本来このようなものであり、すべての衆生に対する平等性を持つが、一方、衆生それぞれの宗教的能力に相違があり、ただちに仏の智慧を説き明かすことはできない。そこで、人、天、声聞、縁覚、菩薩などさまざまなあり方に応じた説法をしたのである。それが「同一の地面に生じても、同一の雨によって潤されても、多くの草木にそれぞれ区別がある」という譬喩の意味するところである。

したがって、この三草二木の譬喩の意味は二点に分けられる。第一点は、仏の説法は本来大雲による雨のように、同一、平等であることである。第二点は、衆生は三草二木のように、その宗教的能力にさまざまな相違があることである。この二点から帰結することは、仏は最初の段階では衆生の宗教的能力に応じて説法するが、最終的にはすべての衆生を同一、平等に成仏させるということである。この譬喩は決して三草二木にたとえられる衆生の差別を肯定することに力点があるわけではなく、仏が三乗などのさまざまな教えを説いた理由を明かすこと、つまり、三草二木にたとえられるように、衆生の側に宗教的能力の相違があったからであるという理由の開示と、そうであっても最終的には同一、平等な説法、すなわち『法華経』という一仏乗によってすべての衆生を成仏させるのであるということに、力点があるのである。

薬草喩品の増広部分　鳩摩羅什訳にない部分が現行の梵本には存する。つまり、後に増広された部分である。内容だけ簡潔に紹介する。二つの譬喩が説かれる。第一の譬喩はごく短いものであり、陶器の譬喩とでも名づけられるものである。陶工が同じ粘土で陶器を作る場合、その陶器の用途にしたがって、砂糖の容器、ヨーグルトの容器、乳酪《にゅうらく》の容器、牛乳の容器、汚物の容器ができる、というものである。これは粘土の同一性が仏の教えの唯一性を意味し、さまざまな容器がさまざまな教えを意味する。これも三草二木の譬喩に合わせて解釈すれば、さまざまな容器も固定的なものではないこと、つまり、容器の相違は用途によって区別された二次的な存在であり、本来は同一の粘土によって作られたものであるから、同じ容器に変化できるということであろう。同様に、声聞・縁覚・菩薩などのさまざまな存在も固定的なものではなく、本来、同一、平等な菩薩として成仏できる存在であることを意味する。

第二の譬喩は盲人の譬喩とでも名づけられよう。比較的長い譬喩であるが、ごく簡潔に紹介する。盲人ははじめ自分が見ることができないので、色の区別や、太陽・月・星はないと主張する。次に、ある医者がヒマラヤ山の薬草を主たる材料として薬を調剤して、この盲人を治療した。彼は薬によって視力を回復し、色の区別や、太陽・月・星の存在をはっきりと見ることができた。そこで、彼は自分は何でも見ることができる、自分より優れたものはいないと自信を持った。ところが、そこに五種の神通力を持つ仙人が現われて、彼に、超人的な視力・他人の心を読み取る力・超人的な聴力・飛行力・過去世の記憶力がないくせに、なぜそれほど自惚《うぬぼ》れているのかと厳しく問いつめる。彼は仙人に、どのようにしたらそのような超人的な能力を身につけられるのかと質問すると、仙人は人里離れた洞窟で坐禅瞑想して、欲望を捨てれば、超人的な能力を身につけることができるであろうと答える。彼はそのとおり実行して、五種の神通力を得た。この譬喩の中で、盲人は六道に輪廻する衆生であり、視力を回復した盲人は声聞・縁覚であり、医者や五種の神通力を持つ仙人は仏であると言われる。

[6] 授記品（じゅきほん）

上根の声聞である舎利弗の授記（譬喩品の冒頭）に続いて、中根の声聞である四大声聞が順に授記される。『法華経』の三周説法（法説周・譬説周・因縁説周）の中でも、この譬説周が最も完備した内容となっている。中国の注釈家によれば、譬説（譬喩品の三車火宅の譬喩）、領解（信解品の長者窮子の譬喩）、述成（薬草喩品の三草二木の譬喩）、授記（授記品の四大声聞に対する授記）がそれぞれ独立した品において扱われているからである。

（1） 摩訶迦葉への授記

仏ははじめに四大声聞の中の摩訶迦葉に対して授記する。迦葉は将来、光明《こうみょう》（Raśmiprabhāsa. 光の輝きの意）という名の仏となり、光徳（Avabhāsaprāptā. 光輝を得た世界の意）という名の国に住み、時代の名を大荘厳《だいしょうごん》（Mahāvyūha. 偉大なすばらしい光景の意）といい、仏の寿命は十二小劫で、正法、像法の存続期間はいずれも二十小劫であると明かされる。

（2）須菩提・迦旃延・目揵連への授記

迦葉が授記される様子を見て、他の三人の声聞は身を震わせてひたすら合掌し、目を一瞬もそむけず、釈尊を仰ぎ見て、声をそろえて偈頌を説いた。その偈頌の中で、彼らは釈尊に授記を求める。飢餓の国からやって来て、突然大王のすばらしい食事に出会っても、心の中にまだ疑い・恐れがあって、すぐさま食べることができないように、彼らも、成仏できると突然説かれても、心にまだ心配・恐れがある。もし王の命令があれば、思い切って食事を食べるように、もし仏に授記されれば、気持ちよく安楽になるでありましょう、とお願いする。

釈尊は彼らの求めに応じて、順に授記する。まず、須菩提は名相《みょうそう》（Śaśiketu. 月の光の意）という名の仏になり、宝生《ほうしょう》（Ratnasaṃbhava. 宝の生じる土地の意）という名の国に住み、時代の名を有宝《うほう》（Ratnāvabhāsa. 宝の光輝の意）といい、仏の寿命は十二小劫で、正法、像法の存続期間はいずれも二十小劫であると明かされる。

次に、迦旃延は閻浮那提《えんぶなだい》金光（Jāmbūnadaprabhāsa. ジャンブーナダ産の黄金の輝きの意）という名の仏になり、仏の寿命は十二小劫で、正法、像法の存続期間はいずれも二十小劫であると明かされる。国と時代の名は省略されている。

最後に目揵連は多摩羅跋栴檀香《たまらばっせんだんこう》（Tamālapattracandanagandha. タマーラ樹の葉と栴檀《せんだん》の香りを持つ者の意）という名の仏になり、意楽《いぎょう》（Manobhirāma. 心を楽しませる土地の意）という名の国に住み、時代の名を喜満《きまん》（Ratiparipūrṇa. 快楽の充満したの意）といい、仏の寿命は二十四小劫で、正法、像法の存続期間はいずれも四十小劫であると明かされる。

［7］化城喩品（けじょうゆほん）

釈尊は三車火宅の譬喩によっても三乗方便・一乗真実の道理を理解できない下根の声聞たちのために宿世因縁説を説く。鳩摩羅什訳では、この品に説かれる化城宝処の譬喩に基づいて、品名を化城喩品としているが、梵本ではプールヴァヨーガ（pūrvayoga）、すなわち過去世の因縁、過去世の結びつきとなっている。この品の内容の中心は、三千塵点劫の昔の大通《だいつう》智勝《ちしょう》仏《ぶつ》の物語であるから、プールヴァヨーガという品名が適当である。

三千塵点劫の昔に大通智勝仏がいた。大通智勝仏は寿命が五百四十万億那由他《なゆた》（那由佗とも記すが、本書では那由他に統一する）劫であり、道場に坐して魔軍を破ったが、まだ成仏できなかった。大通智勝仏は十劫の間修行して、やっと成仏できた。この仏には出家以前に儲けた十六人の王子がいたが、彼らは大通智勝仏に説法をお願いした。

ところで、大通智勝仏が成仏したときに、十方のそれぞれ五百万億の仏たちの世界が六種に震動し、大いなる光で明るくなった。十方のそれぞれ五百万億の梵天たちがみなやって来て、大通智勝仏に説法のお願いをした。大通智勝仏は、十六王子と梵天たちとの願いに応えて、四諦・十二因縁を説いた。それを聞いた六百万億那由他の人たちが解脱を得、また大通智勝仏の第二、第三、第四の説法を聞いた千万億恒河沙《ごうがしゃ》那由他の人たちが解脱を得た。

そのとき、十六王子は出家して沙弥《しゃみ》となり、八万億の人たちも十六王子の出家を見て、自分たちも出家した。大通智勝仏は十六沙弥の説法のお願いを受けて、二万劫が過ぎてから、八千劫の間『法華経』を説いた。『法華経』を聞いた十六沙弥は信受し、声聞の中のあるものたちも信解したが、その他の千万億の声聞たちはみな疑惑を生じた。

その後、大通智勝仏は八万四千劫の間、禅定に入った。その間、十六沙弥は大通智勝仏の代わりに『法華経』を説法した。これを大通覆講《だいつうふっこう》と呼ぶ。それぞれの沙弥が六百万億那由他恒河沙の衆生を救済し、それぞれ八方で二人ずつ成仏したのである。その十六沙弥の中の第十六番目の沙弥が娑婆世界で成仏して釈尊となったのである。そして、釈尊が沙弥だったときに教化した無量恒河沙に等しい数の衆生が、現在『法華経』を聞いている声聞であり、また未来世に生まれる声聞たちであることが明かされる。さらに、未来世の声聞で、『法華経』を聞くことができないものたちに対しては、釈尊が娑婆世界以外の国で別の名の仏となって『法華経』を説き聞かせ、救済することを明かしている。仏は、涅槃に臨んで、衆生の機根が優れたものに成長していれば、『法華経』を説くことを明かしている。

最後に、仏は衆生が小乗の教えを求め、五欲に執著しているから、巧みな手段によって小乗の涅槃を説くのであることを明かし、それを化城《けじょう》宝処《ほうしょ》の譬喩に仮託して示している。

（1）三千塵点劫の昔の大通智勝仏

はるか昔に大通智勝（Mahābhijñānābhibhu. 偉大な直観と智慧によって最高である者の意）という名の仏がいた。好成（Sambhavā. 生誕の意）という国に住み、時代の名を大相《だいそう》（Mahārūpa. 偉大な姿の意）といった。このはるか昔を三千塵点劫と表現するが、これは次のような譬喩に基づくからである。

三千大千世界、つまり十の九乗個の世界のすべての大地を抹《す》りつぶして墨《すみ》とする。当然、膨大な墨の粒ができるが、その微粒子の一粒を東の方向に千の国土を経過した地点に落とし、さらに千の国土を経過して、また一粒を落とす。このようにして最初にあった膨大な数の墨粒が全部なくなるまで、東方に進んでいく。そこで、墨粒を落とした地点と落とさないで通過した地点とを含むあらゆる国土を再び抹りつぶして微粒子の塵《ちり》とする。当然、最初の数と比べられないほど多くの塵ができるが、この中の一つの塵を一劫《いちこう》（インドの最も長い時間の単位）に換算することにする。大通智勝仏が涅槃に入ってから経過した時間は、今示した時間よりも無量無辺百千万億阿僧祇劫長いと説明されるのである。

同じような譬喩は、如来寿量品において示されるが、それは五百（億）塵点劫と呼ばれ、三千塵点劫よりも途方もなく長い時間を表わすのである（二一九頁を参照）。

（2）大通智勝仏の成仏

［訳］ 仏は比丘たちに告げた、「大通智勝仏は寿命が五百四十万億那由他劫である。その仏はもと道場に坐し、魔の軍隊を打ち破って、最高の正しい悟りをまさに得ようとしたが、仏たちの法は目の前に実現しなかった。このようにして一小劫、乃至十小劫の間、結跏趺坐し、身心は動かなかったけれども、

仏たちの法はやはり目の前になかった。そのとき、忉利《とうり》の神々は先にかの仏のために、菩提樹の下に、一由旬《ゆじゅん》の高さの師子座《ししざ》を用意した。仏はこの座で当然最高の正しい悟りを得るはずである。ちょうどこの座に坐ろうとしたとき、梵天王たちは多くの天の華を四面百由旬の範囲に雨のように降らせた。香風がそのとき吹いて来て、しぼんだ華を吹き去り、改めて新しい華を雨のように降らせた。このように絶え間なく、まるまる十小劫の間、仏を供養し、涅槃に至るまで、常にこの華を雨のように降らせた。四天王は仏を供養するために、常に天の鼓を撃ち、その他の神々は天の音楽を奏でた。まるまる十小劫の間、涅槃に至るまで、またこのようであった。比丘たちよ。大通智勝仏は十小劫を過ぎて、仏たちの法がやっと目の前に実現して、最高の正しい悟りを完成した。……」と。

【訓読】 仏は諸の比丘に告ぐらく、「大通智勝仏は寿五百四十万億那由他劫なり。其の仏本《も》と道場に坐し、魔軍を破り已って、阿耨多羅三藐三菩提を得んと垂《なんな》んとすれども、諸仏の法[1]は前に現ぜず。是くの如く一小劫、乃至十小劫、結加趺坐し、身心動ぜざれども、諸仏の法は猶お前に在らず。爾の時、忉利の諸天[2]は先に彼の仏の為めに、菩提樹の下に於て、師子座の高さ一由旬[3]なるを敷く。仏は此の座に於て当に阿耨多羅三藐三菩提を得べし。適《まさ》に此の座に坐せんとする時、諸の梵天王は衆の天華を雨らすこと、面ごとに百由旬なり。香風時に来たり、萎《しぼ》める華を吹き去り、更に新しき者を雨らす。是くの如く絶えずして、十小劫を満たし、仏を供養し、乃ち滅度に至るまで、常に此の華を雨らす。四王の天は仏を供養せんが為めに、常に天鼓を撃ち、其の余の諸天は天の伎楽《ぎがく》を作す。十小劫を満たして滅度に至るまで、亦復た是くの如し。諸の比丘よ。大通智勝仏は十小劫を過ぎて、諸仏の法は乃ち前に現じて、阿耨多羅三藐三菩提を成ず。……」と。

1【諸仏の法】仏たちの実現している宗教的能力をいう。とくに智慧を指すと考えられる。2【忉利の諸天】忉利は Trāyastriṃśa の音写。三十三天のこと。六欲天の第二。中央の帝釈天と、四方に八天ずついる天を合わせて三十三天になる。3【由旬】古代インドの距離の単位。一説に七マイルとも九マイルともいう。

【解説】 この段は大通智勝仏の成仏する様子を説いたものである。大通智勝仏が道場に坐し結跏趺坐して、十小劫の時間が経過して、やっと成仏したことを明かしている。

（3）十六王子の仏に対する説法のお願い

大通智勝仏には出家前に儲けた十六人の王子がいた。その長男の名を智積《ちしゃく》（Jñānākara. 智慧の鉱脈を持つ者の意）といった。提婆達多品にも智積という名の菩薩が登場するが、原語も異なり（Prajñākūṭa. 智慧の頂の意）、無関係である。

十六人の王子は父が成仏したのを聞いて、さまざまな大切な遊び道具を捨てて仏のもとに行った。母たちは泣きながら見送った。転輪聖王や百人の大臣、その他百千万億の人々もみな十六人の王子を囲みながら、道場に行き、大通智勝仏に近づいて供養し、尊敬し、尊重し、讃歎しようとした。十六人の王子は到着して、仏の足を額につける敬礼をし、仏の周囲を回り、ひたすら合掌し、世尊を仰ぎ見て偈頌《げじゅ》を説いたのである。

その偈頌の内容は、大通智勝仏が成仏したことをめでたいことと讃え、仏に帰命することを述べ、最後に「世尊よ。法輪を転じ、神々や人々を安らかにし、憐れみ、利益を与えることを多くしてください」と述べて、説法をお願いするものであった。

(4) 十方の五百万億国土の大梵王の仏に対する説法のお願い

十六人の王子の説法のお願いの場面はひとまず置いて、次に、大通智勝仏が成仏したときの十方の梵天王の話が説かれる。

大通智勝仏が最高の正しい悟りを得たときに、十方のそれぞれ五百万億の仏たちの世界が六種に震動し、その国と国の中間の、日月の強い光も照らすことのできない暗黒の場所もすべて大いに明るくなった。その中の衆生は互いに見ることができて、みな「どうしてここに突然衆生が生じたのか」と言った。そのうえ、その国土の神々の宮殿、乃至梵天の宮殿まで六種に震動し、大いなる光はくまなく照らして世界に満ち満ち、神々の光よりも優れていた。

そのとき、東方の五百万億の国土の梵天の宮殿は光に照らされ、いつもの明るさに倍して明るくなった。梵天王たちはそれぞれ「今の宮殿の光は昔はなかったものである。どんな理由でこの現象が現われたのか」と心の中で思った。そこで梵天王たちはすぐにお互い訪問しあって、一緒にこの事がらを話し合った。ところで、梵天王たちの中に救一切《ぐいっさい》(Sarvasattvatrātṛ. 一切衆生を救済する者の意)という名の大梵天王がいた。彼は他の梵天王たちに「私たちの宮殿の光は昔はなかった。これはどんな理由であろうか。一緒に追求するのがよい。偉大な徳のある神が生まれたのだろうか。仏が世間に出現したのであろうか。この大いなる光はくまなく十方を照らしている」という偈頌を説いた。

そのとき、五百万億の国土の梵天王たちは、それぞれ宮殿と一緒に、花皿に天の華を盛って、一緒に西方に行って、この現象を探究したところ、大通智勝仏が道場の菩提樹の下にいて、師子座に坐して、天龍八部衆に尊敬されて囲まれている姿を見、また十六人の王子が仏に教えを説いてくださるようにお願いしている姿を見た。そこで、梵天王たちは仏の足を額につける敬礼をして百千回仏の周囲を回り、天の華を仏の上に須弥山のようにうず高く散らせた。あわせて高さ十由旬の仏の菩提樹に供養した。その後、宮殿を仏に献上し「どうか私たちを憐れんで利益を与え、献上した宮殿をお納めください」と言った。

そのとき、梵天王たちは仏の前でひたすら声をそろえて「世尊は世にも稀な存在で、お会いすることは難しく、計量することもできない多くの徳を身につけ、すべてを救済することができる。神々・人々の偉大な師として世間を憐れみ、十方の衆生はみな利益を受ける。私たちがそこからやって来たのは五百万億の国であり、深い禅定の楽しみを捨てたのは、仏を供養するためであった。私たちの過去世の善行によって、宮殿はりっぱに飾りたてられている。今、世尊に献上するので、どうかお納めください」という偈頌を説いた。

このように仏を偈頌で讃えてから、梵天王たちは「どうか世尊よ、法輪を転じて衆生を救済し、涅槃の道を開示《かいじ》してください」と言った。そのとき、梵天王たちはひたすら声をそろえて「世間の英雄、人間の中で最も尊い方よ、どうか法を説き、偉大な慈悲の力によって苦悩の衆生を救済してください」という偈頌を説いた。そのとき、大通智勝仏は沈黙してその願いを受諾《じゅだく》した。

以上の梵天王たちの大通智勝仏に対する説法のお願いは、菩提樹下で悟りを開いた釈尊が説法を躊《ちゅう》躇《ちょ》したときに、梵天王が出現して、釈尊に説法をお願いした、いわゆる梵天勧請の説話を下敷にしたものであることは容易に分かるであろう。ただし、『法華経』では一人の梵天王ではなく、五百万億の梵天王である。しかも、上に紹介したものは東方の梵天王たちであったが、『法華経』には続いて、他の九方のそれぞれ五百万億の梵天王たちも同様に大通智勝仏に説法をお願いする記述がある。類似の記述なので、すべて省略するが、要するに、十方のそれぞれ五百万億の梵天王たちが大通智勝仏に説法をお願いするという、非常にスケールの大きな話が展開するのである。

（5） 大通智勝仏の四諦・十二因縁の説法

大通智勝仏は十方の梵天王たちと十六人の王子たちの説法の願いに応えて、すぐに四諦と十二因縁を説いた。四諦は声聞乗として、十二因縁は縁覚乗として、すでに解説した。ただし、ここでは四諦のそれぞれについて、示《じ》・勧《かん》・証《しょう》の三段階にわたり、合計十二度にわたって考察する「三転十二行法輪」が説かれるので、簡単に説明する。まず、示転《じてん》とは「これ苦なり。これ苦の集なり。これ苦の滅なり。これ苦の滅の道なり」と、四諦を示すことであり、次に、勧転《かんてん》とは「苦は応《まさ》に知るべし。集は応に断ずべし。滅は応に証すべし。道は応に修すべし」と、四諦の実践を勧めることであり、最後に、証転《しょうてん》とは「苦は我れ已に知れり。集は我れ已に断ぜり。滅は我れ已に証せり。道は我れ已に修せり」と、四諦をすでに実証したことを説くことである。

大通智勝仏が四諦と十二因縁を説いたところ、六百万億那由他の人々はすべての法を実体あるものとしては受けなかったので、心が煩悩から解放され、深くすばらしい禅定、三明（宿命明・天眼明・漏尽明）、六通（神足通・天眼通・天耳通・他心通・宿命通・漏尽通）、八解脱（初禅・第二禅・第四禅・四無色定・滅尽定の八種の禅定によって執著を捨てること）を獲得した。また、上の第一の説法の後の第二、第三、第四の説法のときは、千万億恒河沙那由他に等しい数の衆生がすべての法を実体あるものとしては受けなかったので、心が煩悩から解放された。また、その後、大通智勝仏には計量することもできず、限界もなく、数えることもできない膨大な数の声聞の弟子たちができた。

そのとき、十六人の王子はまだ少年だったので、出家して沙弥となった。彼らは感覚機能が優れ、すばらしい智慧があった。百千万億の仏たちを供養し、清浄な修行を実践し、最高の正しい悟りを求めたことがあった。彼らは一緒に大通智勝仏に「世尊よ。これらの計量することもできない千万億の偉大な徳を持つ声聞たちはみな完成した。世尊よ。世尊よ。私たちのためにも最高の正しい悟りの法を説くべきです。私たちは聞いて、みな一緒に修行する。世尊よ。私たちは如来の智慧を求め願っている。私たちが心中深く思っていることを、仏は自らご存じでしょう」と申し上げた。

そのとき、転輪聖王《てんりんじょうおう》の引き連れた人々の中の八万億の人々が十六人の王子の出家を見て、自分たちも出家を求めたところ、転輪聖王は許可した。

(6) 大通智勝仏の『法華経』の説法と十六王子の大通覆講

大通智勝仏は十六人の沙弥の願いに応え、二万劫が過ぎてから、四衆の中で『法華経』を説いた。この『法華経』を説いてから、十六人の沙弥は最高の正しい悟りのために、みな一緒に『法華経』を受持し、暗唱し、理解した。この『法華経』を説いたとき、十六人の菩薩の沙弥はみなすべて信受し、声聞の弟子たちの中にも信解するものがいたが、その他の千万億の声聞たちはみな疑惑を生じた。大通智勝仏は八千劫の間、休まず、この『法華経』を説き続けた。説きおわってから、禅定のための静かな部屋に入って、八万四千劫の間、禅定に入った。

このとき、十六人の菩薩の沙弥は大通智勝仏が禅定に入ったのを知って、それぞれ法座に昇って大通智勝仏が禅定に入っている八万四千劫の間、四衆のために『法華経』を説いた。十六人の菩薩の沙弥がそれぞれ六百万億那由他恒河沙に等しい数の衆生を救済し、最高の正しい悟りを求める心を生じさせた。

このように、仏の説法を繰り返して説くことを覆講といい、この場合を大通覆講と呼んでいる。

(7) 十六王子の成仏

大通智勝仏は八万四千劫を過ぎて三昧から出られ、大勢のものたちに「この十六人の菩薩の沙弥にしばしば近づいて供養すべきである。その理由は何か。声聞・縁覚・菩薩たちがこの十六人の菩薩が説く教えを信じ、受持して批判しなければ、彼らはみな最高の正しい悟りという如来の智慧を獲得するはずであるからである」と述べ、さらに「この十六人の菩薩は常に『法華経』を説くことを願った。一々の菩薩が教化した六百万億那由他恒河沙に等しい数の衆生は、世々《よよ》生まれるたびに菩薩と一緒に生まれ、菩薩から法を聞いてみな信解する。こういう理由で、彼らは四万億の仏・世尊たちにお会いすることができ、今でも尽きないのである」と述べ、さらに、十六人の菩薩は今すべて最高の正しい悟りを得て、十方の国土で説法し、計量することもできない百千万億の多くの菩薩・声聞たちを仲間としていることを明らかにした。

十六人の菩薩はみな成仏したのであるが、具体的には、東方には歓喜国の阿閦《あしゅく》と須弥頂《しゅみちょう》の二仏、東南方には師子音と師子相の二仏、南方には虚空住と常滅の二仏、西南方には帝相と梵相の二仏、西方には阿弥陀と度一切世間苦悩の二仏、西北方には多摩羅跋《たまらばつ》栴檀香神通と須弥相の二仏、北方には雲自在と雲自在王の二仏、東北方には壊《え》一切世間怖畏と娑婆国土の釈迦牟尼仏の二仏がそれぞれいることが明かされる。つまり、釈尊は第十六番目の沙弥が成仏した姿なのであった。

(8) 釈尊と声聞の関係

釈尊は、自分が沙弥だったときに計量することもできない百千万億恒河沙に等しい数の衆生を教化したこと、彼らが沙弥に従って法を聞いたのは最高の正しい悟りのためであったこと、彼らの中で、今声聞の境地にとどまっている者に対して、釈尊は常に最高の正しい悟りに向かうように教化したので、彼らは当然この法によって段階的に仏の悟りに入るであろうこと、段階的にと言う理由は、如来の智慧は信じることが難しく理解することが難しいからであること、そのとき教化した者たちが、今『法華経』の会座《えざ》にいる声聞たちであり、釈尊が涅槃に入った後の未来世に生まれる声聞たちであることを明らかにする。

これによれば、『法華経』の会座に集った声聞たちは、今世ではじめて釈尊の弟子になったのではなく、三千塵点劫の昔に十六王子の大通覆講によって『法華経』を聞いた者たちなのである。第十六番目の王子が成仏して釈尊その人になったからである。釈尊と声聞たちとの深い縁がここで明らかにされた。これが宿世因縁説の内実である。三乗方便・一乗真実を理論や譬喩によっても理解できなかった下根の声聞たちも、釈尊が遠い昔から一貫して自分たち声聞を成仏させるために教化し続けてきたことを明らかにされて、はじめて三乗方便・一乗真実を理解できたのである。

さらに釈尊は、未来世の弟子が『法華経』を聞かず、菩薩の修行を知らず、小乗の涅槃に入るものがいても、釈尊は他の国土で別の名の仏となり、それらの弟子がそこに生まれあわせ、彼らが仏の智慧を求め、『法華経』を聞くことができるようにすることを明らかにする。小乗の涅槃は真実ではなく、『法華経』＝仏乗によってのみ真実の涅槃が得られるからである。

また、如来というものは自己の涅槃の時に、それまでの教化によって衆生が清浄になり、堅固な信解を持ち、存在の空を理解し、深く禅定に入っていることを認識すれば、『法華経』を説くことを明らかにしている。これは『法華経』の説法時期が仏の涅槃に際してであることを明示したものである。

さらに、釈尊は、世間には声聞乗・縁覚乗の二乗によって涅槃を得るものはなく、ただ一仏乗によってのみ涅槃を得ることができること、仏は巧みな手段により、衆生の本性に深く入って、衆生が小乗の法を求め願い、五欲に深く執著していることを知って、小乗の涅槃を説くこと、彼らはその小乗の涅槃を聞いて信受することを明らかにする。このように真実の涅槃は一仏乗によるのであるが、仏の方便によって小乗の涅槃を説くことを、次の化城宝処の譬喩に仮託して明らかにするのである。

(9) 化城宝処の譬喩とその意味

化城宝処の譬喩の内容は次のとおりである。

五百由旬の距離の険しく困難な悪路があり、広々として人もいない恐ろしい場所であった。多くの人々がこの道を通過して宝のある場所に行こうとしたが、頭脳明晳《めいせき》な一人の指導者がいて、険しい道の通じている所や塞《ふさ》がっている所をよく知っており、多くの人々を引き連れて、この困難な場所を通過しようとした。率いられる人々は途中で怠け後退する気持ちが起きて、指導者に「私たちは疲れきっており、また恐ろしい。もはや前進することはできない。前途はなお遠い。今、帰ろうと思う」と申し上げた。指導者は巧みな手段を多く持っており、「これらの者たちはかわいそうである。どうして大いなる宝を捨てて帰ろうとするのか」と心の中で思った。このように思ってから、巧みな手段を設ける力によって険しい道の三百由旬を過ぎたところに一つの城市《じょうし》を化作《けさ》(神通力によって仮りに作り出すこと)し、多くの人々に「あなたたちよ。恐れてはならない。帰ることがあってはならない。今、この大きな城市の中で思う存分休むことができる。もしこの城市に入れば、気持ちよく安らかになることができる。もし前進して宝のある場所に着けば、また帰ることもできる」と告げた。

このとき疲れきった人々は大いに歓喜して、これまでにないすばらしいことだと感嘆し、「私たちは今、この悪路を免れて気持ちよく安らかになることができた」と言った。そこで、多くの人々は前進して化城（神通力によって作り出された城市）に入り、もう五百由旬の道を越えたと思い込み、安らかな思いを生じた。そのとき指導者はこれらの人々が休むことができ、また疲れがなくなったのを知って、すぐに化城を消滅させ、多くの人々に「あなたたちよ。さあ、宝のある場所は近くにある。前の大きな城市は私が化作したものであり、休むためのものであった」と語った。

以上が譬喩の内容である。釈尊は自らこの譬喩の意味を次のように解説している。要点のみ紹介しよう。指導者とは仏のことである。五百由旬の悪路は成仏までの道のりである。もし人が一仏乗だけを聞けば、仏道（仏の悟り）はあまりに遙かなものであり、長い間の厳しい労苦によってやっと完成することのできるものだと考えて、臆病で下劣な心のものはしりごみしてしまう。そこで、仏は五百由旬の悪路の途中の三百由旬のところに、声聞と縁覚の二種の涅槃という化城を化作するのである。しかし、最終的には、その二種の涅槃は真実ではなく、仏の方便力によって説かれたものにすぎないことを明かし、成仏はもう近いと声聞・縁覚たちを励ますのである。

この譬喩は成仏と二乗の涅槃との対比を、五百由旬の宝処《ほうしょ》と三百由旬の化城との対比にたとえたものである。一仏乗について区別して三乗を説いた理由を示す譬喩であった。化城喩品という品名に採用されている譬喩ではあるが、前述したように、化城喩品の中心はあくまで大通智勝仏の物語であり、なかんづく釈尊と声聞たちの過去世の深い結びつきであることを忘れてはならない。

［8］五百弟子受記品（ごひゃくでしじゅきほん）

化城喩品における宿世因縁説を理解した下根の声聞たちに対して、釈尊が授記する品である。五百弟子受記品と授学無学人記品とに分けられる。この品では、富楼那と千二百人の阿羅漢が授記される。とくにその中の五百人の阿羅漢は同一の名を持つ仏になるので、それにちなんで五百弟子受記品と名づけるのである。五百弟子受記品において、釈尊は迦葉に対して、『法華経』の集会に不在の声聞も成仏できることを彼らに伝えるよう命じている。

（1）富楼那への授記

はじめに、富楼那弥多羅尼子《ふるなみたらにし》がこれまでの方便品から化城喩品までの説法を聞いて感激し、釈尊に対して「世尊はとてもすばらしい存在で、活動の内容は世にも稀である」などと仏を褒め讃える。富楼那弥多羅尼子は Pūrṇamaitrāyaṇīputra の音写である。ただし、子は putra の訳である。釈尊の十大弟子で、説法第一と言われる。

次に、釈尊は、富楼那の説法を最大級に褒め讃える。とくに、富楼那は本地が菩薩でありながら、方便によって声聞の姿を現じていることを「仏たちの説く存在の空について明瞭に理解し、四種の無礙智《むげち》を得、常に明らかに清らかに法を説いて疑惑をなくさせ、菩薩の神通力を完全に備え、その寿命に応じて、常に清浄な修行を実践するので、かの仏（過去世に富楼那が仕えた九十億の仏たち）の世の人々はみな富楼那を本当に声聞であると思い込んだ。ところが、富楼那はこの巧みな手段によって計量することもできない百千の衆生に利益を与え、また計量することもできず、数えることもできない多くの人々を教化して、最高の正しい悟りを確立させた。仏の国土を浄化するために、常に仏の仕事を実行し、衆生を教化したのである」と明らかにした。

このことを偈頌の中では、菩薩が方便力によってあえて声聞・縁覚の姿を現じることがあることを述べ、「内に菩薩の行を秘し、外に是れ声聞なりと現ず」と言っている。このようなものの代表を富楼那に認めているのである。そういう意味では、舎利弗と四大声聞との扱いと富楼那の扱いは相違していると言わなければならず、富楼那を単に下根の声聞と言うことはできない。したがって、下根の声聞は千二百人の阿羅漢がそれに該当すると考えられる。富楼那については、声聞に対する授記を完了するにあたって、外見が声聞であっても、その中には本地が菩薩であって、声聞を救済するための方便力によって、あえて声聞になっている存在のあることに注意を払うようしむけていると言えよう。

釈尊は、上のように富楼那を褒め讃えた後に、富楼那が将来、法明《ほうみょう》（Dharmaprabhāsa. 法の輝きの意）という名の仏になり、善浄《ぜんじょう》（Suviśuddha. とても清浄なの意）という名の国に住み、時代の名を宝《ほう》明《みょう》（Ratnāvabhāsa. 宝の光輝の意）といい、仏の寿命は無量阿僧祇劫（計量することもできず、数えることもできない長い劫）であり、正法も長く存続する、という内容の記別を授ける。

（2）千二百人の阿羅漢への授記

富楼那が授記されたとき、千二百人の阿羅漢は心の中で、偉大な声聞と同様に、私たちもそれぞれ授記されれば、大変喜ばしいと思ったので、釈尊はそれを察知して、摩訶迦葉に対して、これらの千二百人の阿羅漢に目の当《ま》たり授記すると述べた。まず、憍陳如《きょうじんにょ》（Kauṇḍinya）をはじめとする五百人の阿羅漢は、いずれも普明《ふみょう》（Samantaprabhāsa. あまねく輝く者の意）という同じ名の仏になるであろうという記別を与えた。

（3）衣裏繋珠の譬喩とその意味

授記された五百人の阿羅漢は歓喜して、「私たちも当然如来の智慧を得るべきなのに、小智で満足していたから、究極的な涅槃を得たと思い込んでいた」と自己反省し、そのことを衣裏繋珠《えりけいじゅ》の譬喩に仮託して述べる。譬喩の内容は次のとおりである。

ある人が親友の家に行って、酒に酔いつぶれて寝てしまった。このとき、親友は役所の仕事があって出かけなくてはならないので、価《あたい》をつけられないほど貴重な宝の玉（無価《むげ》の宝珠《ほうじゅ》）を酔った友の衣の裏に縫《ぬ》いつけて出かけた。その人は酔いつぶれて寝ていたので、そんなことはすべて知らなかった。やがて目覚めて起き、あちこち歩きめぐりながら他国を流浪した。力を尽くして衣食を求め、とても苦労し、少しでも得るものがあると、それで満足した。後に、親友はその人と出会って、「やあ。友よ。どうして衣食のために、なんとこんなひどい状態にまでなったのか。私は昔、あなたが安楽になることができ五欲を自在に満足できるようにするために、ある年、ある月、ある日に価のつけられないほど貴重な宝の玉をあなたの衣の裏に縫いつけておいたのである。今ももとどおり現にある。それなのに、あなたは知らないで、とても苦労して自分で生活することを求めてきた。ひどく愚かである。あなたは今、この宝を必要なものと換えることができる。常に心のままに足りないものがないようにすることができる」と言った。

以上が譬喩の内容であるが、五百人の阿羅漢は、さらにこの譬喩の意味について、次のように解説する。釈尊が菩薩であったとき、私たちを教化して一切智（すべてを知る智慧）の心を生じさせたが、私たちはすぐに忘れてしまった。そして、阿羅漢になり、小乗の涅槃というわずかな所得で満足してしまった。ところが、一切智の願いはまだなくならなかったので、世尊は私たちを目覚めさせて、私たちの得た涅槃は真実の涅槃でないことを指摘したのである。私たちははじめて、真実には菩薩であることを自覚した。

経文には直接出ないが、親友が釈尊であり、酔いつぶれた人が声聞であり、無価の宝珠が一切智であることが容易に分かる。一切智は仏の智慧を意味するのであるから、声聞も阿羅漢という小さな所得ではなく、成仏という無価の宝珠を持つことができることを明らかにしているのである。

〔9〕 授学無学人記品 (じゅがくむがくにんきほん)

化城喩品における宿世因縁説を理解した声聞に授記する品に、前の五百弟子受記品とこの品の二品がある。この品では阿難・羅睺羅が釈尊に授記を望んだのに対して、釈尊が彼らに授記し、さらに有学・無学の二千人の声聞たちに授記する。

方便品にはじまる三乗方便・一乗真実の道理の開示が、法説・譬喩説・宿世因縁説という仕方でなされ、それぞれを理解した声聞たちにそれぞれ記別が与えられることがようやくこの品で完了するのである。

(1) 阿難・羅睺羅の授記の願い

釈尊の十大弟子で多聞《たもん》第一と言われる阿難と、釈尊の実子で密行《みつぎょう》第一と言われる羅睺羅の二人は、自分たちも記別を授けられたならば喜ばしいと心に思い、釈尊にその旨お願いした。有学・無学の二千人の声聞も同じ願いをもって釈尊を仰ぎ見た。

（2）阿難への授記

釈尊は阿難・羅睺羅の願いに応えて、まず阿難に、彼が将来、山海慧自在通王《さんがいえじざいつうおう》（Sāgaravaradhar-abuddhivikrīḍitābhijñā. 大海のような智慧の遊戯を熟知した者の意）という名の仏になり、常立勝幡《じょうりゅうしょうばん》（Anavanāmitavaijayanta. 垂れ下がることのない勝利の旗を掲げるの意）という名の国に住み、その時代の名を妙音遍満《みょうおんへんまん》（Manojñaśabdābhigarjita. 美しい声を響かせるの意）といい、仏の寿命は計量することもできない千万億阿僧祇劫であり、正法と像法の存続期間は寿命の二倍であるという記別を与える。

（3）新発意の八千人の菩薩の疑問

阿難が授記されたときに、新発意《しんぼっち》（発心したばかり）の八千人の菩薩が、大菩薩でさえ、このように授記されるのを聞かないのに、どんな理由で声聞が授記されるのかという疑問を抱いた。そこで、それを察した釈尊が阿難の過去世の物語を語る。それによれば、釈尊と阿難は空王（Dharmagaganābhyudgatarāja. 教えの天空に昇った王の意）仏のもとで、同時に最高の正しい悟りを求める心を生じた。阿難は常に多聞を願い、釈尊はつねに熱心に仏道修行に努力した。そういう理由で、釈尊のほうは最高の正しい悟りを得たが、阿難は釈尊の法を護持し、また将来の仏たちの教えの蔵をも護持して、多くの菩薩たちを教化し、救済するであろう。阿難の本願はこのように教えの蔵を護持することであり、それゆえ阿難は記別を得たのである。

阿難は授記されて、歓喜し、過去の計量することもできない千万億の仏たちの教えの蔵を思い出したところ、障害なく精通し、あたかも今聞くようなものであった。また自己の本願を認識したのである。

（4）羅睺羅への授記

釈尊は次に羅睺羅に、彼が将来、蹈七宝華《とうしちぼうげ》（Saptaratnapadmavikrāntagāmin. 七宝でできた紅蓮《ぐれん》を踏み越えて行く者の意）という名の仏になること、常に仏たちのために長男となること、国の荘厳・寿命・教化する弟子・正法と像法の存続期間などは阿難の場合と同じであるという記別を授ける。

（5）学・無学の二千人への授記

釈尊は、有学・無学の二千人の心がおだやかで、静かで、清らかになり、ひたすら自分を観察しているのを見た。そこで、釈尊は阿難に対して、彼らは将来、宝相（Ratnaketurāja・宝の輝きの王の意）という同じ名を持つ仏になること、仏の寿命はいずれも一劫であり、その他の条件（国の荘厳・教化する弟子・正法と像法の存続期間）もいずれも同じであるという記別を授けた。彼らは授記され、躍り上がるほど歓喜して「世尊は智慧の灯火《ともしび》である。私たちは授記の声を聞いて、心が歓喜でいっぱいになり、あたかも甘露《かんろ》が注がれるようである」という偈頌を説いた。

［10］ 法師品（ほっしほん）

方便品から授学無学人記品までは、声聞を対象にした話の展開であったが、ここからは菩薩が主人公である。釈尊は薬王菩薩をはじめとする八万の菩薩に対して、『法華経』を信仰するものの本地、『法華経』の地位、高原穿鑿《せんじゃく》の譬喩、衣坐室《えざしつ》の三軌《さんき》などを説き、『法華経』信仰の功徳、『法華経』のなかでも古来有名な思想、表現が多く見られる。

（1）『法華経』信仰の功徳

［訳］ そのとき、世尊は薬王《やくおう》菩薩を機縁として、八万の菩薩に告げた、「薬王よ。あなたはこれら大勢の人々のなかに計量することもできない多くの神々・龍王・夜叉・乾闥婆・阿修羅・迦楼羅・緊那羅・摩睺羅伽などの人間と人間でないもの、及び比丘・比丘尼・優婆塞・優婆夷、声聞を求める者・辟支仏を求める者・仏の悟りを求める者を見るか。このようなものたちがみな仏の前で、妙法華経の一偈、一句を聞いて、一瞬でも心に歓喜すれば、私はすべて（彼らの）ために、最高の正しい悟りを得るであろうと授記する。……」と。

【訓読】爾の時、世尊は薬王菩薩[1]に因《よ》りて、八万の大士《だいし》に告ぐらく、「薬王よ。汝は是の大衆の中に無量の諸天・龍王・夜叉・乾闥婆・阿修羅・迦楼羅・緊那羅・摩睺羅伽の人と非人、及び比丘・比丘尼・優婆塞・優婆夷、声聞を求むる者・辟支仏《びゃくしぶつ》を求むる者・仏道を求むる者を見るや。是くの如き等の類、咸《ことごと》く仏前に於て、妙法華経の一偈・一句[2]を聞きて、乃至一念も随喜すれば、我れ皆な与《た》めに当に阿耨多羅三藐三菩提を得べしと授記す。……」と。

1【薬王菩薩】Bhaiṣajyarāja. 医薬の王の意。すでに序品にも名が出た。また、薬王菩薩本事品第二十三に焼身供養の物語が出る。 2【一偈・一句】鳩摩羅什訳の『法華経』では、多くの場合、四字句、あるいは五字句が四句集まって一偈を構成する。一句は四字、あるいは五字の句を指す。

【解説】『法華経』信仰の功徳、信仰者の本地などについて説く段である。本文には最初の段だけを取り挙げたが、それ以下は内容だけを紹介する。

① 本文に示したとおり、仏の前で、『法華経』の一偈、一句を聞いて、一瞬でも心に歓喜すれば、仏は未来成仏の予言を与える。

② 仏が涅槃に入った後に、『法華経』の一偈、一句でも聞いて、一瞬でも心に歓喜すれば、仏は未来成仏の予言を与える。

③『法華経』の一偈でも受持《じゅじ》・読《どく》・誦《じゅ》・解説《げせつ》・書写《しょしゃ》し、『法華経』を仏のように尊敬し、華《け》・香《こう》などの

さまざまな物を供養し、合掌し尊敬するものは、十万億の仏たちを供養し、仏たちのもとで大願を実現したことがあり、衆生を憐れむからこの人間世界に生まれたのである。

中国では受持・読・誦・解説・書写を五種法師と呼ぶ。その場合、読は文字を見て音読すること、誦は文字を見ないで音読すること、つまり暗唱することである。

④『法華経』の一句でも受持・読・誦・解説・書写し、華・香などのさまざまな物を『法華経』に供養し、合掌し尊敬するものは、あらゆる世間で尊敬され、如来に対する供養と同じように供養される。これらの人は大菩薩であって、最高の正しい悟りを完成しているが、衆生を憐れむからこの世に生まれ、『法華経』を敷衍《ふえん》して説き明かす。

⑤『法華経』の一句でもそうなのであるから、『法華経』全体を受持し、さまざまな仕方で供養するものはなおさらである。これらの人は清浄な業の果報を捨てて、仏が涅槃に入った後に、衆生を憐れむから悪世に生まれて、『法華経』を敷衍して説く。

⑥仏が涅槃に入った後に、密《ひそ》かに一人のために『法華経』の一句でも説くものは、如来の使者として如来に派遣され、如来の仕事を実行するものである。まして大勢の人々のなかで『法華経』を説くものはなおさらである。

⑦もし悪人が悪心を抱いて仏の前で一劫の間、仏をののしっても、その罪はまだ軽い。『法華経』を読誦する在家・出家のものに対して一言悪口を言う罪はそれよりはるかに重い。

⑧『法華経』を読誦するものは、仏の荘厳《しょうごん》によって自らを荘厳するものであり、如来の肩に担われるものである。その人の行くところはどこででも、その人に敬礼し、ひたすら合掌・尊敬・供養・尊重・

讃歎し、華・香などのさまざまな物で供養し、天の宝をその上に散らせ、天の宝の集まりを献上すべきである。なぜならば、この人が歓喜して『法華経』を説くとき、一瞬でも聞くならば、すぐに最高の正しい悟りを完成することができるからである。

以上、仮りに八点に分けて、『法華経』の偉大さ、『法華経』の信仰の功徳の大きさを見た。①②は仏の前と涅槃に入った後という相違があるが、いずれも『法華経』を聞いて歓喜するものは未来に成仏できることを指摘したものである。③は『法華経』を受持・読・誦・解説・書写するなど、真剣に修行するものは、過去世において多くの仏たちを供養し、成仏の大願を実現したものであり、本当はそのすばらしい果報を満喫享受していればよいのであるが、衆生を憐れむ大慈悲心によってこの悪世に生まれてきたとされる。これは④においても、最高の正しい悟りを完成した大菩薩とされ、如来に対する供養と同じように供養される尊い存在であることが強調されている。さらに、⑤においても、清浄な業の果報を捨てたと指摘されている。

『法華経』を信仰するものに対する一般的な印象として、極端な場合は狂信的とも言われるほどの実践性、行動性という特色がある。その秘密の一つに③から⑤に説かれるような事がらが深くかかわっているようである。つまり、『法華経』を信仰するものは、過去世においてすでに最高の正しい悟りを完成したものであるが、衆生への大慈悲心から、あえてその清浄な業の果報を捨ててこの悪世に生まれて、『法華経』を説き広めるとされるのである。『法華経』を信仰する自己が現在どんなに恵まれない境遇に置かれていても、それは自己が大慈悲心の故に、あえて恵まれた果報を捨てたからに他ならないのである。したがって、自力によって自己の悟りを追求するのでもなく、他力によって絶対的救済者から救われることを求めるのでもなく、自己の本地、すなわち、自己は過去世においてすでに悟りを開いた大菩薩であり、自ら選んでこの悪世に生まれ、衆生のために『法華経』を説くべき存在であることを深く自覚して、この世における使命を実践すればよいのである。ここには宗教的にきわめて興味深い逆説が示されていると言えよう。

したがって、⑥においては、この世の使命について、如来の使者として如来に派遣され、如来の仕事、具体的には、『法華経』の説法による衆生の救済の仕事を実行すると明言されているのである。このように『法華経』を信仰するものは高尚尊厳な存在であり、これに対して一言でも悪口を言うものは、仏に対して一劫という途方もない長時間悪口を言う罪より重いのであり、かえって最大限に尊敬し供養しなければならないのである。このことは⑦⑧に示されており、その理由として、⑧の最後には、この偉大な人が『法華経』を説くのを聞くことによって、すべての衆生が最高の正しい悟りを速やかに完成することができることを明らかにしている。

（2）『法華経』の地位・高原穿鑿の譬喩・衣坐室の三軌など

【訳】 そのとき、仏はまた薬王菩薩摩訶薩に告げた、「私の説く計量することもできない千万億という多数の経典は、すでに説き、今説きつつあり、これから説くであろう。しかしながらその中でこの『法華経』が最も信じることが難しく、理解することが難しい。薬王よ。この経は仏たちの秘密で重要な（教えの）蔵であるので、分けて広め、みだりに人に与えることはできない。仏・世尊たちの大切に守るものなので、昔からはっきりと説いたことがなかった。しかも、この経は如来が現におられるときでさえ恨み・嫉妬が多いのであるから、仏が涅槃に入った後はなおさらである。……」と。

【訓読】 爾の時、仏は復た薬王菩薩摩訶薩に告ぐらく、「我が説く所の経典の無量千万億、已に説き、今説き、当に説くべし。而るに其の中に於て、此の法華経は最も難信難解《なんしんなんげ》と為す。薬王よ。此の経は是れ諸仏の秘要《ひよう》の蔵なれば、分布して妄《みだ》りに人に授与す可《べ》からず。諸仏世尊の守護する所なれば、昔従《よ》り已来《このかた》、未《いま》だ曾《かつ》て顕《あら》わに説かず。而も此の経は如来の現に在るすら猶《な》お怨嫉《おんしつ》多し。況んや滅度の後をや。……」と。

【解説】 この段も薬王菩薩に対して、『法華経』の偉大さなどを説く。本文には最初の段だけを取り挙げたが、それ以下は内容だけを紹介する。

① 『法華経』が已説《いせつ》・今説《こんせつ》・当説《とうせつ》の中で最も難信難解と言われる。仏たちの秘密の重要な教えの蔵であるから、みだりに説いてはならず、したがって仏も昔からはっきりと説いたことはなかったのである。如来が生きているときでさえ、『法華経』に対する恨み・嫉妬が多いのであるから、偉大な如来が涅槃に入った後は、すなわち無仏のときは、なおさら恨み・嫉妬が多い。

② 如来が涅槃に入った後に、『法華経』を書写・受持・読・誦・供養し、人々のために説くものは、如来に衣で覆われ、他方の現在の仏たちに大切に守られる。この人には偉大な信じる力と誓願の力と善根の力がある。この人は如来とともに宿り、如来の手で頭を撫《な》でられるのである。

③『法華経』を説き、読み、誦《じゅ》し、書写し、『法華経』の存在するところはどこでも、七宝でできた大きな荘厳された塔を建てるべきである。しかし、その塔の中には仏舎利《ぶっしゃり》（仏の遺骨）を置いてはならない。なぜならば、『法華経』の中には、如来の全身が存在するからである。この塔を華・香などさまざまな物で供養・尊敬・尊重・讃歎するべきである。もしこの塔を見て礼拝・供養すれば、最高の正しい悟りに近づくことを知るべきである。

④在家でも出家でも菩薩道を修行する場合、『法華経』を見、聞き、読み、誦し、書写し、受持し、供養することができないものは、菩薩道をしっかりと修行したことにはならず、『法華経』を聞くことができるものが菩薩道をしっかりと修行したことになる。仏道を求める衆生が『法華経』を見、聞き、信解し、受持すれば、最高の正しい悟りに近づくことができるのである。

⑤ある人が喉が渇いて水を必要とし、高原を掘削《くっさく》して水を求める。まだ乾燥した土を見れば、水がまだ遠いことが分かり、さらに掘削を続けてだんだん湿った土を見、さらに泥にたどり着けば、水がきっと近くにあることを知る。この譬喩と同様に、菩薩も『法華経』を聞かず、理解せず、修行することができなければ、最高の正しい悟りからまだ遠く、『法華経』を聞き、理解し、思惟し、修行することができれば、最高の正しい悟りに近づくことができる。なぜならば、すべての菩薩の正しい最高の悟りは『法華経』に所属するからである。この経は方便の門を開いて、真実の様相を示す。この『法華経』の教えの蔵は深く堅固で奥深くはるか遠いものであるので、誰も到達するものがない。今、仏は菩薩を教化、救済しようとして、『法華経』を開示するのである。

⑥『法華経』を聞いて驚き疑い、恐怖する菩薩は発心したばかりの菩薩であり、声聞は増上慢のもの

である。

⑦　如来が涅槃に入った後に、四衆のために『法華経』を説こうとする場合、その説き方について、如来の室《しつ》に入り、如来の衣を着、如来の座に坐して『法華経』を説くべきである。如来の室とはすべての衆生に対する大慈悲心（無限に慈しみ同情する心）であり、如来の衣とは柔和忍辱心《にゅうわにんにくしん》（優しく穏やかで堪え忍ぶ心）であり、如来の座とは一切法空（すべての存在が空であること）である。これらの中に身を落ち着けて、そうして後に怠け心を持たずに菩薩たちや四衆のために『法華経』を敷衍して説くべきである。

⑧　仏（釈尊）は他の国土において神通力によって作り出された人（化人）を派遣し、『法華経』を説くもののために聴衆を集め、また神通力によって作り出された（化作）四衆を派遣して『法華経』を説くのを聞かせよう。これらの作り出された人は、『法華経』を聞いて信受し、従って逆らわないであろう。また、『法華経』を説くものが誰もいない静かな場所にいるならば、仏はそのとき広く神々・龍・鬼神・乾闥婆・阿修羅を派遣して、『法華経』を説くのを聞かせよう。仏は別の国土にいるが、いつも『法華経』を説くものに仏の身を見ることができるようにさせよう。もし『法華経』について文章の読み方を忘れたならば、仏はまたその人のために説いて文章が完全に揃うようにさせよう。

以上、八項に仏の薬王菩薩に対する教えを整理した。少し、内容について検討しよう。

①の「已に説き、今説き、当に説くべし。而るに其の中に於て、此の法華経は最も難信難解と為す」「此の経は如来の現に在るすら猶お怨嫉多し。況んや滅度の後をや」はとくに有名な文である。この段の直前の偈には「我が説く所の諸経、而も此の経の中に於て、法華は最も第一なり」（私の説く多くの経、

これらの経の中で、『法華経』が最高である）とあり、難信難解とは、その経典が最高の教えであることを意味したものであることが分かる。『法華経』が秘密の教えであり、難信難解であるから、釈尊も長い間『法華経』を説かなかったのである。仏が生きていても、『法華経』に対しては恨み・嫉妬が多いのであるから、仏のいない時代の『法華経』の信仰者は、用心して誰彼となく無差別に『法華経』を説いてはならないことを指摘している。

②は『法華経』の信仰者が如来に大切に守られる存在であることを指摘したものである。

③は『法華経』を納めた塔を建立して供養すべきことを指摘している。興味深いことは、その塔には仏舎利を安置してはならないという戒めである。その理由としては、『法華経』の中には仏の遺骨どころか、如来の全身が宿っているからと言われる。仏塔崇拝に対する批判がここに示されているのである。大乗仏教の基盤に在家信者を中心として営まれてきた仏塔崇拝があったのかどうかは学説の分かれるところであるが、少なくとも大乗経典が作られた段階では、従来の仏舎利の崇拝に対して、経典そのものの優越性を主張したことは明らかである。そのことがこの段によく示されていると言えよう。如来の全身が『法華経』の中に存在するということは、『法華経』が如来そのものを説いた経典であることを指摘し、さらに『法華経』を信仰するものをすべて成仏させることができる経典であることを意味したものであろう。

④は菩薩道の修行の中心は『法華経』の信仰にほかならないことを指摘したものである。

⑤には高原穿鑿の譬喩が説かれている。④と同じように菩薩の悟り、すなわち成仏が『法華経』にあることを指摘したものである。「方便の門を開き、真実の相を示す」という文は大変有名である。

⑥は『法華経』を信仰できない菩薩、声聞のあり方を、それぞれ発心したばかりの菩薩と増上慢の声聞と規定したものである。

⑦には、衣坐室《えざしつ》の三軌と呼ばれるものが説かれている。如来が涅槃に入った後に『法華経』を説く仕方が示されている。慈悲心は、大乗仏教において強調される精神で、すべての衆生を救済しようとする思いやりの心である。柔和忍辱心は、『法華経』を弘通するに当たって、さまざまな困難に出会うことが予想される。『法華経』には恨み・嫉妬が多いという指摘もすでになされた。それらの困難をすべて堪え忍ぶことである。忍辱は六波羅蜜のなかにも含まれている。一切法空は、すべての存在には固定的実体がないということである。実践的には、現に執著している対象に固定的実体のないことを認識して、その執著から自己を解放することを意味する。これら三つを身につけてはじめて、如来の涅槃に入った後に『法華経』を弘通することができるのである。

⑧には、仏が『法華経』を説くものを守る具体的な仕方として、聴衆を派遣してくれること、仏の身を見せること、経文を忘れたときには教えてくれることを取り挙げている。

［11］ 見宝塔品（けんほうとうぼん）

見宝塔品の「見」は示す、現わすの意であるので、宝塔を出現させるという意味になる。この品では、大地から宝塔が涌現《ゆげん》して、その塔の中から多宝如来が釈尊の説法が真実であることを讃《たた》える。この多宝如来の塔は、『法華経』が説かれる場所に必ず出現するという多宝如来の誓願によって、今出現したことが明かされる。一座の大衆が多宝如来を拝見したいと言うので、釈尊はその不可欠の条件である十方世界の分身仏を集める。釈尊が塔の扉を開けると、多宝如来は釈尊に呼びかけて半座を譲って坐らせる。これが二仏《に ぶつ》並坐《びょうざ》と呼ばれるものである。大衆も釈尊の神通力によって虚空に昇り、この後は空中で説法が行われるのである。

また、偈には、仏が涅槃に入った後に『法華経』を信仰することがいかに困難であるかを譬喩によって示す六難《ろくなん》九易《くい》が説かれる。これは普通ではとても考えられないような難しいことを九つ取り挙げ、これをあえて容易なこととし、それに比べて『法華経』の信仰がいかに困難であるかを六点に整理したものである。

法師品において、仏が涅槃に入った後の『法華経』の弘通がテーマとなり、見宝塔品においてその『法華経』の正しさが多宝如来によって証明され、また『法華経』の弘通がいかに困難であるかが明らかにされるのである。

（1）宝塔の出現

［訳］ そのとき、仏の前に七宝でできた塔があった。高さが五百由旬《ゆじゅん》、縦横二百五十由旬で、大地から涌き出て空中にとどまっている。……そのとき、宝塔の中から大きな声を出し、感嘆して言った、「すばらしい。すばらしい。釈迦牟尼世尊《しゃかむにせそん》は、平等で偉大な智慧、菩薩を教える法で仏に大切に守られる妙法華経を大勢の人々のために説いた。そのとおりである。そのとおりである。釈迦牟尼世尊の説くことはすべて真実である」と。

［訓読］ 爾《そ》の時、仏前に七宝の塔有り。高さ五百由旬、縦広二百五十由旬にして、地従《よ》り涌出《ゆじゅつ》し、空中に住在《じゅうざい》す。……爾の時、宝塔の中より、大音声《だいおんじょう》を出して歎《たん》じて言わく、「善き哉《かな》。善き哉。釈迦牟尼世尊は能く平等大慧にして、菩薩を教うる法、仏の護念する所の妙法華経を以て大衆の為めに説く。是くの如し。是くの如し。釈迦牟尼世尊の説く所の如きは皆な是れ真実なり」と。

［解説］ 仏の前において、大地からきわめて大きな宝塔が出現した。この宝塔の様子については本文には省略したが、内容を紹介しよう。

この宝塔はさまざまな宝によって飾られ、五千の手すりがあり、壁面に作られた部屋は千万ある。無数の旗ぼこで飾り、宝石でできた装身具を垂らし、万億の宝石でできた鈴がその上にかかっている。タマーラや梅檀の樹の香を四方に出して世界にくまなくひろがる。旗ときぬがさは七宝で作られ、高くそびえて四天王（六欲天の第一）の宮殿に達するほどである。三十三天（六欲天の第二）は天上の華である曼陀羅華を降り注いで宝塔を供養し、その他の神々や龍などの八部衆のような人間でないものや、人間などの千万億のものたちが華・香などのさまざまな物で宝塔を供養・尊敬・尊重・讃歎する。

このように形容されるすばらしい宝塔が大地から涌出し、しかもその中から、釈尊の説いた『法華経』は真実であるという大きな声が聞こえてくるのである。品の出だしとして興味津々《しんしん》たるものがある。

（2）多宝如来の誓願──『法華経』の証明

［訳］ そのとき、四衆は大きな宝塔が空中にとどまっているのを見、さらに塔の中から出された声を聞いて、みな法の喜びを得、これまでにないすばらしいことと不思議に思い、座席から起ち上がり、尊敬して合掌し、退いて片隅にとどまった。そのとき、大楽説《だいぎょうせつ》という名の菩薩・摩訶薩がいた。（彼は）すべての世間の神々・人々・阿修羅などが心に疑っていることを知って、仏に申し上げた、「世尊よ。どんな理由でこの宝塔が大地から涌出したのか。さらにその中からこの声を出すのか」と。

そのとき、仏は告げた、「大楽説菩薩よ。この宝塔の中には如来の全身がある。はるか昔、東方の計量することもできない千万億阿僧祇という多くの世界を過ぎたところに、宝浄《ほうじょう》という名の国があった。その中に多宝という名の仏がいた。その仏はもと菩薩道を修行したとき、『もし私が成仏し、涅槃に入った後、十方の国土で、『法華経』を説く場所があれば、私の塔廟《とうみょう》はこの経を聞くために、その前に涌《ゆ》現《げん》し、わざわざ証明を行って、〈すばらしい〉と褒め讃えよう』という偉大な誓願を立てた。その仏が成道して、涅槃に入るとき、神々・人々の大勢のものたちの中で、多くの比丘たちに告げた、『私が涅槃に入った後、私の全身を供養しようとするならば、一つの大きな塔を建立すべきである』と。その仏は神通と誓願の力によって、十方の世界のあらゆるところで、もし『法華経』を説く者がいたら、その宝塔はいずれの場合もその前に涌出し、全身は塔の中にあり、『すばらしい。すばらしい』と褒め讃える。大楽説よ。今の多宝如来の塔は、『法華経』を説くのを聞くために、大地から涌出して、『すばらしい。すばらしい』と褒め讃える」と。

【訓読】 爾の時、四衆は大宝塔の空中に住在するを見、又た塔の中より出す所の音声を聞き、皆な法喜を得て、未曾有なりと恠《あやし》み、座従り起ちて、恭敬《くぎょう》して合掌し、却《しりぞ》いて一面に住す。爾の時、菩薩摩訶薩有りて大楽説と名づく。一切世間の天・人・阿修羅等の心の疑う所を知りて、仏に白して言わく、「世尊よ。何の因縁を以て此の宝塔、地従り涌出すること有るや。又た其の中於《よ》り是の音声を発するや」と。

爾の時、仏告ぐらく、「大楽説菩薩よ[1]。此の宝塔の中には如来の全身有り。乃往《ないおう》過《か》去《こ》、東方の無量千万億阿僧祇世界の国を宝浄[2]と名づく。彼の中に仏有りて、号して多宝[3]と曰う。其の仏本《もと》と菩薩道を行ずる時、大誓願を作《な》さく、『若し我れ成仏し、滅度するの後、十方国土に於て、法華経を説く処有らば、我れの塔廟は是の経を聴かんが為めの故に其の前に涌現し、為めに証明《しょうみょう》を作し、讃めて〈善き哉〉と言わん』と。彼の仏成道し已りて、滅度に望む時、天人大衆の中に於て、諸の比丘に告ぐらく、『我が滅度するの後、我が全身を供養せんと欲せば、応に一大塔を起つべし』と。其の仏は神通と願の力とを以て、十方世界の在在処処《ざいざいしょしょ》に、若し法華経を説く者有らば、彼の宝塔は皆な其の前に涌出し、全身は塔の中に在り、讃めて『善き哉。善き哉』と言う。大楽説よ。今の多宝如来の塔は、法華経を説くを聞かんが故に、地従り涌出して、讃めて『善き哉。善き哉』と言う」と。

[1]【大楽説】Mahāpratibhāna. 偉大な雄弁家の意。[2]【宝浄】Ratna-viśuddha. 宝玉によって清浄であるの意。[3]【多宝】Prabhūtaratna. 多くの宝玉を持つ者の意。

【解説】　宝塔の出現という不思議な現象を体験したものたちを代表して大楽説菩薩が釈尊に、この宝塔の出現の理由を質問する。釈尊は次のように答える。東方のはるかかなたの宝浄という国に多宝如来がおり、多宝が成仏する以前、菩薩だったときに、『法華経』を説く場所であればどこででも『法華経』を聞くために、自分の仏塔が出現して、「すばらしい」と褒め讃えて『法華経』の正しさを証明しよう、という誓願を立てた。そこで、多宝如来は涅槃に入るときに、一つの大きな仏塔を建立するよう指示し、その後、多宝如来の誓願のように、『法華経』を説くところにはどこにでも出現して『法華経』の正しさを証明してきた。今の現象もまったく同じで、『法華経』を聞くために、この場に出現して『法華経』の正しさを証明するのである。

　このことから、多宝如来はすでに涅槃に入った過去仏であることが分かる。その多宝如来を供養するために、多宝塔が建立されたのである。

（3）三変土田――十方分身仏の来集

【訳】このとき、大楽説菩薩は如来の神通力によって仏に申し上げた、「世尊よ。私たちはこの仏の身を見たいと思います」と。仏は大楽説菩薩摩訶薩に告げた、「この多宝仏には、『もし私の宝塔が法華経を聞くために仏たちの前に出現するとき、私の身を四衆に示そうとするならば、十方の世界で説法している、その仏の分身仏《ふんじんぶつ》たちをすべて帰らせて一つの場所に集め、そうして後、はじめて私の身は出現するのである』という、とても重大な誓願があった。大楽説よ。十方の世界で説法している、私の分身仏たちを、今当然集めるべきである」と。

【訓読】是の時、大楽説菩薩は如来の神力《じんりき》を以ての故に仏に白して言わく、「世尊よ。我れ等は願わくは此の仏の身を見んと欲す」と。仏は大楽説菩薩摩訶薩に告ぐらく、「是の多宝仏に深重《じんじゅう》の願有り、『若し我が宝塔、法華経を聴かんが為めの故に諸仏の前に出ずる時、其れ我が身を以て四衆に示さんと欲すること有らば、彼の仏の分身の諸仏の十方の世界に在りて説法するを尽《ことごと》く還《かえ》して一処に集め、然る後に我が身乃《すなわ》ち出現するのみ』と。大楽説よ。我が分身の諸仏の十方の世界に在りて説法する者、今応当《まさ》に集むべし」と。

1【分身】ある仏の身体から化作された身の意。本文の場合は、釈尊の身体から化作された仏で、十方世界に派遣され、それぞれの世界で説法しているとされる。

[解説] 大楽説菩薩が多宝如来を拝見したいと言うので、釈尊は、そのためには多宝如来の立てた誓願を満たすという条件をクリアしなければならないと答える。その誓願とは、多宝如来を見る仏の分身仏をすべて集めることである。今の場合は、釈尊の分身仏を十方世界から集合させなければならない。

そこで、釈尊は分身仏を集合させるために、「三変土田《さんぺんどでん》」と言われるように、三回にわたって娑婆世界とその周辺世界を浄化する。この部分は本文を省略したが、以下、内容の要約を示す。

釈尊が眉間白毫相から光を放つと、東方の五百万億那由他恒河沙という膨大な数の国土の仏たちが見えた。そこはすばらしく荘厳された浄土で、仏たちはそれぞれ説法し、多くの菩薩たちも衆生のために説法している。東方以外の九方（西・南・北・四維《しい》・上・下）の国土も同様であった。分身仏たちはそれぞれの国土の菩薩たちに「私は今、娑婆世界の釈尊のもとに行き、多宝如来の宝塔を供養しよう」と言った。

そのとき、娑婆世界もすばらしい浄土となり、『法華経』の会座《えざ》に集ったものを除いて、その他の神々・人々を他土に移し変えた。これが第一の国土の浄化である。そのとき、分身仏たちはそれぞれ一人の菩薩を侍者として引き連れて娑婆世界にやって来、五百由旬の高さの宝樹のもとにある五由旬の高さの師子座の上に結跏趺坐した。このように膨大な数の分身仏を集合させるために、師子座を用意し、それが三千大千世界（十の九乗の世界）に満ち満ちたが、十方の中の一方の分身仏の需要にも不十分であった。

そこで、釈尊は改めて四方・四維の八方において二百万億那由他の国土を浄土に変えた。それらは一仏国土のようにひと続きとなった。これが第二の国土の浄化である。さらに、釈尊は八方において二百万億那由他の国土を浄土に変え、それらは一仏国土のようにひと続きとなった。これが第三の国土の浄化である。このようにして浄化された八方の合わせて四百万億那由他の国土に、十方の分身仏たちが満ち満ちたのである。そこで、分身仏たちは侍者を派遣し、釈尊や菩薩・声聞の弟子たちに挨拶をさせ、宝華を釈尊の上に散らせて供養させ、多宝如来の宝塔を開くことを願っていることを伝えさせた。

以上が三変土田の内容である。このように釈尊の分身仏が十方世界から集合させられたのであるが、見方を変えれば、十方世界のおびただしい数の諸仏はすべて釈尊の身体から化作された分身仏であると言ってよい。これは仏の空間的統一と言ってよいであろう。如来寿量品の久遠実成《くおんじつじょう》の思想は膨大な過去仏を釈尊一仏に統一するので、仏の時間的統一と言える。方便品の一仏乗の思想は、教えの統一を図ったものであるから、『法華経』は仏と仏の教えを統一するという大きな特色を持った経典であると言えよう。

（4）釈尊と多宝如来の二仏並坐

釈尊の分身仏を集合させるという条件が調《ととの》ったので、釈尊は虚空に昇った。四衆は起立し、合掌して、一心に釈尊を仰ぎ見る。釈尊は右手の指で多宝如来の宝塔の戸を開けると、大きな音がし、その中に多宝如来が師子座に坐り、全身は散らばらず、禅定に入っているような姿が見え、多宝如来が「すばらしい。すばらしい。釈迦牟尼仏は『法華経』を気持ちよく説いた。私はこの教えを聞くためにここに来た」と言うのが聞こえた。

そのとき、四衆ははるか過去に涅槃に入った多宝如来がこのような言葉を語る姿を見て、これまでにないすばらしいことだと感嘆し、多宝如来と釈尊の上に天の宝華を散らせた。そのとき、多宝如来は宝塔の中で、半座を釈尊に与えようとして、「釈迦牟尼仏よ。この座席に坐ってください」と述べた。釈尊は宝塔に入り、その半座に坐って結跏趺坐した。これが有名な二仏並坐《にぶつびょうざ》である。

この様子を見た大勢のものたちは、仏は高く遠いところにいるので、私たちも虚空に昇らせてくださいとお願いした。そこで、釈尊は大勢のものたちを虚空に置き、大きな声で四衆にくまなく「誰かこの娑婆世界で『法華経』を敷衍して説くことができるか。今、ちょうど適当な時である。如来は遠からず涅槃に入るであろう。仏はこの『法華経』をしっかりと付嘱《ふぞく》させたい」と告げた。

このように見宝塔品の最後は、娑婆世界において、釈尊が涅槃に入った後に『法華経』を継承するものはいったい誰なのか、という問題で終わっている。しかし、この『法華経』の受持は困難をきわめるのである。それを偈では六難九易《ろくなんくい》の譬喩によって示している。

(5) 六難九易

六難九易は、釈尊が涅槃に入った後に、『法華経』を受持する困難さを六箇条挙げ、容易な事がら

（常識的にはとても困難な事がらであるが、『法華経』受持の困難さに比べて容易な事がらとされる）を九箇条挙げている。順序を整理して紹介する。はじめに、容易な事がらを列挙する。

① 『法華経』以外のガンジス河の砂ほど多い経典を説いても、まだ困難ではない。

② 須弥山を手に取って投げ、他方の無数の国土に置くことも、まだ困難ではない。

③ 足の指で三千大千世界を動かし、はるか遠く他の国土に投げることも、まだ困難ではない。

④ 有頂天に立って、多くのものたちのために計量することもできない多くの『法華経』以外の経典を説いても、まだ困難ではない。

⑤ たといある人が手で虚空をつかんでめぐり歩いても、まだ困難ではない。

⑥ 大地を足の爪の上に置いて、梵天に昇っても、まだ困難ではない。

⑦ 世界の終末に起こる火災のときに、乾燥した草をかついで火災の中に入って焼けないとしても、まだ困難ではない。

⑧ 八万四千の法蔵と十二部経という仏のすべての教えを、人々のために説き、聴衆に六神通を得させることができても、まだ困難ではない。

⑨ 説法して、千万億という数えることも計量することもできない、ガンジス河の砂ほど多い衆生に阿羅漢の悟りを獲得させ、六神通を完全に備えさせるという利益を与えても、まだ困難ではない。

次に、『法華経』受持の困難さの六箇条を列挙する。

① 仏が涅槃に入った後の悪世において、『法華経』を説くことができるということは、困難なことである。

② 仏が涅槃に入った後に、『法華経』を自ら書写し、受持し、他の人に書写させるということは、困難なことである。
③ 仏が涅槃に入った後の悪世において、短い時間でも『法華経』を読むということは、困難なことである。
④ 仏が涅槃に入った後に、『法華経』を受持し、一人のためにでも説くということは、困難なことである。
⑤ 仏が涅槃に入った後に、『法華経』を聞き、その意味を質問するということは、困難なことである。
⑥ 仏が涅槃に入った後に、『法華経』を受持することができるということは、困難なことである。

〔12〕提婆達多品（だいばだったほん）

この品は鳩摩羅什の訳には欠けていた。つまり、『妙法蓮華経』は二十七品であった。竺道生の『妙法蓮花経疏』や法雲の『法華義記』には、提婆達多品の注釈は含まれていない。後に別人が漢訳した提婆達多品が鳩摩羅什訳に編入されて、二十八品の現在見る形になったのである。智顗や吉蔵の法華疏（疏は注釈の意）には提婆達多品の注釈が含まれているので、法雲から智顗、吉蔵までの時期に編入されたことが分かる。およそ六世紀後葉であろう。もちろん、提婆達多品が『法華経』に編入された理由は、竺法護の『正法華経』の七宝塔品第十一（見宝塔品に相当）の末尾に提婆達多品の内容が含まれているからである（ある本では、提婆達多品相当部分を梵志《ぼんじ》品として別立する）。つまり、竺法護の持っていた『法華経』原典においては、すでに提婆達多品の内容が含まれていたのである。現在伝わる梵本の『法華経』も形式的には『正法華経』と同じである。そうすると、鳩摩羅什の持っていた『法華経』の原典に提婆達多品が含まれていなかったのはなぜかという問題が生じる。一般には、『法華経』が一度二十七品として成立した後のある時期に、提婆達多品が編入されたこと、鳩摩羅什の持っていた『法華経』の原典はまだ提婆達多品を編入する以前の古い原典であったことが推定されている。この推定に対しては渡辺照宏氏の反論があることはすでに紹介した（一六頁を参照）。

提婆達多品は、中国・日本においては悪人成仏と女人成仏を説く品であると言われてきた。つまり、仏教史において大悪人とされ、生きながら地獄に落ちたとされる提婆達多（Devadatta）が過去世において釈尊の師であったことが明かされ、その縁によって成仏の記別が授けられる。また、サーガラ龍王の八歳になる娘（龍女《りゅうにょ》）が男性に変身して（変成男子《へんじょうなんし》）成仏することが説かれる。

（1）釈尊の過去世の修行時代と仙人

［訳］ そのとき、仏は菩薩や神々・人々の四衆に告げた、「私は計量することもできない遠い過去に、『法華経』を求めるのに嫌になったり疲れることがなかった。長い劫の間、常に国王となって、最高の悟りを求める願いを立てたが、心は退転しなかった。六波羅蜜を完全に備えようとするために、布施を熱心に実践し、心に象や馬・七宝・国や城市・妻子・下男下女・召し使い・頭や目・髄や脳・身体の肉・手足を惜しむことはなく、身命を惜しまなかった。そのとき、世の人々は寿命が計量することもできないほど長かった。（私は）法のために国王の位を捨て、政治を太子に委《ゆだ》ね、鼓を打って（次のように）宣言し、四方に法を求めた。『誰か私のために大乗を説くものはいないか。私は一生、必要なものを与え、使い走りしよう』」と。

そのとき、ある仙人が来て王に申し上げた、「私に妙法蓮華経という名の大乗がある。もし私に背《そむ》かなければ、あなたのために説こう」と。

王は仙人の言葉を聞いて、躍《おど》り上がるほど歓喜し、すぐに仙人に従って、必要なものを与え、木の実を採り水を汲み、薪を拾って食べものを用意した。（自分の）身体を寝台や座席とすることまでし、身心は疲れることがなかった。そこで、千年の間お仕えし、法のために熱心に励んでそばに仕え、欠乏するものがないようにした。

【訓読】 爾の時、仏は諸の菩薩、及び天人の四衆に告ぐらく、「吾れ過去無量劫の中に於て、法華経を求むるに懈倦《けげん》有ること無し。多劫の中に於て、常に国王と作《な》り、発願《ほつがん》して無上菩提を求むるに、心退転せず。六波羅蜜を満足せんと欲するが為めに、布施を勤行《ごんぎょう》し、心に象馬《ぞうめ》・七珍・国城・妻子・奴婢・僕従・頭目・髄脳・身肉・手足を悋惜《りんじゃく》すること無く、軀命《くみょう》を惜しまず。時に世の人民は寿命無量なり。法の為めの故に国位を捐捨《えんしゃ》し、政《まつりごと》を太子に委ね、鼓を撃って宣令《せんりょう》し、四方に法を求む。『誰か能く我が為めに大乗を説く者なる。吾れ当に終身、供給《くきゅう》走使《そうし》すべし』と」と。

時に仙人有りて、来たりて王に白して言わく、「我れに大乗の妙法蓮華経と名づくる有り。若し我れに違《たが》わずんば、当に為めに宣説《せんぜつ》すべし」と。

王は仙の言を聞いて、歓喜踊躍し、即ち仙人に随い、須《もち》うる所を供給し、果を採り水を汲み、薪を拾い食を設く。乃至、身を以て牀座《しょうざ》と作《な》し、身心倦《う》むこと無し。時に奉事《ぶじ》して、千歳を経《へ》、法の為めの故に、精勤《しょうごん》給侍して、乏しき所無からしむ。

【解説】 釈尊は自身の過去世の物語をする。かつて、国王だったときに、『法華経』を求め、そのために国王の位を捨てた。そのとき、『法華経』を知っている仙人がいて、もしその仙人に背くことなくお仕えすれば、『法華経』を教えてくれると言われ、釈尊は献身的にその仙人にお仕えするのである。

（2）仙人＝提婆達多への授記

釈尊はその過去世の物語の種明《たねあか》しをする。すなわち、そのときの王が釈尊自身であり、仙人が提婆達多であった。ということは、提婆達多は釈尊に『法華経』を教えてくれた大恩人であるということになる。釈尊も、提婆達多という善知識（仏教を教えてくれる良き友人）がいたからこそ、成仏することができ、また広く衆生を救済できることを述べている。

そして、釈尊は提婆達多に成仏の記別を与えるのである。それによれば、提婆達多は遠い将来、天王（Devarāja. 神の王の意）という名の仏になり、天道（Devasopāna. 神の階段の意）という名の世界に住む。天王如来の寿命は二十中劫で、声聞・縁覚・菩薩たちを救済し、涅槃に入った後の正法の存続する時代も二十中劫続き、高さ六十由旬、縦横四十由旬の七宝の塔が建立され、神々や人々はその塔を供養し、声聞・縁覚・菩薩たちはそれぞれ救済されるのである。

さらに、釈尊は提婆達多に授記した後に、未来の世で、提婆達多品を聞いて、清らかな心で信じ尊敬し、疑惑を持たなければ、三悪道に落ちず、十方の仏の前に生まれ、生まれた所はどこででも『法華経』を聞くであろうこと、もし人間や神々の世界に生まれれば、すぐれた楽を受け、仏の前では、蓮華の中に化生するであろうことを説く。

歴史上の提婆達多　提婆達多は阿難の兄弟で、釈尊の従弟《いとこ》に当たる。釈尊の晩年に教団の改革を唱え、釈尊から拒絶されて分派独立したと言われる。提婆達多は教団改革のために、次のような具体的な提案を行った。資料によって内容が異なるが、ある資料によれば、乳酪を食べないこと・魚肉を食べないこと・塩を食べないこと・長布を用いること・村舎に住することである。別な資料では、糞掃衣《ふんぞうえ》を着ること・信者の食事の招待を受けないで、常に乞食《こつじき》すること・一日一食だけにすること・露地に坐すこと（屋根のついた家に寝ないこと）・肉を食べないことである。要するに戒律の厳格な実行を求めたものであり、この提案自体が悪いわけではないが、釈尊は中道の立場から、すべての出家者に一律にこのような厳格な規則を適用することを避けた。そこで、提婆達多は分派したので、仏教教団からは異端として厳しく批判された。提婆達多にまつわる話はどこまで史実で、どこからが正統をもって任じる仏教教団が組織防衛のために作り上げた伝説なのか確かなことはよく分からない。そのような話によれば、提婆達多は阿羅漢を殺し、仏の身より血を出し、和合僧を破るという三逆罪を犯したと言われる。具体的には、蓮華色比丘尼《れんげしき》を殴殺《おうさつ》したり、崖から大きな岩を釈尊めがけて落として殺そうとしたが、岩が砕けて小石になって、それが釈尊の足の指を傷つけて出血させたり、酔象に釈尊を踏みつぶさせようとしたりした。また、自分の爪に猛毒を塗り、機会を見つけて、その爪で釈尊を傷つけて毒殺しようとした。ところが、提婆達多の指に傷があったために、かえって自分に毒がまわって絶命した。また、提婆達多の釈尊への恨みの由来するところとして、釈尊の妻ヤショーダラーをめぐって恋敵《こいがたき》だったことが指摘される。いずれにしろ、これらの真偽は不明である。

提婆達多品には案に相違して、彼がこのような大悪人であることはまったく記されていない。中国・日本では、『法華経』は悪人成仏を説くと言われたが、それは提婆達多が悪人であるという固定観念に基づく。大悪人の提婆達多でさえ『法華経』によって救済されるという解釈である。しかし、提婆達多の前身は釈尊の師であったという、上に紹介した、大悪人提婆達多をめぐる話からはまったく想像もできない過去の因縁話が語られるのである。これはどうしたことであろうか。実は、法顕《ほっけん》の『法顕伝』（『仏国記』）や玄奘《げんじょう》の『大唐西域記』には提婆達多を崇拝する信仰者集団が、当時、つまり、五世紀と七世紀のインドに存在したことを報告している。もしこれが真実であるならば、千年の長きにわたって提婆達多の分派したグループは存在し続けたのであろうか。学者の中には、この提婆達多を信奉するグループと『法華経』の信仰者グループとの近しい関係を想像するものもいるが、確かなことはまったく分からないのが現状である。

提婆達多をめぐっては、正統と異端、提婆達多の信仰者グループの存在、そのグループと『法華経』との関係など興味深い点が多い。

（3） 文殊菩薩の龍宮での教化

提婆達多に関する話が終わったときに、多宝如来に従う智積《ちしゃく》（Prajñākūṭa. 智慧の積み重ねの意）という名の菩薩が多宝如来に「本土に帰りましょう」と言う。釈尊は智積菩薩に「しばらく待ちなさい。ここに文殊師利という名の菩薩がいるので、彼に会って、妙法について議論してから、本土に帰りなさい」と言う。

そのとき、文殊菩薩は車輪のような大きな千葉の蓮華に坐り、一緒に来た菩薩たちもりっぱな蓮華に坐り、大海の娑竭羅《しゃから》(Sāgara)龍宮から自然に涌出して虚空にとどまり、霊鷲山に来て、蓮華から下り、釈尊と多宝如来にご挨拶をし、また智積菩薩とたがいに挨拶し、退いて片隅に坐った。

ここから智積と文殊の議論が開始される。智積は文殊に龍宮で教化したものの数を質問する。文殊は数えきれないほど多くいると答え、その証拠に、自分の教化した膨大な数の菩薩をその場に呼び寄せる。智積はそれを讃歎し、文殊は自分が海中で『法華経』だけを説いたことを述べる。すると、智積は『法華経』を修行すると、速やかに成仏することができるかと質問する。文殊はできると答え、その証拠に、娑竭羅龍王の八歳になる娘(龍女)の体験を説く。彼女は「智慧があり、すぐれた宗教的能力があり、衆生の感覚器官の活動を巧みに知り、経文を記憶する能力を獲得して、仏たちの説くとても深遠な秘密の教えの蔵をすべて記憶することができ、禅定に深く入って、多くの法を理解し、一瞬の間に悟りを求める心を生じて、不退転の位を得た。雄弁の才能は障害なく、衆生を赤ん坊のように慈しむ。功徳を備え、心に思い口に説くことはすばらしく、広大で、慈悲があり、思いやりがあって謙遜している。心は穏やかで上品であり、悟りに到達することができる」と絶賛される。

ところが、智積は、釈尊でさえ途方もなく長い期間、難行苦行し、衆生を救済するために身命を捨てて菩薩道を修行して、やっと悟りを完成したのであるから、この八歳の龍女がたちまちの間に悟りを完成したとはとても信じられないと言う。

(4) 龍女の成仏

智積の口から上のような疑問が漏らされるやいなや、龍女はみなの前に突然現われて、仏にご挨拶する。そして、仏を褒め讃え、さらに自分が文殊から『法華経』を聞いて悟りを完成したことは仏だけが明らかに知っており、自分は大乗の教えを説いて、苦悩の衆生を救済しよう、という偈頌を説く。

これに対して、舎利弗は龍女に「あなたは短い時間でこのうえない悟りを得たと思っているが、この事がらは信じにくい。どうしてかと言えば、女性の身は穢《けが》れていて、仏法を受ける器ではない。どうしてこのうえない悟りを得ることができようか。仏道は広遠なもので、数えきれない長い時間厳しい修行を積み重ね、六波羅蜜をあまさず修行してはじめて成就することができるものである。そのうえ、女性の身には五つの障害がある。一つには梵天王になることができない。二つには帝釈、三つには魔王、四つには転輪聖王、五つには仏身になることができない。どうして女性の身が速やかに成仏することができようか」と舌鋒《ぜっぽう》鋭く迫った。

そこで、龍女は自分の持っていた宝珠を仏に差し上げたところ、仏は即座にこれを受け取った。龍女は、自分の成仏はこの宝珠の献上と仏の受け取りというでき事よりももっと速やかであると宣言し、瞬時に男子に変身して、菩薩の修行を備え、娑婆世界の南方にある無垢（Vimala. 汚れのないの意）世界というところで成仏し、衆生のために妙法を説く姿を示した。娑婆世界の聴衆ははるか遠くその龍女が成仏し説法している姿を見て、歓喜して龍女に敬礼した。無垢世界で龍女の説法を聞いた膨大な数の衆生はあるものは不退転の位を得、あるものは授記された。娑婆世界の三千の衆生も不退転の境地にとどまり、また三千の衆生は授記された。そこで、智積も舎利弗も集会に集ったすべてのものたちも、みな黙って信受したのである。

龍女の変成男子　鳩摩羅什訳現行本（提婆達多品は別人の漢訳）が「変成男子」（男子に変身する）と訳した箇所は、梵本では、女性の生殖器が消えて男性の生殖器が生じるとあり、性的に露骨な表現となっている。インドでは文学、芸術において露骨な性的表現を慎まない傾向が強いが、中国ではそうはいかないので、翻訳者が上のように簡潔に表現したのである。

『法華経』には龍女の成仏が説かれているので、日本においては女人成仏の根拠として『法華経』が重視された。近年、フェミニズムの立場から仏教の女性差別を批判する議論が盛んになりつつあるが、この「変成男子」は格好の女性差別としてしばしば取り挙げられる。また、上の舎利弗の発言にある「五障《ごしょう》」（女性は梵天王・帝釈・魔王・転輪聖王・仏身になることができないとされること。魔王は梵本では四天王になっている）や、ここには出ないが、「三従《さんじゅう》」（女性は幼いときは父に従い、結婚しては夫に従い、老いては息子に従うこと）の考えが女性差別として取り挙げられる。

確かに、女性がその身そのままで成仏できず、男性に変身してから成仏するという考えは、女性にとっては屈辱的に感じられるであろう。阿弥陀如来の極楽浄土に女性の存在しないことが誇らしげに語られ、四十八願の中にも、女性が男性に変身して往生できることが説かれていることは有名である。なぜ、このような話が出てきたかと言えば、仏の備える三十二種類の肉体的特徴（三十二相）の中に陰馬蔵相《おんめぞうそう》というものがある。これは仏の男根は馬のように平生《へいぜい》は体内に隠れており、排尿のときだけ出てくるというものである。したがって、仏は男根を持つ男性に限定されることになる。大乗仏教においても、その多くは、仏が男性でなければならないという思想の枠組みを相対化させ、さらに突破することはできなかったのである。そこで、大乗仏教が救済を女性に開放するための表現の方法が「男子に変身する」

という奇妙なものになったのである。ただし、女性が男性に変身できるということは、男性、女性の性差を絶対的なものとして固定していないということであり、この点、『維摩経』のように、空の思想によって、男性、女性の性差を固定的に捉える考えを乗り越えたものと一脈通じると言えよう。ともあれ、宗教思想も時代の持つ思想の制約からなかなか解放されないし、下手をすると解放されるどころか自ら積極的に助長、荷担《かたん》する場合のあることは、日本の業の思想の受容などに典型的に見られる。

なお、竺法護訳『海龍王経』巻第三、女宝錦受決品《にょほうきんじゅけつ》のように、女性の即身成仏を説く経典も実際にはあることを考えると、インド社会における女性蔑視の状況の中で、できるだけ伝統的な価値観と衝突を避ける妥協的な形で女性の救済を説くために、変則的な「変成男子」説を採用したという考えも成立する余地があるであろう。

〔13〕勧持品（かんじほん）

六難九易を通して『法華経』が受持し難いことを明かした見宝塔品を受けて、薬王菩薩・大楽説菩薩たちの『法華経』の受持・弘通の決意、五百の阿羅漢・授記された八千の声聞の娑婆世界以外の国土における『法華経』の受持・弘通の決意が披瀝《ひれき》される。次に、摩訶波闍波提《まかはじゃはだい》比丘尼と耶輸陀羅《やしゅだら》比丘尼などの比丘尼に対して、成仏の記別が授けられる。理論的には、授学無学人記品までで声聞に対する授記は完了しているのであるが、これらの比丘尼に対しては具体的な名を挙げて授記しなかったので、この勧持品で授記するのである。話の展開からすると、ここに比丘尼への授記があるのは唐突な印象を否めない。最後に、菩薩たちがいわゆる勧持品二十行の偈を説いて、いかなる迫害、法難にも堪え忍んで『法華経』を受持・弘通する決意を宣言する。

（1）薬王菩薩・大楽説菩薩・五百の阿羅漢などの弘経の決意

【訳】 そのとき、薬王菩薩摩訶薩や大楽説菩薩摩訶薩は二万の菩薩の眷属《けんぞく》とともに、みな仏の前でこのような誓いを立てて言った、「どうか世尊よ、心配しないでください。私たちは仏が涅槃に入った後に、この経典を受持し、読み、誦し、説こう。（仏が涅槃に入った）後の悪世の衆生は善行がますます少なくなり、おごり高ぶる心が多く、利益や供養を貪り、多く悪行を行い、解脱から遠ざかる。教化することは難しいけれども、私たちは偉大な忍耐の力を生じて、この経を読み、誦し、受持し、説き、書写し、さまざまな仕方で供養し、身命を惜しまない」と。

その時、大勢のものたちの中の五百の阿羅漢で記別を受けることのできたものが仏に申し上げた、「世尊よ。私たちも自ら誓う。（娑婆世界と）異なる国土で、この経を敷衍して説く」と。

また、有学・無学の八千人で記別を受けることのできたものが座席から起ち上がって合掌して仏に向かい、このような誓いを立てて言った、「世尊よ。私たちも（娑婆世界以外の）他の国土で、この経を敷衍して説く。その理由は何か。この娑婆国の人々は悪が多く、おごり高ぶる心を持ち、功徳は少なく、怒り、汚《けが》れ、へつらいが多く、心が誠実でないからである」と。

【訓読】 爾の時、薬王菩薩摩訶薩、及び大楽説菩薩摩訶薩は二万の菩薩の眷属と倶《とも》に、皆な仏の前に於て是の誓いを作して言わく、「唯だ願わくは世尊よ、以て慮《うらおもい》を為さざれ。我れ等は仏滅後に於て、当に此の経典を奉持《ぶじ》・読・誦して説かん。後の悪世の衆生は善根転《うた》た少なく、増上慢多く、利供養を貪り、不善根を増し、解脱を遠離《おんり》す。教化す可きこと難しと雖も、我れ等当に大忍力を起し、此の経を読・誦し、持・説・書写し、種種に供養し、身命を惜しまず」と。

爾の時、衆の中の五百の阿羅漢の記を受くることを得る者、仏に白して言わく、「世尊よ。我れ等も亦た自ら誓願す。異なる国土に於て、広く此の経を説かん」と。

復た学・無学の八千人の記を受くることを得る者有り、座従り起ちて合掌して仏に向かい、是の誓いを作して言わく、「世尊よ。我れ等も亦た当に他の国土に於て、広く此の経を説かん。所以は何ん。是の娑婆国の中の人は弊悪多く、増上慢を懐き、功徳浅薄、瞋濁《しんじょく》諂曲《てんごく》にして、心実ならざるが故なり」と。

【解説】 薬王菩薩や大楽説菩薩が仲間の二万の菩薩とともに、仏が涅槃に入った後に『法華経』の受持・弘通を誓う。そして、仏が涅槃に入った後の悪世の衆生は宗教的なレヴェルがきわめて低く、教化することが困難であるので、これらの菩薩たちは「大忍力」を生じる必要のあることが示されている。この点は、後出の二十行の偈において具体的に明かされる。

次に、授記された五百の阿羅漢が『法華経』の弘通を誓い、また授記された八千の声聞たちが同じように『法華経』の弘通を誓うが、菩薩の誓いと相違して、彼らの場合は、娑婆世界以外の他の国土における弘通と限定している。その理由は、菩薩の誓いの中に言及されていたことと同じく、釈尊滅後の悪世の人々の宗教的なレヴェルがきわめて低いことが指摘されている。つまり、声聞には菩薩の誓ったような「大忍力」が欠如しているので、とうてい娑婆世界の衆生を相手に『法華経』を弘通することはできないことを意味しているのである。

法師品以降、一貫して、娑婆世界において、釈尊滅後の『法華経』の受持・弘通を担うことのできるものはいったい誰なのかがテーマになっているが、この勧持品では、とりあえず声聞ではないことが指摘されたことになる。

（2） 摩訶波闍波提と耶輸陀羅への授記・比丘尼の『法華経』弘通の決意

菩薩・声聞たちが『法華経』の受持・弘通を誓ったとき、摩訶波闍波提（Mahāprajāpatī）比丘尼と六千人の有学・無学の比丘尼らはともに座席より起ち上がって、ひたすら釈尊に合掌し、けっして目をそらさず尊い顔を仰ぎ見た。

この摩訶波闍波提は釈尊の生母、摩耶夫人《まやぶにん》の妹で、摩耶夫人が釈尊を出産して七日後に亡くなった後に、浄飯王《じょうぼんのう》の後妻になった。したがって、釈尊の叔母《おば》であり、養母となった人である。後に、阿難の口添えで女性としてはじめて出家した人として有名である。

釈尊は摩訶波闍波提に、「なぜ心配顔で如来を見るのか。あなたは心の中で仏が自分の名を説いて最高の正しい悟りの記別を授けてくれないと思っているのではないか。憍曇弥《きょうどんみ》（Gotamī. 摩訶波闍波提の姓）よ。私はすべての声聞にたいしてみな授記したと先に総説した。今、あなたが記別を知ろうとするならば、将来の世で六万八千億の仏たちの法において偉大な法師となるであろう。また六千の有学・無学の比丘尼も一緒に法師となるであろう。あなたはこのようにしてしだいに菩薩道を備えて成仏することができ、一切衆生喜見《いっさいしゅじょうきけん》（Sarvasattvapriyadarśana）という名の仏になるであろう。憍曇弥よ。この一切衆生喜見仏は、六千人の菩薩にたいして次々に最高の正しい悟りを得るという記別を授けるであろう」と語る。

そこで、今度は釈尊の出家以前の妻であった耶輸陀羅比丘尼が自分はまだ授記されていないと心に思ったので、釈尊は耶輸陀羅にも具足千万光相（Raśmiśatasahasraparipūrṇadhvaja）という名の仏になるであろうと授記する。そして、授記された彼女たちは、娑婆世界以外の他の国土で『法華経』を弘通することを誓う。

（3）菩薩の忍難弘経の決意──二十行の偈

【訳】 そのとき、世尊は八十万億那由他の多くの菩薩摩訶薩たちを見た。これらの多くの菩薩はみな不退転の位に達し、（人々を悟りから）逆戻りさせない教えを説き、多くの呪文を得ている。すぐに座席から起ち上がって、仏の前に行き、ひたすら合掌してこのように思った、「もし世尊が私たちにこの経を受持し説くことを命令するならば、仏の言いつけ通りに、この法を敷衍して述べよう」と。またこのように思った、「仏は今、沈黙して命令されない。私はいったいどうすればよいのか」と。

そこで、多くの菩薩は仏の心にたいし尊敬し従って、あわせて自らかつての誓願を満たそうと思って、そのまま仏の前で、ライオンのような叫び声で誓いを述べた、「世尊よ。私たちは如来が涅槃に入った後に、十方の世界を行ったり来たり巡り歩いて、衆生がこの経を書写し、受持し、読み、誦し、その意義を解説し、教えの通り修行し、正しく記憶するようにさせることができる。（これらは）すべて仏の威力である。どうか世尊よ、他方（の国土）で、遠くから守護してくださいますように」と。

【訓読】 爾の時、世尊は八十万億那由他の諸の菩薩摩訶薩を視《み》る。是の諸の菩薩は皆な是れ阿惟越致《あゆいおっち》にして、不退の法輪を転じ、諸の陀羅尼《だらに》を得。即ち座従り起ちて、仏の前に至り、一心に合掌して是の念を作さく、「若し世尊、我れ等に此の経を持ち説くことを告勅《こくちょく》せば、当に仏の教えの如く、広く斯の法を宣《の》ぶ」と。復た是の念を作さく、「仏は今黙念として、告勅されず。我れ当に云何にすべき」と。

時に諸の菩薩は仏の意に敬順《きょうじゅん》し、並びに自ら本願を満たさんと欲し、便《すなわ》ち仏の前に於て、師子吼《ししく》を作して誓いを発して言わく、「世尊よ。我れ等は如来の滅後に於て、十方世界に周旋往返《しゅうせんおうへん》して、能く衆生をして此の経を書写し、受持・読・誦し、其の義を解説《げせつ》し、法の如く修行し、正しく憶念せしむ。皆な是れ仏の威力なり。唯だ願わくは世尊よ、他方に在りて、遙かに守護せられんことを」と。

【解説】 ここで、八十万億那由他の菩薩が釈尊滅後の『法華経』の受持・弘通を、釈尊に命令されることを望むが、釈尊は沈黙を守ってその望みに応えないので、菩薩たちは『法華経』弘通を誓い、また釈尊の守護を期待する。

その後、菩薩たちは自分たちの固い決意、不退転の誓いを偈頌に託して明らかにする。これが有名な勧持品二十行の偈と呼ばれるものである。五字四句を一行として数えているので、二十行とは二十の偈頌を意味するが、漢訳では必ずしも五字四句を一偈としていない箇所もある。つまり五字六句や、五字二句を一偈としている場合もある。また、一つの偈は必ずしもそれで意味が完結せず、複数の偈でまとまっている場合もある。したがって、以下、通し番号を付けて、内容を紹介するが、複数の偈をまとめた場合もある。

① どうか心配しないでください。仏が涅槃に入った後、恐怖に満ちた悪世において、私たちは『法華

経』を敷衍して説く。

② 多くの智慧のない人々が（私たちの）悪口を言い罵倒《ばとう》しても、また刀で切りつけ杖で打っても、私たちはみな忍耐する。

③ 悪世の比丘は邪《よこしま》な智慧があり、心にへつらいがあり、まだ悟りを得ていないのに得たと思い込んで、高ぶる心が満ちている。

④ ぼろきれを綴《つづ》り合わせて作った衣を着て森林のような誰もいない静かなところで、自ら真実の道を修行していると思い込んで、人間社会を軽蔑するものがいるであろう。

⑤ 利得を貪るために、在家信者のために教えを説き、六神通を得た阿羅漢のように世の人々に尊敬されるであろう。

⑥ これらの人は悪心を持って、いつも世俗の事がらを気にかけ、表面は森林の静かな場所という名声を誇り、喜んで私たちの過失を言い立てる。

⑦・⑧ そして、次のような発言をする。「これらの比丘たちは利得を貪るために、外道の議論を説いて、自らこの経典を作り、世間の人々を迷わせ、名声を求めるために、この経をこと分けして説くのである」と。いつも大勢の人々の中で、私たちを非難しようとする。

⑨・⑩ それゆえ、国王・大臣・婆羅門・居士《こじ》やその他の比丘たちに向かって、（私たちを）誹謗《ひぼう》し、私たちの悪を説き、「これらは邪見の人であり、外道の論議を説いている」と言う。私たちは仏を尊敬するから、すべてこれら多くの悪を忍耐する。

⑪ これらの人に軽んじられて「あなたたちはみな仏である」と言われる。このような軽蔑的な言葉も

すべて忍耐して受け入れる。

⑫　濁った時代の悪世には多くの恐怖があり、悪鬼がその体に入ったような人々は、私たちを罵倒し、非難し辱《はずかし》める。

⑬　私たちは仏を尊敬し信じるから忍辱という鎧《よろい》を身につけるべきである。この経を説くために、これらの多くの困難な事がらを忍耐する。

⑭　私たちは身命に愛着せず、ただこのうえない悟りだけを惜しむ。私たちは来世で仏に委ねられたことを大切に守る。

⑮・⑯・⑰　世尊は自ら知っているはずである。濁った世の悪比丘たちは、仏が巧みな手段によって相手の都合に合わせて説いた法を知らず、（『法華経』の信仰者にたいして）悪口を言い、眉をしかめ、しばしば追放し、塔や寺から遠ざけることを。このような多くの悪がある。仏の命令を心に思うために、すべてこのような事がらを忍耐するべきである。

⑱　多くの村落・城市で、法を求めるものがいれば、私たちはみなそこに行って、仏の委ねられた法を説く。

⑲　私たちは世尊の使者であり、多くの人々のところにいても、恐れるものはない。私たちは巧みに法を説こう。どうか仏よ、安らかにとどまってください。

⑳　私たちは世尊と、あらゆる来集された十方の仏たちの前で、このような誓いの言葉を立てた。仏よ、自ら私たちの心をお知りください。

以上、悪世における悪比丘の実態と、具体的な迫害を堪え忍ぶ決意が明らかにされた。とくに、⑧において、勝手に『法華経』を作り、世間の人々を迷わせるという非難を浴びせられることに言及しているが、これは伝統的保守的な仏教教団（部派）から大乗非仏説を指摘されたことを指すのであろう。部派の聖典が釈尊の正しい伝承に基づくという自信から、大乗経典を勝手な偽作と断じたことが、このような記述から推定されるのである。もちろん、大乗仏教の立場からは、大乗経典こそ釈尊の真実の教えであるという宗教的確信に基づいて、これに反論したであろうことも想像に難くない。

[14]　安楽行品（あんらくぎょうほん）

勧持品における菩薩たちの『法華経』弘通の誓願を受けて、釈尊滅後の悪世における弘通の方法として、身・口・意・誓願の四つに関する安楽行（四安楽行）を説く。この四安楽行の名称については注釈家によって解釈が相違するが、いまは一説にしたがう。また、髻中《けちゅう》明珠《みょうしゅ》の譬喩が説かれる。

（1）如来滅後の悪世における四安楽行

【訳】　そのとき、文殊師利という法王の子である菩薩摩訶薩は仏に申し上げた、「世尊よ。これらの菩薩たちはとても稀な存在である。仏にたいして尊敬し従うので、偉大な誓願を立てた。『（仏が涅槃に入った）後の悪世で、この『法華経』を護持し、読み、誦し、説こう』と。世尊よ。菩薩摩訶薩は後の悪世で、どのようにこの経を説くことができるのか」と。

仏は文殊師利に告げた、「もし菩薩摩訶薩が後の悪世で、この経を説こうとするならば、当然四つの方法に身を落ち着けるべきである。……」と。

【訓読】 爾の時、文殊師利法王子菩薩摩訶薩は仏に白して言わく、「世尊よ。是の諸の菩薩は甚《はなは》だ有ること難しと為す。仏に敬順《きょうじゅん》するが故に大誓願を発す。『後の悪世に於て、護持し、読み、誦し、是の法華経を説く』と。世尊よ。菩薩摩訶薩は後の悪世に於て、云何《いか》んが能く是の経を説く」と。

仏は文殊師利に告ぐらく、「若し菩薩摩訶薩、後の悪世に於て、是の経を説かんと欲すれば、当に四法に安住すべし。……」と。

【解説】 文殊菩薩が勧持品で示された菩薩たちの誓願を讃え、これらの菩薩たちは稀有の存在であると言う。そのうえで、釈尊滅後の悪世における『法華経』の弘通の方法を尋ねるのである。仏は四安楽行を明らかにする。

(2) 第一の安楽行――身の安楽行

内容を簡潔に整理しよう。第一は身の安楽行である。これに行処《ぎょうしょ》と親近処《しんごんしょ》とがある。行処とは善い行いのことで、親近処は交際範囲のことである。

行処については、忍辱の境地にとどまり、優しく穏やかで善く調えられて従順であり、慌《あわただ》しくなく、心の中で驚かず、また法を実体視して捉えることなく、多くの法のありのままの様相を観察して、実体視して捉えることもなく分析もしない、と説明される。

次に、親近処については二つに分類され、第一の親近処については具体的に近づいてはならないものを列挙している。交際範囲を限定するのである。国王・太子・大臣・役人の長などの政治権力者、仏教以外の宗教家たち、詩書を作る人、悪い遊び人、格闘技家、役者、旃陀羅（Caṇḍāra. 不可触賤民）、動物の屠殺業者などに近づいてはならないと戒められている。ここには職業に対する差別思想が見られ、一切衆生の成仏を目指したはずの『法華経』の立場と相容れないものを感じるが、女性に対する差別と同様、時代思潮の制約から自由になっていない限界のあることを認識するべきである。

これらの人々に近づいてはならないが、このような人々が向こうからやって来たならば、法を説いても何も期待してはならないと言われる。以下、注意が列挙される。声聞を求める四衆に近づいてはならないし、挨拶もしてはならない。部屋、経行《きょうぎょう》（禅定をしているときに、眠気や足のしびれを解消するために歩き回ること）する場所、講堂などに一緒にいてはならない。向こうから来たならば、都合に合わせて法を説いても、何も期待してはならない。

また、女性に対して情欲を起こして法を説いてはいけないし、見たいと思ってもならない。他人の家に入ったときに、少女、処女、寡婦《かふ》と語ってはならない。また、五種類の性的不能者（生まれつき男根のない不生男《ふしょうなん》・男根を切除した犍《けん》不男・他のみだらな事を見て、嫉妬によってはじめて男根を勃起させる妬《と》不男・女性にたいしては女根が生じ、男性にたいしては男根が生じる変《へん》不男・月の半分だけ男根が役に立つ半《はん》不男）に親しんではならない。

一人だけで他人の家に入ってはならないし、もしどうしてもその必要がある場合は、ひたすら心に仏を思いなさい。女性のために法を説くときには、歯をむき出して笑ってもいけないし、胸部を露出させてもいけない。仏法のためであっても、親しんではならないのであり、まして他の事がらのために親しんではならない。年若い弟子、沙弥、少年を保有してはならない。また、師を同じくすることを願ってはならない。いつも坐禅を好み、静かな場所で、心を散乱させないように修行しなさい。以上が第一の親近処である。

第二の親近処は、内容的に空の認識にかかわるものである。すべての存在は空であり、ありのままの様相であり、ひっくり返っておらず、動かず、退かず、転ぜず、虚空のように実体的な本質がなく、すべての言語表現の方法が途絶《とだ》え、生ぜず、出ず、起こらず、名称がなく、様相がなく、本当に実体がなく、計量することもできず、限界もなく、妨げもなく、障害もないと観察しなさい。ただ（空であるが、すべての存在は）原因・条件によってあり、ひっくり返った考えから生じるだけである。それゆえ、常に好んでこのような存在の様相を観察することを説くのである。これが第二の親近処と規定される。

要するに、第一の親近処は具体的な交際範囲の限定であり、第二の親近処は空の認識という精神的な構えをいう。

（3）第二の安楽行——口の安楽行

第二は口の安楽行である。これは言葉に関する注意を指す。釈尊が涅槃に入った後、末法（正しい法の衰える時代）において、『法華経』を弘通しようとするならば、進んで人の過失や『法華経』以外の過失を説いてはならないし、他の法師を軽蔑してもならない。他の人の好き嫌いや長所・短所をあげつらってはならない。声聞の人に対して、名を挙げて悪いところを説いたり、善いところを褒めてはならない。恨んだり嫌ったりする心を生じてはならない。巧みにこのような安楽な心を修めているので、（そのような）あらゆる聴衆に対して、その心に逆らってはならない。批判的な質問をされても、小乗の法によって答えてはならない。ただ大乗だけによって彼らのために解説し、完全な仏の智慧を得させなさい。以上のように、発言に関する具体的な注意を示している。

（4）第三の安楽行——意の安楽行

第三は意の安楽行である。心のあり方に関する注意である。末世で法が滅しそうなときに、『法華経』を受持・読誦しようとするものは、嫉妬やへつらい・欺《あざむ》きの心を持ってはならない。また、仏道を求めるものを軽蔑してその長所・短所を求めてはならない。声聞・縁覚・菩薩を求める四衆にたいして、これを悩ませ、疑い後悔させ、「あなたたちは道からはるかに遠く、最終的に完全な仏の智慧を得ることができない。その理由は何か。あなたたちは勝手気ままであり、道について怠けているからである」と言ってはならない。また、勝手に多くの法について議論し、争ってはならない。すべての衆生について大悲の心を生じ、如来たちについて慈父と思い、菩薩たちについて偉大な師と思うべきである。十方の偉大な菩薩たちを常に心底から尊敬し礼拝すべきである。すべての衆生にたいして平等に法を説きなさい。法に従うから、（法について）多くも少なくも説かず、乃至、法に愛着するものに対しても多く説かないようにしなさい。

以上のような第三の意の安楽行を実現するものは、『法華経』を説くとき、自分を悩ませ乱すものはおらず、一緒に『法華経』を読誦するすばらしい同学のものを獲得し、またやって来て『法華経』を聞き、聞いて受持し、受持して暗唱でき、暗唱して説くことができ、説いて書写することができ、他人に書写させ、経典を供養し、尊敬し、尊重し、讃歎する大勢の人々を獲得する。

以上が第三の意の安楽行であるが、厳密には心のあり方だけでなく、発言などの要素も含まれているが、ポイントは嫉妬やへつらい・欺きの心を持ってはならないという心構えなのであろう。

(5) 第四の安楽行――誓願の安楽行

第四は誓願の安楽行である。釈尊滅後の末世で法が滅しそうなときに、『法華経』を受持するものは、在家・出家の人々にたいしては偉大な慈しみの心を生じ、菩薩でない人々にたいしては偉大な同情の心を生じて、「このような人々は如来の巧みな手段による、相手の都合に合わせた説法をまったく失い、聞かず、知らず、悟らず、質問せず、信ぜず、理解しない。その人々は『法華経』について質問せず、信ぜず、理解しないけれども、私は最高の正しい悟りを得るとき、どこにいようとも、神通の力と智慧の力によってこれらの人々を導いて『法華経』に身を落ち着けることができるようにさせよう」と思うべきである。

この第四の安楽行を実現するものは、『法華経』を説くとき過失はない。常に四衆や国王・王子・大臣・人民・婆羅門・居士などに供養され、尊敬され、尊重され、讃歎される。虚空にいる神々は『法華経』を聞くために常にそばに仕える。村落、城市、誰もいない静かな場所、林の中にいるとき、ある人がやって来て批判的な質問をしようとすれば、神々は昼夜常に『法華経』のためにこれを守護し、聴衆がみな歓喜するようにさせることができる。その理由は何か。『法華経』は過去・現在・未来のすべての仏たちの神通力によって守られているからである。

以上が第四の誓願の安楽行であるが、偉大な慈悲の心を生じ、『法華経』による衆生の救済を誓願することがポイントである。

（6） 髻中明珠の譬喩とその意味

『法華経』が無量の国で、その名前を聞くこともできず、ましてや見たり、受持したり、読誦したりすることもできないとして、それを髻中明珠の譬喩として示す。

譬喩の内容は以下の通りである。強力な転輪聖王がその他を圧する勢力によって多くの国を征服しようとするとき、多くの小国の王はその命令に従わなかった。そのとき、転輪聖王はさまざまな軍隊を起こして討伐《とうばつ》に行かせた。王は戦功《せんこう》のある兵隊を見ると、大いに歓喜して、戦功にしたがって、田・屋敷などのさまざまな恩賞を与えるが、髻《もとどり》の中の輝く宝珠《ほうじゅ》だけは与えない。その理由は何かと言うと、王だけがその頭頂にこの一つの宝珠があるからである。もしこれを与えるならば、王の多くの仲間たちがきっと大いに驚き不思議に思うからである。

以上が譬喩の内容である。この譬喩の思想的な意味について、釈尊は文殊菩薩に次のように解説する。如来は禅定と智慧の力によって法の国土を獲得して三界の王である。ところが、魔王は如来に服従しようとしない。そこで、如来の賢人・聖人などの将軍はこの魔王と戦う。その戦功のあるものには、如来は心の中で歓喜して、彼らのために多くの経を説き、彼らの心を喜ばせ、禅定・解脱・煩悩の汚れを離れた五根（信《しん》・勤《ごん》・念《ねん》・定《じよう》・慧《え》の五種の根）・五力（信・勤・念・定・慧の五種の力）などの法の財産を与え、また、涅槃という城を与え、涅槃の境地を得たと言って、彼らの心を導いてすべて歓喜させる。ところが、この『法華経』は説かない。

転輪聖王は大きな戦功のある兵隊を見て、心の中で大いに歓喜して、この信じ難き珠が長く髻の中にあるのをみだりに人に与えないのに、今これを与えるように、如来もまた同様に、三界における法王であるから、法によってすべての衆生を教化する。賢人・聖人の軍隊が五陰《ごおん》・煩悩・死という魔と戦って大きな戦功があり、貪り・瞋《いか》り・癡《おろ》かさの三毒を消滅させ、三界を超出して魔の網を破るのを見て大いに歓喜し、衆生を完全な仏の智慧に到達させることのできる『法華経』、すべての世間で恨みが多く信じ難いのでまだこれまで説いたことのない『法華経』を、今説くのである。

この『法華経』は如来たちの最高の説で、多くの説の中で最も深遠なものであり、最後に与える。あたかも強力な王が長い間守ってきた輝く宝珠をやっと与えるようなものである。この『法華経』は仏・如来たちの秘密の教えの蔵であるから、多くの経の中で最高の存在であり、長く守護してみだりに説かないのに、はじめて今日やっとこの会座に集った人々のために敷衍して説くのである。

以上が譬喩とその意味である。この譬喩は『法華経』の七喩の一つに数えられる。譬喩の趣旨は、これまでの釈尊の長い教化において『法華経』を説いてこなかったが、今はじめて『法華経』を説くことを強調したものである。

以上、安楽行品の内容を解説したが、法師品以降、釈尊滅後に『法華経』を弘通するものはいったい誰かという問題関心の流れがあった。安楽行品においては、その答えはまだ与えられず、『法華経』弘通の方法について、具体的な指導がなされている。智顗《ちぎ》の分科によれば、ここまでが迹門であり、次の従地涌出《じゅうじゆじゅっ》品から本門になる。いよいよ従地涌出品において、『法華経』弘通の主体者が登場することになるのである。

[15] 従地涌出品 (じゅうじゆじゅっほん)

この品で、釈尊滅後の『法華経』の受持・弘通の主体者がはじめてその正体を現わす。他方の国土からやって来た八恒河沙《ごうがしゃ》を超過する多数の菩薩たちが釈尊滅後の『法華経』弘通を誓ったが、釈尊はこれを拒絶し、その理由として、自分のこの娑婆世界に六万恒河沙の菩薩がいて、『法華経』を弘通するからであると言う。そのとき、娑婆世界の下の虚空《こくう》に住んでいた六万恒河沙の地涌《じゆ》の菩薩が大地を割って出現したのである。このような見たことも聞いたこともない大菩薩が出現したので、弥勒菩薩や八千恒河沙の菩薩たちは疑問に思い、序品と同じように弥勒菩薩が代表して、これらの菩薩はいったいいかなる存在かを釈尊に質問する。釈尊は弥勒菩薩の質問を褒め讃えてから、これらの菩薩は自分が成仏してから教化した弟子であると答える。しかし、弥勒菩薩は、釈尊はまだ成仏して間もない(四十余年)のに、これほど多くの弟子がいることは納得できないと思って、さらにこのような疑惑を晴らしてくださいと、釈尊にお願いする。

(1) 他方の菩薩の『法華経』弘通の誓いと釈尊の拒絶

他方の国土からやって来た八恒河沙を超過する多数の菩薩たちが大勢の人々のなかで、釈尊に、釈尊滅後、この娑婆世界において『法華経』を熱心に努力して護持し、読誦し、書写し、供養することを許可していただけるならば、自分たちはこの娑婆世界において『法華経』を敷衍して説こうと申し上げる。ところが、釈尊はそれらの菩薩たちに、あなたたちがこの『法華経』を護持する必要はないと言う。その理由として、釈尊は、この娑婆世界には六万恒河沙の菩薩がいて、それぞれの菩薩にはさらに六万恒河沙の仲間がいて、私の涅槃に入った後にこの『法華経』を護持し、読誦し、敷衍して説くことができる、と答える。

ここにはじめて、法師品以降の課題であった釈尊滅後の『法華経』の受持・弘通の主体者が釈尊の口から、その存在を示唆されるのである。

（2）六万恒河沙の菩薩（地涌の菩薩）の出現と釈尊への挨拶

［訳］　仏がこのことを説いたとき、娑婆世界の三千大千の国土は、大地がすべて震動して裂け、その中から計量することもできない千万億の菩薩摩訶薩たちが同時に涌出《ゆじゅつ》した。これらの菩薩たちは身体がすべて金色で、三十二相を備え、計量することもできない光明を放っていた。以前からすべて娑婆世界の下、この世界の虚空の中に住んでいた。これらの菩薩たちは釈迦牟尼仏の説く声を聞いて、下からやって来た。一々の菩薩はすべて大勢のものたちの指導者であり、それぞれ六万恒河沙に等しい数の仲間を引き連れていた。まして五万、四万、三万、二万、一万恒河沙に等しい数の仲間を引き連れている者

たちがいるのはなおさらである。まして、ないし一恒河沙、二分の一の恒河沙、四分の一の恒河沙、ないし千万億那由他分の一の恒河沙（の仲間を引き連れている者たちがいることは）なおさらである。まして千万億那由他の仲間（を引き連れている者たちがいることは）なおさらである。まして億万の仲間（を引き連れている者たちがいることは）なおさらである。まして千万、百万、ないし一万（の仲間を引き連れている者たちがいることは）なおさらである。まして千、百、ないし十（の仲間を引き連れている者たちがいることはなおさらである。まして五、四、三、二、一人の弟子を引き連れている者たちがいることはなおさらである。ましてただ自分だけで、（人々から）遠ざかる修行を好む者がいることはなおさらである。このような者たちは計量することもできず、限界もなく、計算や譬喩によっても知ることができないほど多かった。

これらの菩薩たちは大地から出現してから、それぞれ虚空の七宝でできた妙なる塔の中の多宝如来と釈迦牟尼仏のもとに行き、到着してから二人の世尊に向かって、額に足をつける敬礼をし、乃至、多くの宝石でできた樹木の下の師子座の上の仏のもとで、またみな敬礼をして、三度右に回り、合掌し、尊敬して、菩薩たちのさまざまな讚える仕方で讚歎し、片隅にとどまり、喜んで二人の世尊を仰ぎ見た。これらの菩薩摩訶薩たちは大地から涌出して、菩薩たちのさまざまな讚える仕方で仏を讚えた。このようにして五十小劫という時間が経過した。

このとき、釈迦牟尼仏は沈黙したまま坐っていた。四衆たちもまたすべて五十小劫の間沈黙していた。仏の不可思議な力のために大勢の者たちに（五十小劫を）半日のように思わせた。そのとき、四衆もまた仏の不可思議な力のために、多くの菩薩たちが計量することもできない百千万億の多数の国土の虚空にくまなく満ちるのを見た。これらの菩薩の集団の中に、四人の指導者がいた。第一に上行《じょうぎょう》という名で、第二に無辺行《むへんぎょう》という名で、第三に浄行《じょうぎょう》という名で、第四に安立行《あんりゅうぎょう》という名である。これらの四人の菩薩たちはその集団の中で最も上座の指導者であった。大勢のものたちの前で、それぞれ一緒に合掌し、釈迦牟尼仏を見て、「世尊よ。病や悩みが少なく安楽にお過ごしですか。救済すべき者たちはたやすく教えを受けますか。世尊に疲労を生じさせませんか」と、ごきげんを伺《うかが》った。

【訓読】 仏、是れを説く時、娑婆世界の三千大千の国土[1]は、地皆な震裂《しんれつ》し、其の中於《よ》り無量千万億の菩薩摩訶薩有りて、同時に涌出す。是の諸の菩薩は身皆な金色にして、三十二相[2]と無量の光明有り。先に尽《ことごと》く娑婆世界の下、此の界の虚空の中に在りて住す。是の諸の菩薩は釈迦牟尼仏の説く所の音声《おんじょう》を聞いて、下従り発来《ほっらい》す。一一の菩薩は皆な是れ大衆の唱導の首《しゅ》にして、各六万恒河沙等の眷属を将《ひき》いる。況《いわ》んや五万、四万、三万、二万、一万恒河沙等の眷属を将いる者をや。況んや復た乃至《ないし》一恒河沙、半恒河沙、四分の一、乃至千万億那由他分の一なるをや。況んや復た千万億那由他の眷属なるをや。況んや復た億万の眷属なるをや。況んや復た千万、百万、乃至一万なるをや。況んや復た一千、一百、乃至一十なるをや。況んや復た五、四、三、二、一の弟子を将いる者をや。況んや復た単《た》だ己のみにして、遠《おん》離《り》の行を楽しむをや。是くの如き等の比《たぐい》は無量無辺にして、算数《さんじゅ》も譬喩も知ること能わざる所なり。

是の諸の菩薩は地従り出で已りて、各虚空の七宝の妙塔の多宝如来と釈迦牟尼仏の所に詣《いた》り、到り已りて二世尊に向かいて、頭面《ずめん》に足を礼し、乃至、諸の宝樹の下の師子座の上の仏の所にて、亦た皆な礼を作し、右に遶《めぐ》ること三匝《そう》し、合掌し恭敬して、諸の菩薩の種種の讃法《さんぽう》を以て、讃歎し、一面に住して、欣楽《ごんぎょう》して二世尊を瞻仰《せんごう》す。是の諸の菩薩摩訶薩は地従り涌出して、諸の菩薩の種種の讃法を以て仏を讃《たた》う。是くの如くして時間、五十小劫を逕《ふ》。

是の時、釈迦牟尼仏は黙然《もくねん》として坐す。及び諸の四衆も亦た皆な黙然たること五十小劫なり。仏の神力の故に、諸の大衆をして半日の如しと謂《おも》わしむ。爾の時、四衆も亦た仏の神力を以ての故に、諸の菩薩の無量百千万億の国土の虚空に遍満するを見る。是の菩薩衆の中に、四導師有り。一に上行[3]と名づけ、二に無辺行[4]と名づけ、三に浄行[5]と名づけ、四に安立行[6]と名づく。是の四菩薩は其の衆の中に於て最も上首の唱導の師と為す。大衆の前に在りて、各共に合掌し、釈迦牟尼仏を観じて、問訊《もんじん》して言わく、「世尊よ。少病少悩にして、安楽に行うや。応に度すべき所の者は、教えを受くること易《やす》きや。世尊をして疲労を生ぜしむるや」と。

1【三千大千の国土】三千大千世界と同じ。十の九乗個の世界。2【三十二相】仏と転輪聖王だけが備えるという三十二種の肉体的特徴のこと。ここでは地涌の菩薩も備えるとされているのが注目に値する。3【上行】Viśiṣṭa-cāritra. 優れた修行を行う者の意。4【無辺行】Ananta-cāritra. 無限の修行を行う者の意。5【浄行】Viśuddha-cāritra. 清浄な修行を行う者の意。6【安立行】Supratiṣṭhita-cāritra. 確固とした修行を行う者の意。

【解説】 他方の国土からやって来た菩薩の申し出を制止する釈尊の声に応じて、三千大千世界の広がりを持つ娑婆世界の大地が震動しながら裂け、その裂け目から無数の菩薩たちが涌出（水が涌くように出現すること）する。そこで、彼らを地涌《じゆ》（大地から涌出する意）の菩薩と呼ぶ。これらの菩薩たちは、普通、仏と転輪聖王だけが備えると言われる三十二相を備えているとされるのであるから、仏と同じくすばらしくりっぱな姿と表現されていることになる。そして、彼らは涌出する以前、娑婆世界の下方の虚空にいたとされる。仏教の世界観によれば、虚空の中に世界は浮かんでいるのである。何もない虚空に、衆生の業の力によって、どこからともなく風が吹いてきて、それが風輪《ふうりん》の層となる。その上に水がたまって水輪《すいりん》の層ができ、さらにその上に金輪《こんりん》の層ができ、その上に大地、山、海があるのである。したがって、大地が裂けて、下まで突き抜ければ、そこは虚空なのであり、地涌の菩薩が虚空に住んでいたとされるのも納得できるであろう。では、大地の下方であって、上方とされないのはなぜであろうか。それは須弥山の上方は神々の住む世界とされるからであろう。神々は仏教では六道の一つで、輪廻する存在であるから、菩薩に比《くら》べればその位は低いのである。

地涌の菩薩たちは三十二相を備えているように、その姿がりっぱであるばかりでなく、その数が六万恒河沙というおびただしい数であることに驚かされる。しかも、一人一人の菩薩がこれまた多数の仲間（眷属）を引き連れており、多いものは六万恒河沙の仲間がいるのである。地涌の菩薩たちは大地の下から出現してから、多宝如来、釈尊、分身仏にご挨拶し、仏たちを褒め讃えた。菩薩の数も多いし、仏たちの数も多いので、これに要する時間が五十小劫という長い時間であった。しかし、仏は神通力によって、その集会の者たちに、五十小劫という長時間をわずか半日のように思わせたのである。もちろん、みなが退屈しあきることのないようにとの配慮からである。

膨大な数の地涌の菩薩たちの間には四人の指導的立場の菩薩がいた。残念ながら、彼らはその名前以外に、その具体的な個性を示す記述はない。わずかに上行、無辺行、浄行、安立行という名前が彼らの修行の性格を示唆しているが、それとてほとんど抽象的なものにすぎない。彼らはみなを代表して、釈尊にごきげんを伺う。「少病少悩にして、安楽に行うや」という表現は挨拶の決まり文句である。

(3) 釈尊の返答

四菩薩の挨拶に対して、釈尊は、自分は安楽に過ごし、病も悩みも少なく、衆生は教化し易く、疲労もないと答える。その理由については、この娑婆世界の衆生は幾世にも渡って常に釈尊の教化を受け、また過去の仏たちをも供養し、尊重し、多くの善根を植えてきたからであると明かされる。したがって、これらの衆生ははじめて釈尊の身を見、釈尊の説法を聞いて、すぐにみな信受して如来の智慧に入るものであると明かされる。しかし、例外的存在がある。それは以前から繰り返し小乗を学ぶものである。しかし、それらの人であっても、釈尊は今、『法華経』を聞かせて仏の智慧を獲得させる、と宣言される。

この箇所は、中国の多くの注釈家が教判を形成する上で、参考にしたところである。つまり、「はじめて釈尊の身を見、釈尊の説法を聞いて、すぐにみな信受して如来の智慧に入る」という箇所を『華厳経』の説法を指すものと解釈したのである。『法華経』の方便品には釈尊の教化が三乗から一乗へと進んできたことが明示されているが、吉蔵は『法華経』には必ずしも明示されていない一乗→三乗→一乗という説法の順序を読み取っている。その際の根拠となる経文が今挙げた文であり、この文が一乗を説く『華厳経』を意味すると解釈したのである。

「以前から繰り返し小乗を学ぶもの」が『法華経』を聞いて仏の智慧を獲得することは、方便品から授学無学人記品までの主題である声聞授記にすでに明瞭に示されていた。

(4) 弥勒菩薩の質問

弥勒菩薩と八千恒河沙の菩薩たちは、この見たことも聞いたこともない地涌の菩薩の出現を目の当りにして、地涌の菩薩の存在について疑問を持った。そこで、序品と同様に、みなを代表して、弥勒菩薩が、地涌の菩薩はいったいどこから来たのか、どんな理由で集まったのかなどと、釈尊に質問する。

(5) 十方の分身仏の侍者の質問

見宝塔品において集合させられた釈尊の分身仏はそれぞれ侍者を引き連れていたが、それらの侍者たちがやはり地涌の菩薩の出現を疑問に思い、それぞれ自分の仕える分身仏に、地涌の菩薩はどこからやって来たのかと質問する。分身仏はそれぞれ侍者に、釈尊の次に仏になると授記された弥勒菩薩がこの事を釈尊に質問したので、これから釈尊の答えを聞くことができるであろうと答える。

（6）釈尊の解答――地涌の菩薩は釈尊の成仏以来の弟子

弥勒菩薩の質問を受けて、釈尊は地涌の菩薩の正体を明らかにする。まず、釈尊は弥勒の質問を褒め讃え、また、精進という鎧《よろい》を身につけ、堅固な心を生じるように注意を与えて、今、仏たちの智慧、思いのままの神通力、獅子のように勢いの激しい力、猛々《たけだけ》しく他を圧倒する力をはっきりと示すことを宣言する。

そして、釈尊は、地涌の菩薩の正体について、「私はこの娑婆世界で最高の正しい悟りを得てから、これらの菩薩たちを教化・指導し、その心を訓練して、悟りを求める心を生じさせた。これらの菩薩たちはみなこの娑婆世界の下の、この世界の虚空の中にとどまり、多くの経典を読誦し、理解し、思惟《しゆい》し、認識し、正しく記憶する。これらの善男子は大勢の者たちの所で多く説くことを好まず、常に閑静な場所を好み、熱心に修行し、努力して、まだ休んだことがない。また人々や神々のもとにとどまらない。常に深い智慧を好んで、障害がない。また常に仏たちの法を好み、ひたすら努力して、最高の智慧を求めている」と説明した。

（7）弥勒菩薩の重ねての質問

釈尊の説明を聞いても、弥勒菩薩と無数の菩薩たちの疑問は消えない。なぜなら、彼らは、釈尊が成仏してからまだ短い時間しか経過していないのに、どのようにしてこれほど多数の偉大な菩薩を教化して、最高の正しい悟りにとどまらせたのかと思ったからである。そこで、弥勒菩薩は重ねて釈尊に次のように質問した。

「世尊よ。如来は太子だったとき、釈迦族の宮殿を出て、ガヤーの町の近くにある道場（悟りの場所の意）に坐して、最高の正しい悟りを完成することができた。それからやっと四十余年が経過した。世尊よ。どのようにしてこの短い期間に大いに仏の仕事をなしたのか。仏の勢いある力によってであろうか、仏の功徳によってであろうか、このような計量することもできない多数の偉大な菩薩の集団を教化して、最高の正しい悟りを完成させるであろうのは。世尊よ。これらの菩薩の集団は、たとい人が千万億劫の間数えても数え尽くすことができず、その限界を把握できない。これらは久しい過去からずっと計量することもできず、限界もない多数の仏たちのもとで、多くの善根を植え、菩薩の修行を完成し、常に清浄な修行を実践した。世尊よ。このような事がらは世間では信じ難いことである。たとえば美しい容貌で、髪が黒く、二十五歳の人が、百歳の人を指して『これは私の子どもである』と言い、その百歳の人もまた年下の人を指して『これは私の父であり、私たちを生み育ててくれた』と言ったとしたら、この事がらは信じ難いようなものであり、仏も同様である。

（仏は）悟りを得てから実にまだ間もない。それなのに、これら大勢の菩薩たちは計量することもできない千万億劫の間、仏の悟りのために、熱心に修行し、努力し、計量することもできない百千万億の三昧に巧みに入り、出、とどまり、偉大な神通を得、長い間清浄な修行を実践し、巧みに順序よく多くの善法を習い、問答が得意で、人々の中の宝として、すべての世間の人々にとても稀有な存在であるとされた。今日、世尊ははじめて『仏の悟りを得たとき、最初に発心させ、教化し、指導して、最高の正しい悟りに向かわせた』と言った。世尊よ。成仏してからまだ間もないのに、なんとこの偉大な功績のある仕事をなしたことか。私たちは、仏が相手の都合に合わせて説くことや、仏の説いた言葉はこれまで虚偽だったためしはなく、仏は知るべきことについてすべて精通していることを信じるけれども、発心したばかりの菩薩たちは、仏が涅槃に入った後に、この言葉を聞けば、信受しないで法を破るという罪の行為のきっかけを作るかもしれない。どうか、世尊よ、解説して私たちの疑いを取り除いてください。また未来世の善男子たちもこの事がらを聞いたならば、疑いを生じないであろう」

釈尊が成仏してから、四十余年しか経過していないのに、これほど多数の地涌の菩薩を教化したとは、とても信じられないという内容である。もっともな疑問である。この疑問を誘い水として、実は釈尊が成仏したのは四十余年前ではなく、五百塵点劫という遠い昔であることを、次の如来寿量品において明かすのである。法師品以降の、釈尊滅後において『法華経』を受持・弘通する主体者はいったい誰かという主題の追求の結果、ようやく地涌の菩薩がその正体を現わしたのであるが、その地涌の菩薩との関係の中で、釈尊自身の正体も明らかにされるのである。釈尊と地涌の菩薩という師弟がともにその真実の姿を示すことが、この従地涌出品と次の如来寿量品のテーマなのである。

また、釈尊が成仏してから四十余年という記述が、中国における教判の形成において、決定的な影響を与えた。四十余年ということは、釈尊の最晩年に『法華経』が説かれたことを意味し、この『法華経』を基準に、釈尊一代の説法教化を整理することを可能にしたからである。日本の富永仲基がその著『出定後《しゅつじょうご》語《ご》』において、すでにこのことを指摘している。

[16] 如来寿量品 (にょらいじゅりょうほん)

弥勒菩薩の地涌の菩薩に関する質問を誘い水として、釈尊が成仏したのは今世《こんぜ》ではなく、五百塵点劫というはるか遠い過去においてであることを明かし、あわせて未来も不滅であることを説く。つまり、釈尊の仏としての寿命の長遠《ちょうおん》を説き示すのである。『法華経』の中でも最も重要なところである。

(1) 釈尊の戒めと弥勒菩薩をはじめとする菩薩たちの聞法の決意

釈尊の寿命の長遠という、『法華経』の中でも最も重要な主題が説かれるので、その前に、釈尊は弥勒菩薩をはじめとする多くの菩薩たちに「あなたたちは如来の真実を信解《しんげ》するべきである」と、三回にわたって戒める。それに応えて、菩薩たちも「世尊よ。どうか説いてください。私たちは仏の言葉を信《しん》受《じゅ》します」と、三回にわたって釈尊のこれから説く言葉を聞く決意を披瀝する。

(2) 釈尊の久遠の成仏

【訳】 そのとき、世尊は菩薩たちが三回お願いして止めないのを知って、彼らに告げた、「あなたたちよ。よく如来の秘密の神通の力を聞きなさい。すべての世間の神々や人々、また阿修羅はみな、今の釈迦牟尼仏は釈迦族の宮殿を出て、ガヤーの町の近くにある道場に坐して、最高の正しい悟りを得たと思い込んでいる。しかしながら、善男子よ。本当は私が成仏してから、計量することもできず、限界もない百千万億那由他劫が経過したのである。……」

【訓読】 爾の時、世尊は諸の菩薩の三たび請いて止まざるを知りて、之《こ》れに告げて言わく、「汝等《なんだち》よ。諦《あきら》かに如来の秘密の神通の力を聴け。一切の世間の天人、及び阿修羅は皆な今の釈迦牟尼仏は釈氏の宮を出《い》でて、伽耶城《がやじょう》を去ること遠からず、道場に坐して阿耨多羅三藐三菩提を得と謂う。然るに善男子よ。我れ実に成仏して已来《このかた》、無量無辺百千万億那由他劫なり。……」

【解説】 釈尊は浄飯王と摩耶夫人の間に生まれ、二十九歳(十九歳説もある)のとき出家し、三十五歳(三十歳説もある)のとき、ガヤーの町に近いピッパラの樹の下で坐禅瞑想して最高の正しい悟りを完成した。後にガヤーはブッダガヤーと名づけられ、ピッパラの樹は菩提樹と名づけられた。だれしもこのように考えていたが、ここで、釈尊は本当は自分が成仏してから計算もできないほど長遠な時間が経過したことを打ち明けたのである。

（3）五百塵点劫の譬喩

釈尊が成仏してから経過した長遠な時間を五百塵点劫の譬喩によって示す。すでに化城喩品で三千塵点劫の譬喩が出たが、内容的には類似している。もちろん、この五百塵点劫の譬喩の方が三千塵点劫よりも長遠な時をたとえる内容になっている。なぜなら、三千塵点劫の譬喩の計算の基礎は一つの三千大千世界（十の九乗個の世界）であるが、五百塵点劫の譬喩は五百千万億那由他阿僧祇の三千大千世界を計算の基礎としているからである。したがって、五百は単なる略称であるから、五百塵点劫と三千塵点劫を比較して、後者の方が長遠であると誤解しないように注意する必要がある。では、実際に譬喩の内容を示す。

五百千万億那由他阿僧祇の三千大千世界があるとする。要するに数え切れない膨大な数の世界があるとする。この多数の世界を集めて、それらすべてを抹《す》りつぶして微塵《みじん》（極微の粒子）となし、東の方向の五百千万億那由他阿僧祇の世界を通過した場所に一つの微塵を落とし、以下同じように前と同じ長い間隔をおいて上述の膨大な数の微塵がすべてなくなるまで東方に進んで行く。このように進んで行くと、膨大な数の世界を経過することになるが、この数について、弥勒菩薩などは、計算することもできず、思索も及ばないし、声聞・縁覚の無漏智《むろち》（煩悩の汚れを離れた智慧）によっても知られず、弥勒菩薩のように菩薩の不退転の位に到達した者にも理解できないと述べる。

さらに譬喩は続く。東方に最初にできた微塵がなくなるまで進んだうえで、それまで微塵を落下させた世界と落下させない世界とを全部まとめて微塵とする。すると、当然数え切れない微塵ができることになるが、その一つの微塵を一劫というきわめて長い時間に換算する。このように私たちの想像を絶する長遠な時間を譬喩によって示した上で、釈尊が成仏してから経過した時間は、この譬喩によって示された時間よりも、百千万億那由他阿僧祇劫も長いのであると説かれる。

（4）成仏以来の釈尊の衆生救済の活動

このようにはるか遠い過去に成仏した釈尊は、この間、どのような活動をしてきたのか。この問題について釈尊は、成仏してから、常に娑婆世界において説法教化してきたこと、また娑婆世界以外の百千万億那由他阿僧祇の国で、衆生を指導し利益を与えてきたこと、これまで燃灯仏《ねんとうぶつ》（過去仏として有名であり、ある経では釈尊に授記した仏として描かれる）などの仏について説いたり、それらの仏が涅槃に入ったことを説いたが、これらはみな巧みな手段によって説いたこと、を明かす。

また、衆生が自分のもとにやって来た場合は、仏眼《ぶつげん》によって、衆生の信根《しんこん》などの宗教的能力の優劣を観察し、救済すべき対象に応じて、あらゆる所で（衆生救済のために応現《おうげん》する仏の）さまざまに異なる名、寿命の長短を説き、また、（仏が）涅槃に入るであろうことを巧みな手段として説いてきたこと、さまざまな巧みな手段によってすばらしい法を説いて衆生に歓喜の心を生じさせてきたこと、を明かす。

また、如来は小乗の教えを好む、徳が少なく垢《けがれ》が重い衆生のために、自分は若いときに出家して最高の正しい悟りを得たと説くが、本当は成仏してから久しい時が過ぎたのであり、巧みな手段によって衆生を教化し、仏の悟りに入らせるために、若いときに出家して最高の正しい悟りを得たと説いただけであることを明かす。

また、如来の説く経典はすべて衆生を救済するためのものであり、場合によって、自己の身について説いたり、他の身について説いたり、自己の身を示したり、他の身を示したり、自己の事がらを示したり、他の事がらを示したりしたけれども、説いたことはすべて真実であって虚偽ではないことを明かす。その理由は、如来が三界《さんがい》の様相について、ここで死んだりかしこで生まれたりする生死がないこと、また世にある者も涅槃に入る者もないこと、真実でも虚偽でもなく、同一でもなく別異でもないことを、真実ありのままに知見するのであって、三界の衆生が三界を見るのとは相違しており、このような事を如来は明らかに見て誤りがないからであると言われる。さらに、衆生にはさまざまな性質や欲求や行為や想念・認識があるから、多くの善根を生じさせようとして、いくつかのいわれ・たとえ・言葉によって、さまざまな仕方で法を説き、なすべき仏の仕事を一瞬も休んだことがなかったことを明かす。

以上のように、釈尊は成仏以来、衆生救済という、仏としての仕事に従事してきたのである。

（5）釈尊の未来の寿命と方便によって涅槃に入ること

【訳】（釈尊の発言）「……このように、私が成仏してから、非常に久しい時が過ぎた。寿命は計量することもできない阿僧祇劫であって、常に（この世に）とどまって滅しない。善男子たちよ。私がかつて菩薩の修行を実践して完成した寿命は、今でもやはりまだ尽きないで、さらにまた上の数（成仏してから現在までの時間）の二倍である。しかしながら、今、真実の涅槃でないけれども、すぐに『涅槃に入るであろう』と宣言する。如来はこの巧みな手段によって衆生を教化する。その理由は何か。もし仏が長い間世にとどまれば、徳の少ない人は善根を植えず、貧しくて困り身分が卑しく、五欲に執著し、誤った想念や見解という網の中に入るからである。もし如来が常に存在して滅しないと見れば、そのまま高ぶった勝手な心を起こして、（修行を）嫌に思い怠ける心を持ち、（仏に）会うことが難しいという思いと尊敬の心を生じることができなくなる。このために如来は巧みな手段によって『比丘よ。分かるはずである。仏たちが世に出現するのに、巡り会うことは難しい』と説く。その理由は何か。徳の少ない人たちは計量することもできない百千万億劫を過ぎて、仏を見るものもいるし、また見ないものもいるからである。この事のために、私はこのように言う、『比丘たちよ。如来は、見ることが難しい』と。これらの衆生はこのような言葉を聞いて、きっと（仏に）会うことは難しいという思いを生じ、心に（仏を）恋い慕う気持ちを持ち、仏を熱心に求めて、そのまま善根を植える。このために、如来は真実には滅しないけれども、涅槃に入ると言う。さらにまた、善男子よ。仏・如来たちの法はみなこのように、衆生を救済するためのものであって、すべて真実であって虚偽ではない。……」

【訓読】（釈尊の発言）「……是くの如く我れ成仏して已来《このかた》、甚だ大いに久遠《くおん》なり。寿命は無量阿僧祇劫にして、常に住して滅せず。諸の善男子よ。我れ本《も》と菩薩の道を行じて成ずる所の寿命は、今猶お未だ尽きず、復た上の数に倍す。然るに今、実の滅度に非ざれども、便ち唱えて言わく、『当に滅度を取るべし』と。如来は是の方便を以て衆生を教化す。所以は何ん。若し仏久しく世に住せば、薄徳の人は善根を種えず、貧窮下賤《びんぐげせん》にして、五欲に貪著《とんじゃく》し、憶想妄見の網の中に入ればなり。若し如来は常に在りて滅せずと見ば、便ち憍恣《きょうし》を起こして、厭怠《おんだい》を懐き、遭い難きの想と恭敬の心を生ずること能わず。是の故に如来は方便を以て『比丘よ。当に知るべし。諸仏の出世には、値遇《ちぐう》す可きこと難し』と説く。所以は何ん。諸の薄徳の人は無量百千万億劫を過ぎて、或は仏を見るもの有り、或は見ざる者有ればなり。此の事を以ての故に、我れは是の言を作す、『諸の比丘よ。如来は見ることを得可きこと難し』と。斯の衆生等は是の如き語を聞き、必ず当に難遭《なんぞう》の想《おもい》を生じ、心に恋慕《れんぼ》を懐き、仏を渇仰《かつごう》して、便ち善根を種《う》ゆべし。是の故に如来は実には滅せずと雖も、滅度すと言う。又た善男子よ。諸仏如来の法は皆な是くの如く、衆生を度せんが為めにして、皆な実にして虚ならず。……」

［解説］　釈尊が成仏したのは、上に説いた五百塵点劫の譬喩によって示されたように無限の過去であった。では、釈尊の未来はどうか。釈尊の未来の寿命は、成仏してから現在（釈尊がこの説法をしている時）までの時間の二倍であると答えられている。これをどう解釈するか。成仏してから現在までの時間が実質的には無限と解釈することができるので、未来の寿命も無限であると解釈することも可能であろう。これは四世紀頃に成立したと言われる大乗の『涅槃経』において端的に仏身の永遠性を説くよりも、五百塵点劫の譬喩のような大きな仕掛によって時間の長さを示した方が、聴衆に仏の永遠性を強く印象づけると考えるもので、この譬喩は本来、過去の永遠性を象徴したものと解釈するのである。したがって、過去も未来も実質的に無限であると解釈するのである。

しかし、また、仏の仕事は衆生救済であり、すべての衆生を救済すれば、その仏の使命は終わり、涅槃に入るという考えも成立する。すべての衆生が救済されることは実際には不可能のように思われるが、理念としては可能であるという立場を仏教が取る以上、仏が最終的にすべての衆生の救済を終えて涅槃に入ることはありえることである。したがって、この場合は、むしろ仏の寿命が有限であることが、すべての衆生の救済を理念的に保証していることになるかもしれない。また、釈尊が菩薩の修行をして成仏したと説かれているように、『法華経』成立の歴史的段階では、後に形成された法身仏《ほっしんぶつ》のように理法そのものを仏と見立てた仏の観念（この法身仏は無始無終、すなわち、過去も未来も永遠とされる）はまだ成立しておらず、そのような意味では、仏は必ず菩薩の修行をして、ある特定の時間点において成仏した存在と考えるべきであるから、釈尊の過去の寿命も無限ではなく、単に長大な時を表現しただけなのかもしれない。

『法華経』自身がどちらの立場を取っているのかにわかに決めがたいが、後者の可能性が高いかもしれない。しかし、永遠の観念や無限の観念は、私たちの思惟能力を越えたものであり、『法華経』の聴衆にとっては、いずれの立場も実質的には同じようなものであることも否定できない。

中国における仏身無常説　上に示した、釈尊の寿命に関する二説、単に長大な時を意味するのか、永遠・無限を意味するのかという問題は、文脈は異なるが、中国においても盛んに議論された。

法雲の『法華義記』によれば、『法華経』以前に言われる釈尊の寿命は八十歳（普通の仏伝による）や七百阿僧祇（『首楞厳三昧経』《しゅりょうごんざんまい》による）であり、これに対して、『法華経』に明かす仏の寿命はそれらよりも長遠であり、そしてその寿命が長遠である理由は、衆生を救済するために神通力によって寿命を延長したからである、と言われる。したがって、『法華経』の寿命長遠も相対的な長遠にとどまると言われる。法雲はこれを次のような譬喩によって示す。五丈の柱を二丈だけ土に埋めて、三丈を土から出した場合、この三丈が昔説いた七百阿僧祇の寿命であり、土に埋まった二丈も掘り出して五丈となったものが『法華経』に明かす寿命であるから、今と昔の仏の寿命の相違は、三丈と五丈の相違にすぎず、相対的な長遠の差があるだけである、というものである。

このように、法雲は『法華経』の仏の寿命について、昔の短寿に比較して相対的な長遠を認めたが、その長遠が相対的なものであるかぎり、『涅槃経』に明かされる仏の常住（永遠性）から見れば、なお無常の存在であると、結論づけたのである。この法雲の『法華経』の仏身無常説に対して、隋の三大法師と呼ばれた浄影寺《じょうようじ》慧遠《えおん》、智顗、吉蔵などは、『法華経』にも『涅槃経』と同様、仏身の常住が確かに説かれていることを種々の観点から論証しようとしたのである。

方便によって涅槃に入る　上述のように、釈尊の仏としての寿命が過去も未来もほとんど永遠と言ってよいほど長遠なものであるとしたら、釈尊が涅槃に入ることは大きな矛盾ではないか。このような疑問が当然起こってくる。菩提樹下における成道後四十余年を経て説かれたとする『法華経』の建前から言っても、釈尊は『法華経』を説いてから間もなく涅槃に入ることが予定されているのだし、そもそも『法華経』の成立を歴史的に見る立場からは、歴史的釈尊が数百年前に八十歳で涅槃に入ってしまったという紛れもない事実を踏まえなければならない。そこで、仏の寿命が長遠であるにもかかわらず、なぜわずか八十年で生涯を閉じなければならないのか。この問題は、『法華経』の成立以前にも、釈尊の神格化、超人化の中で、大きな問題となり、たとえば小乗の『涅槃経』では、釈尊の寿命は本当は一劫という長いものであるが、任意捨命《にんいしゃみょう》と言って、自らの意志によって残りの寿命を捨てて涅槃に入ったものであると解釈されている。

『法華経』においては、真実には釈尊は長遠な寿命を持っているが、巧みな手段によって、涅槃に入る姿を衆生に示すと解釈される。如来寿量品の後半の自我偈《じがげ》（「自我得仏来」という言葉で始まるので、最初の二文字を取って自我偈と呼ぶ）の表現を借りれば、「衆生を度《ど》せんが為めの故に、方便もて涅槃を現ずれども、実には滅度《めつど》せずして、常に此《ここ》に住して説法す」ということである。つまり、衆生を救済するために、巧みな手段によって涅槃に入る姿を示すけれども、真実には涅槃に入るのではなく、常にここ娑婆世界の霊鷲山《りょうじゅせん》にあって説法しつづける、というものである。この「方便現涅槃《ほうべんげんねはん》」（方便もて涅槃を現ず）の思想によって、上の問題を『法華経』は解決しようとしたのである。

では、涅槃を示すことのどの点が巧みな手段なのであろうか。これは人間の心理の微妙なひだに触れるもので興味深い。それは、釈尊が自分たちの側に常に存在して滅しないと、私たちのような徳の少ないものたちは、高ぶった勝手な心を起こして、修行を嫌に思い怠ける心を持ち、仏に会うことが難しいという思いと尊敬の心を生じることができなくなるからである。そこで、釈尊は仏を真剣に求める心を衆生の心に生じさせ、彼らが善根を植えることのできるように、仮りに涅槃に入る姿を示すとされるのである。

釈尊の寿命が長遠であることが真実であり、菩提樹下ではじめて成仏し、また八十歳で涅槃に入るという姿は方便であるとされる。日本では、後者を始成正覚《しじょうしょうかく》の釈尊といい、前者を久遠実成《くおんじつじょう》の釈尊という場合がある。方便品の三乗方便・一乗真実に対照させれば、如来寿量品は始成方便・久成《くじょう》真実とでも呼ぶべき思想を主題としており、方便品の思想を開三顕一《かいさんけんいち》と呼ぶのに対して、如来寿量品の思想を開《かい》近顕遠《ごんけんのん》と呼んだ。開三顕一、開近顕遠は中国の注釈術語である。

見仏　釈尊の寿命が長遠であるが、仮りに涅槃に入るとしたならば、私たちはいかにして釈尊を見ることができるのか。大乗経典が紀元前一世紀頃から成立しはじめたとする歴史的立場から考えると、大乗経典成立当時は、すでに釈尊は不在であり、仏教徒にとっては仏に出会い、直接教えを聞くことができないという意味で、暗黒時代と言っても過言ではない。このような暗黒時代に、仏に出会うということはきわめて重要な宗教的事件である。多くの大乗経典に、見仏三昧《けんぶつざんまい》（仏を見る瞑想）や見仏体験について語られることはこのことを物語っているのである。大乗経典の根源には、このような大乗仏教の担い手たちの見仏という宗教体験があったと考えることはあながち的はずれではないと思う。

この如来寿量品にも自我偈の中で、この課題にまさしく言及していることに注意しなければならないであろう。それは上に引用した「方便現涅槃」の文に続いて、「我れは常に此《ここ》に住すれども、諸の神通力を以て、顚倒《てんどう》の衆生をして近しと雖《いえど》も見えざらしむ。衆は我が滅度を見て、広く舎利を供養し、咸皆《みな》恋慕《れんぼ》を懐《いだ》いて、渇仰《かつごう》の心を生ず。衆生既に信伏《しんぷく》し、質直《しつじき》にして意《こころに》柔軟《ゆうなん》にして、一心に仏を見んと欲し、自ら身命を惜しまざれば、時に我れ及び衆僧は倶に霊鷲山に出ず」とある箇所である。この文の要点は、信仰のない者には神通力によって釈尊が近くにいてもその姿を見えないようにさせ、逆に真実の信仰のある者に対しては、釈尊とその弟子の集団は霊鷲山に、ということはその者の眼前に出現するということである。

(6) 良医病子の譬喩

上の「方便現涅槃」を譬喩によって示したものが、法華七喩の第七番目の良医病子《ろういびょうし》の譬喩である。内容を示す。

智慧があり聡明で、処方と薬に熟達し、巧みに多くの病を治療する良医がいた。彼には大勢の子供がいた。彼はある仕事のために遠い他国に行った。彼の留守中、子供たちは毒薬を飲んでしまった。毒が効《き》いて、悶え苦しんで地面にころげまわった。ちょうどそのとき、医者の父が帰宅した。毒を飲んだ子供たちの中には、本心（正気）を失ったものもいたし、失わなかったものもいた。子供たちは遠くから父を見て、みな大いに喜び、ひざまずいて、「よくご無事でお帰りになりました。私たちは愚かで、過失で毒薬を飲んでしまいました。どうか治療してさらに寿命を与えてください」とご挨拶した。

父はこのように子供たちが苦悩するのを見て、名医の薬剤調合の方法によって、色も香も味も良いすばらしい薬草を求め、こねたりふるいにかけたりして調合し、子供に与えて飲ませようとして、「この偉大な良薬は色も香も味もみなすばらしい。あなたたちよ。飲みなさい。速やかに苦悩は取り除かれ、もはや憂いはなくなるでしょう」と言った。子供たちの中の本心を失わない者たちは、この良薬の色も香もともによいのを見て、すぐに飲んだところ、病はすべて治癒《ちゆ》した。

その他の本心を失った者たちは、父が帰ってきたのを見て、また喜んでご挨拶して、病の治療を求めたけれども、与えられた薬を飲もうとはしなかった。なぜかと言えば、毒気《どっけ》が深く入りこんで本心を失っていたので、このすばらしい色と香の薬をおいしくないと思ったからである。父は「この子供たちはかわいそうである。毒に中《あた》って心がみなひっくり返っている。私を見て喜んで治療を求めたけれども、このようなすばらしい薬を飲もうとはしない。私は今、巧みな手段を設けて、この薬を飲ませよう」と心で思い、「あなたたちよ。知るべきである。私は今、年老いて衰弱し、死ぬ時も迫っている。このすばらしい薬を今ここに置いておくから、取って飲みなさい。治らないことを心配するな」と言った。

このように教えてから、父はまた他国に行き、使者を派遣して「あなたたちの父親は死んだ」と告げさせた。このとき、子供たちは父が死んだと聞いて、心に大いに憂い悩んで、「もし父がいたならば、私たちを憐れんで救済してくれることができる。今、私たちを捨てて遠く他国で死んでしまった」と心で思った。自ら考えると、自分たちは孤独で、もはや頼りにする者もない。常に心が悲しみに満たされ、遂に目覚めた。やっとこの薬の色と香と味のよいことを知って、すぐに取って飲んだところ、毒による病はみな治癒した。その父は子供たちがすべて治ることができたことを聞いて、すぐに帰ってきて子供たちすべてに姿を見せた。

以上が譬喩の内容である。この譬喩のポイントは、父が死んだという悲しい知らせによって、毒に中って本心を失った子供も正気を取り戻し、薬を飲んで病が治った、という点である。これが、釈尊が長遠な寿命を持ちながら、仮りに涅槃に入る姿を見せて、衆生に真剣な求道心を起こさせることをたとえているのである。したがって、父が死んだと知らせることは、子供を治療する方便であって、決して単なる虚偽ではないのである。仏教には守るべき五つの戒があり、その中に不妄語戒《ふもうごかい》（嘘をついてはいけないという戒め）があるため、方便を主題とする『法華経』には、しばしば方便は嘘ではないことを強調している。換言すれば、方便を説く仏には嘘の罪はないということである。

〔17〕 分別功徳品 （ふんべつくどくほん）

如来寿量品において仏の寿命の長遠なることを聞いた衆生が獲得する功徳・利益を十二段階に分けて説く。功徳を分別するので、この品名がある。釈尊が功徳を説いた後に、花や香や天衣《てんね》が降ってきたり、音楽が流れたりする不思議な現象が生じたが、その後、弥勒菩薩が仏の説法やこの現象を整理した内容を偈によって繰り返す。この偈を格量偈《かくりょうげ》と呼ぶ。格も量も計量するの意で、ここでは功徳を計量することを意味する。中国の注釈家の多くが『法華経』の段落を分けるときに、この格量偈が終わるところに大きな区切りを設ける。格量偈の後には、注釈家によって四信《ししん》・五品《ごほん》と整理されたような、『法華経』に対するさまざまなあり方の信仰がどのような功徳を生み出すかを説く。

（1） 十二段階の功徳

如来寿量品において説かれた如来の寿命の長遠なることを聞いた衆生が大きな利益を得た。釈尊は弥勒菩薩に、衆生の得た利益を十二種に整理して示す。内容を要約して紹介する。

① 六百八十万億那由他の恒河沙の衆生が無生法忍《むしょうぼうにん》（存在の不生不滅を認識すること）を得る。

② その千倍の菩薩たちが聞持陀羅尼門《もんじだらにもん》（経典を記憶する力）を得た。
③ 一世界の微塵（極微の粒子）の数の菩薩たちが楽説無礙弁才《ぎょうせつむげべんざい》（障害のない雄弁）を得た。
④ 一世界の微塵の数の菩薩たちが百千万億無量回も法門を説くことのできる記憶力を得た。
⑤ 三千大千世界（十の九乗個の世界）の微塵の数の菩薩たちが不退の法輪（悟りから退かせない教え）を転じることができた。
⑥ 中千世界（十の六乗個の世界）の微塵の数の菩薩たちが清浄な法輪を転じることができた。
⑦ 小千世界（十の三乗個の世界）の微塵の数の菩薩たちが八回生まれた後に最高の正しい悟りを得るであろう。
⑧ 四つの四天下《してんげ》（世界の中央にそびえる須弥山の周囲にある四大陸）の微塵の数の菩薩たちが四回生まれた後に最高の正しい悟りを得るであろう。
⑨ 三つの四天下の微塵の数の菩薩たちが三回生まれた後に最高の正しい悟りを得るであろう。
⑩ 二つの四天下の微塵の数の菩薩たちが二回生まれた後に最高の正しい悟りを得るであろう。
⑪ 一つの四天下の微塵の数の菩薩たちが一回生まれた後に最高の正しい悟りを得るであろう。
⑫ 八世界の微塵の数の衆生がすべて最高の正しい悟りを求める心を生じた。

（2）不思議な現象

釈尊が菩薩たちの得た利益を上のように説いたとき、次のような不思議な現象が現われた。

①　虚空の中から曼陀羅華《まんだらけ》と摩訶曼陀羅華が降ってきて、多くの師子座の分身仏、宝塔の中の釈尊と多宝如来、偉大な菩薩たちと四衆の上に散った。
②　細かい栴檀香や沈水香《じんすいこう》（agaru. 香木の名）が降ってきた。
③　虚空の中で、天の鼓が自然に鳴り、すばらしい音が深く遠くまで響きわたった。
④　千種の天衣が降ってきた。
⑤　真珠、摩尼（maṇi）珠などでできた多くの首飾りがあらゆる方向に懸けられた。
⑥　宝石でできた香炉に価のつけられないほど高価な香をたいて、それが自然に周囲に広がって、集会の人々を供養した。
⑦　一々の仏の上に菩薩たちがいて、旗ぼこ、きぬがさを持って梵天の高さに達するまで昇っていき、彼らはすばらしい声で無量の偈頌によって仏たちを褒め讃えた。

（3）弥勒菩薩の格量偈

釈尊が十二種の功徳を説き、不思議な現象が現われたとき、弥勒菩薩は釈尊に向かって偈頌を説いた。内容は、上に述べた十二種の功徳と不思議な現象に関しての繰り返しなので、改めて紹介しないが、これが中国では格量偈と呼ばれて、『法華経』の分科（段落分け）において大きな切れ目をなすのである。たとえば、吉蔵の『法華義疏』では、『法華経』の序説、正説、流通説のうち、正説がこの格量偈の終わるところまでであり、智顗・灌頂の『法華文句《もんぐ》』では、本門の正宗分がこの格量偈の終わるところまである。

（4）釈尊在世の修行とその功徳

釈尊は弥勒菩薩に、衆生が仏の寿命の長遠なることを聞いて信仰する、その信仰のあり方とその功徳をいくつかに分類して示す。いずれも『法華経』を信仰することの偉大な功徳を強調したものである。中国の注釈家の中には、釈尊在世における四信と滅後における五品の修行というように分類整理しているものもいるが、ここでも釈尊在世と滅後に二分し、内容を要約して示す。

① 衆生が仏の寿命の長遠なることを聞いて、一念信解《いちねんしんげ》（一瞬でも心の中で信じて理解すること）すれば、獲得する功徳は無限である。善男子《ぜんなんし》・善女人《ぜんにょにん》が最高の正しい悟りのために、八十万億那由他劫という長い時間、布施・持戒・忍辱・精進・禅定の五種の波羅蜜を実践する功徳は、上の功徳の百分の一、千分の一、百千万億分の一にも及ばないし、上の功徳は計算することもできず、譬喩によって知ることもできない。善男子にこのような功徳があって、しかも最高の正しい悟りから退転するということはありえない。

② 仏の寿命の長遠なることを聞いて、その言葉の趣旨を理解するものの獲得する功徳は無限であり、如来の最高の智慧を生じることができる。

③ この『法華経』を自ら広く聞き、他人にも聞かせ、また自ら『法華経』を保持し、他人にも保持させ、また自ら『法華経』を書き、他人にも書かせ、また華・香・首飾りなどのさまざまな物によって

『法華経』を供養するものの獲得する功徳は、計量することもできず、限界もなく、すべてを知る仏の智慧を生じることができる。

④　善男子・善女人が仏の寿命の長遠なることを聞いて、心の中で深く信じ理解すれば、釈尊が常に霊鷲山にあって偉大な菩薩や声聞たちに取り囲まれて説法するのが見える。さらに、この娑婆世界は大地が琉璃でできていて、平坦であり、閻浮檀《えんぶだん》（閻浮樹）の林の間を流れる川から取れる金で八方からの交差する道の端を区切り、宝石でできた並木があり、多くの物見の高殿《たかどの》が宝石でできており、菩薩たちの集団はその中に住んでいるのが見える。もしこのように見ることができるならば、これが深く信じ理解する姿であることが分かるはずである。

（5）釈尊滅後における修行とその功徳

次に、釈尊は自分が涅槃に入った後の修行とその功徳に関して五種に整理して示す。以下、内容を要約して示す。

①　釈尊が涅槃に入った後に、この『法華経』を聞いて、『法華経』を誹謗せず、喜んで帰依する心（随喜《ずいき》）を生じれば、『法華経』を深く信じ理解する姿であることが分かるはずである。

②　まして『法華経』を読誦し、受持するものはなおさら『法華経』を深く信じ理解する姿である。このような人は如来を頭に推し戴《おいただ》くものである。このような善男子・善女人は私のために塔を建立し僧院を作り、衣服・寝具・飲食物・湯薬《とうやく》をサンガの集団に供養する必要がない。なぜならば、この『法華

経』を受持、読誦する善男子・善女人はすでに塔を建立し僧院を作り、サンガの集団に供養したことになるからである。仏の舎利《しゃり》（遺骨）のために、下が広くて次第に先端が狭くなって、梵天まで達する高い七宝でできた塔を建立し、旗ぼこ・きぬがさ・華・香などのさまざまな物で、無量千万億劫という長い時間、供養したことになるのである。

③　釈尊が涅槃に入った後に、この『法華経』を聞いて受持することができ、自ら書き、他人に書かせるならば、壮大で、すべての設備や必需品の備わった僧院を数限りなく建立し、供養したことになる。したがって、改めて塔を建立し僧院を作り、サンガの集団に供養する必要がないのである。

④　まして『法華経』を保持し、兼ねて六波羅蜜を修行するものはなおさらである。このような人の功徳は計《はか》り知れない。

⑤　もしある人が『法華経』を読誦し、受持し、他人のために説き、自ら書き、他人に書かせるならば、この人は塔を建立し、僧院を作り、サンガの声聞を供養し、褒め讃え、また百千万億の褒め讃える法によって菩薩の功徳を褒め讃え、さらに他人のためにさまざまないわれによって、内容にしたがって『法華経』を解説し、また清らかに戒律を保持して穏《おだ》やかで優しいものと一緒に住み、忍耐して怒りの心がなく、心がしっかりしていて坐禅を尊び、深い禅定の境地を得て、勇敢に努力して、多くの善いことを行い、宗教的能力が優れ、智慧があり、巧みに難問に答えるであろう。このような人は、悟りの場（道場）に行って、最高の正しい悟りに近づき、悟りの樹の下に坐るのである。このような善男子・善女人の活動する場所にはどこにでも塔を建立し、人々や神々はそれをあたかも仏の塔のように供養するべきである。

［18］ 随喜功徳品 （ずいきくどくほん）

前の分別功徳品において、釈尊滅後における修行とその功徳が説かれたが、その第一は「釈尊が涅槃に入った後に、この『法華経』を聞いて、『法華経』を誹謗せず、喜んで帰依する心（随喜）を生じれば、『法華経』を深く信じ理解する姿であることが分かるはずである」というものであった。この随喜の功徳に焦点を合わせて、弥勒菩薩に対して詳しく説く品がこの随喜功徳品である。

（1） 随喜の功徳——五十展転の功徳

弥勒菩薩が、釈尊滅後に『法華経』を聞いて随喜するならば、どれほどの功徳が得られるのかを質問する。この質問に対して、釈尊はいわゆる五十展転《てんでん》の功徳を説く。どんな人でも『法華経』を聞いて随喜した人が、さまざまな場所で、自分の聞いたとおり、両親・親戚・友人などのために、それぞれの力に応じて『法華経』を説くとする。すると、その聞いた人がまた随喜して他の人に『法華経』を説く。このようにして『法華経』を次々に説いていき、第五十番目の人が『法華経』を聞いて随喜する功徳は次のようである。すなわち、四百万億阿僧祇の世界の六道《ろくどう》の衆生に八十年の間、あらゆる財宝を布施し、なおかつ最終的には阿羅漢果を得させる功徳は、この第五十番目の人が『法華経』の一偈を聞いて随喜する功徳に及ばないし、百分の一にも、千分の一にも、百千万億分の一にも及ばないし、計算や譬喩によっても知ることができない。このように第五十番目の人の功徳は計量することもできず、限界もなく、数えることもできないと言われる。まして、第一番目に『法華経』を聞いて随喜する人の功徳は、第五十番目の人の功徳と比べることのできないほど優れているのである。

(2) その他の功徳

釈尊は、五十展転の功徳を説いた後に、なお、『法華経』を信仰する者の二、三の功徳を説く。要約して示す。

① 『法華経』のために僧院に行って、坐るか立つかして、しばらくでも『法華経』を聞けば、その功徳によって、次に生まれ変わる所では、すばらしい象や馬の車や宝石でできた乗り物を得、さらに天宮《てんぐう》にまで昇ることができる。

② ある人が『法華経』を講説する場所に坐っていて、他の人がやって来た場合、坐って聞くように勧めたり、自分の座席を譲って坐らせれば、その人には次に生まれ変わる所で帝釈天、梵天王、転輪聖王の座席を得るという功徳がある。

③ ある人が他の人に、法華という名の経があるから、一緒に行って聞こうと言い、相手がその教えを受けて、しばらくの間でも聞くならば、その人には次に生まれ変わる所で経典を記憶する菩薩と一緒に

生まれることができるという功徳がある。また、宗教的能力に優れ、智慧があり、容姿容貌の優れたものになることができる。また、生まれ変わるたびに、仏を見、法を聞き、教えを信受する。このように、一人に『法華経』を聞くことを勧めただけでも、すばらしい功徳があるのであるから、ましてひたすら『法華経』を聞き、説き、読誦し、大勢の人々の中で説き示し、教えられるとおり修行する（如説修行《にょせつしゅぎょう》）ものはなおさらである。

［19］ 法師功徳品（ほっしくどくほん）

釈尊が常精進菩薩《じょうしょうじん》に対して、『法華経』を受持・読・誦・解説・書写する、いわゆる五種法師《ごしゅほっし》の得る眼《げん》・耳《に》・鼻《び》・舌《ぜっ》・身《しん》・意《い》根の六根清浄《ろっこんしょうじょう》の功徳を説く。

（1） 六根清浄の功徳

釈尊は常精進菩薩（Satatasamitābhiyukta）に、もし善男子・善女人が『法華経』を受持・読・誦・解説・書写するならば、八百の眼の功徳、千二百の耳の功徳、八百の鼻の功徳、千二百の舌の功徳、八百の身の功徳、千二百の意の功徳を得ること、この功徳によって六根を荘厳し、清浄にさせることを説く。八百とか千二百の具体的な内容については説かれていない。金剛杖《づえ》（八角の白木のつえ）を持ち、六根清浄と唱えながら山を登る山岳信仰があるが、これも身心の浄化を期待してのことである。

六根清浄の具体的な内容を要約して示す。

① 眼根の功徳――父母から与えられた清浄な肉眼によって、三千大千世界の内と外にある、阿鼻《あび》地獄

（無間《むけん》地獄。苦しみが間断なく続く地獄の意）から有頂天までの範囲のあらゆる山・林・河・海を見ることができる。また、その範囲の衆生を見、またその衆生の業とその報いとして生まれる場所をすべて見、知ることができる。

② 耳根《にこん》の功徳——天耳《てんに》を得ずに、父母から与えられた清浄な普通の耳によって、三千大千世界の阿鼻地獄から有頂天までの範囲のあらゆる音声《おんじょう》（生物の声や鐘や鈴の声）を聞き知ることができ、しかも耳根が破壊されない。

③ 鼻根の功徳——清浄な鼻によって、三千大千世界のあらゆる香を嗅《か》ぐことができ、しかも鼻根が破壊されないし、誤りがない。また、香を区別して、他人のために説こうとすれば、記憶して誤りがない。

④ 舌根の功徳——どんな味の食べ物も、この清浄な舌の上に置けば、天の甘露のように、みなすばらしい味に変化する。また、この舌によって大勢の人々のために法を演説する場合は、すばらしい声を出し、その声がみなの心に入って、みなを喜び楽しませる。また、天龍八部衆、四衆、国王・王子などが、このすばらしい声による説法を聞きに集まって来る。この舌の功徳を持つ菩薩は巧みに説法するので、婆羅門、居士、国内の人々は生きている限り、この菩薩に従い侍《はべ》り、供養する。また、声聞・縁覚・菩薩・仏たちは常に好んでこの菩薩を見る。また、この菩薩のいる所ではどこでも、仏たちはその場所に向かって法を説くが、この菩薩はすべて仏の教えを受持することができ、さらにすばらしい声を出して説法することができる。

⑤ 身根の功徳——衆生が喜んで見る、清らかな琉璃のような清浄な身を得る。三千大千世界の衆生の輪廻する姿が、その清浄な身中に現われる（清浄な鏡のように、自己の身に映って見える）。また、鉄囲山《てっちせん》

などの山やそこに住む衆生がその清浄な身中に現われる。また、阿鼻地獄から有頂天までの範囲のあらゆるもの、衆生がその清浄な身中に現われる。また、声聞・縁覚・菩薩・仏たちの説法する姿が、その清浄な身中に現われる。

⑥ 意根の功徳——清浄な意根によって、経の一偈、一句を聞いても、無量無辺の内容に精通する。この内容を理解してから、一箇月、四箇月から一年にまで至る間、経の一句、一偈を演説することができるが、その説く法は経の趣旨に従っており、すべて実相に相違しない。また、世俗の聖典、政治をするための言葉、生活のための活動などについて説けば、すべて正法に従う。また、三千大千世界の六道の衆生の心のあり方をすべて知る。まだ無漏の智慧を得ていないが、このような清浄な意根を持つ。この人が思惟し、思索し、説く内容は、すべて仏の教えであり、真実でないものはなく、また過去仏の経の中に説かれるものでもある。

［20］ 常不軽菩薩品（じょうふきょうぼさつほん）

釈尊は、得大勢菩薩《とくだいせいぼさつ》に対して、常不軽菩薩《じょうふきょうぼさつ》の物語を通して、『法華経』を受持するものを悪口《あっく》し、罵詈《めり》（ののしること）し、誹謗するものの罪の報いと、信じるものの六根清浄の功徳とを説く。

常不軽は「常に軽んぜず」という意味であり、これは、この菩薩が人々に対して告げた「我れ深く汝等《なんだち》を敬う。敢《あ》えて軽慢《きょうまん》せず」という言葉と密接な関係を持つが、梵本では、この菩薩の名は、Sadāparibhūta（常に軽蔑されたという意味）となっている。竺法護《じくほうご》も梵本と同じく「常被軽慢品《じょうひきょうまんぼん》」（被は受身の助辞であるから、「常に軽慢せらる」と読む）と訳している。この菩薩が周囲の者たちから軽蔑されたという物語の趣旨とも合致している。ところが、鳩摩羅什はこの菩薩が人々に語る「我れ深く汝等を敬う。敢えて軽慢せず」を受けて、常不軽と訳したのである。漢訳でも梵本でも、この菩薩の名の直接の理由として、「我れ深く汝等を敬う。敢えて軽慢せず」が挙げられているので、文脈上は常不軽という名の方が適当であると思われる。なお、語学的にもSadāparibhūtaが「常に軽蔑しない」という意味に解釈しうるという説もある。これは鳩摩羅什訳を支持するものである。

（1）『法華経』を誹謗する罪の報いと信仰する功徳

釈尊は得大勢（Mahāsthāmaprāpta）菩薩に次のように告げる。『法華経』を受持する四衆（比丘・比丘尼・優婆塞・優婆夷）を悪口・罵詈・誹謗するものは、前に説いたように大きな罪の報いを得る。ここで、「前に」とあるのは、法師品において「若し人、一の悪言を以て在家、出家の法華経を読誦する者を毀訾《きし》せば、其の罪は甚だ重し」と説かれることや、譬喩品の末尾の偈の「若し人信ぜずして、此の経を毀謗《きぼう》せば、則ち一切世間の仏種《ぶっしゅ》を断ず」以下の『法華経』を誹謗する罪を列挙するところを指すと言われる。

また、『法華経』を信仰するものは前の法師功徳品に説かれるように、六根清浄の功徳を得るのである。

（2）威音王仏

釈尊は得大勢菩薩に、『法華経』を誹謗する罪の報いと信仰する功徳を具体的に示すために、過去世の物語を話す。

計量することもできず、限界もなく、思議することもできず、計算することもできない劫（無量無辺不可思議阿僧祇劫）というはるか過去に、威音王仏《いおんのうぶつ》という仏がいた。この仏の名の原語は Bhīṣmagarjitasvararāja（恐ろしく響く音声の王の意）である。威音王仏の時代の名を離衰《りすい》（Vinirbhoga. 快楽を離れたの意）といい、国の名を大成《だいじょう》（Mahāsaṃbhavā. 偉大な生成の意）という。威音王仏は声聞のために四諦の教えを説き、縁覚のために十二因縁の教えを説き、菩薩のために六波羅蜜の教えを説く。威音王仏の寿命は四十万億那由他恒河沙劫であり、正法の存続する期間は一閻浮提《えんぶだい》（須弥山の南の大陸で人間の住む場所）の微塵（極微の粒子）の数の劫であり、像法の存続する期間は四天下《してんげ》（須弥山の東西南北にある四つの大陸）の微塵の数の劫である。この威音王仏は衆生を救済してから、涅槃に入った。正法、像法の存続する期間も過ぎると、また、この国土に、威音王仏という名の仏が出現する。このようにして二万億の威音王仏（みな同じ名である）が出現するのである。

（3）常不軽菩薩の実践と受難

二万億の威音王仏の最初の威音王仏の像法時代、増上慢の比丘が勢力をふるっていた時代に、常不軽という名の出家の菩薩がいた。なぜ常不軽という名が付いたかと言うと、この菩薩は自分の出会うあらゆる比丘・比丘尼・優婆塞・優婆夷に向かって、彼らを礼拝《らいはい》し、褒め讃えて「私は深くあなたたちを尊敬する。軽んじてあなどろうとはしません。なぜならば、あなたたちはみな菩薩の修行を実践して、成仏することができるであろうからです」と言う。この菩薩は経典を読誦することに専念せず、ただ礼拝を行うだけである。遠くに四衆がいると、わざわざそこまで行って、礼拝し、褒め讃えて「私はあなたたちを軽んじようとはしません。あなたたちはみな成仏するであろうからです」と言う。

これは、すべての人間が将来において菩薩の修行を実践して仏となることができるという、最も人間を尊厳視した思想と実践である。ところが、どこから来たかわからない乞食坊主が仏の授けるべき成仏の記別をみなに与えるということは、まったくおこがましいことであると大いに怒った人がいたのである。経には、続いて、そのような人の存在を次のように説いている。

四衆の中には、憎悪を生じて心が清浄でないものがいて、この菩薩を悪口し、罵詈して「この智慧の無い比丘はどこから来たのか。自ら『私はあなたを軽んじない』と言い、私たちのために『成仏することができるであろう』と記別を授ける。私たちはこのような虚偽の授記を用いない」と言う。

しかし、長い期間、この菩薩は常に罵詈されても、憎悪の心を生ぜず、常に「あなたは成仏するであろう」と言い続ける。この菩薩がこのように言うと、多くの人々は杖や木、瓦や石で打ちつける。しかし、この菩薩は遠くに逃げながら、またそこで大きな声で「私はあなたたちを軽んじようとはしません。あなたたちはみな成仏するであろう」と唱える。この菩薩が常にこのような言葉を語ったので、増上慢の四衆は彼を常不軽菩薩と呼んだのである。

宮沢賢治の「雨ニモマケズ」が、この常不軽菩薩の実践に着想を得ていることはよく指摘されることである。

(4) 常不軽菩薩の六根清浄の功徳

上に紹介した礼拝行を一生涯実践した常不軽菩薩は臨終のときに、虚空の中から威音王仏が先に説いた『法華経』の二十千万億の偈が聞こえてくるのを聞いて、それらをすべて受持することができ、すぐに六根清浄の功徳を獲得した。さらに、二百万億那由他という長い期間、寿命を延長して、広く人々のために『法華経』を説いた。

常不軽菩薩を軽んじ卑しめて、不軽という名を付けた増上慢の四衆も、常不軽菩薩が大神通力、楽《ぎょう》説《ぜつ》弁力（進んで説法する雄弁の力）、大善寂力《だいぜんじゃくりき》（偉大な善く静まった瞑想の力）を得たのを見、その説く内容を聞いて、みな信伏して従った。さらに、常不軽菩薩は千万億の衆生を教化して最高の正しい悟りにとどまらせた。

常不軽菩薩は死後、二千億の日月灯明仏に出会うことができ、その法の中で『法華経』を説いた。この日月灯明仏は序品に出たが、梵本ではCandrasvararāja（月の音声の王の意）とあって、序品の日月灯明仏の原語とは異なる。上に述べたいわれで、常不軽菩薩はまた二千億の雲自在灯王《うんじざいとうおう》（Meghasvara=rāja. 雲の音声、つまり雷鳴の王の意）に出会い、これらの仏たちの法の中で、『法華経』を受持、読誦し、四衆のために説くので、六根清浄の功徳を得、四衆の中で説法するとき、何ものをも恐れなかった。

この常不軽菩薩はこのような多くの仏たちを供養し、尊敬し、褒め讃えて、多くの善根を植え、その後、また千万億の仏たちに出会い、また仏たちの法の中で、この『法華経』を説いて、功徳を完成し、成仏することができたのである。

（5）常不軽菩薩は釈尊

上のような故事を紹介した釈尊は、この常不軽菩薩こそ釈尊自身であることを打ち明ける。そして、もし自分が過去世において、この『法華経』を受持し、読誦し、他人のために説くことをしなかったならば、速やかに最高の正しい悟りを得ることはできなかったであろうし、自分は過去仏のもとで、『法華経』を受持し、読誦し、人々のために説いたために、速やかに最高の正しい悟りを得たのであると語る。

（6）迫害者の報いと現在の姿

さらに、釈尊は、常不軽菩薩＝釈尊を迫害したものたちの報いを語る。彼らは、二百万億劫、仏に出会うことができず、法を聞かず、僧（サンガ）を見ず、千劫の長い間、阿鼻《あび》地獄（無間《むけん》地獄）において大苦悩を受けた。地獄における罪の報いが終わって、彼らは再び常不軽菩薩が最高の正しい悟りに向かって教化するのに出会った。彼らこそ、今、この集会にいる跋陀婆羅《ばつだばら》（Bhadrapāla）などの五百人の菩薩、師子月《ししがつ》（Siṃhacandrā）などの五百人の比丘尼、思仏（Sugatacetanā. 善逝を思う者の意）などの五百人の優婆塞（梵本では優婆夷、つまり女性の在家信者とある）などの最高の正しい悟りから退転しない者たちなのである。

（7）結　論

釈尊は、常不軽菩薩の物語を話し、その登場人物の現在の姿をも打ち明けた後に、結論的に、「この

『法華経』は菩薩摩訶薩たちを大いに利益し、最高の正しい悟りに到達させることができる。このため菩薩摩訶薩たちは如来が涅槃に入った後に、常にこの経を受持し、読み、誦し、解説し、書写するべきである」と述べ、『法華経』の五種法師の修行を勧めている。

［21］ 如来神力品 （にょらいじんりきほん）

従地涌出品において出現した地涌の菩薩の出番がこれまでなかったが、この品では、この地涌の菩薩が『法華経』を弘通することを誓う。これに対して、釈尊は広長舌《こうちょうぜつ》を梵天にまで伸ばすなどの神通力を示した後に、『法華経』の功徳はこのような不可思議な仏の神通力によっても説き尽くすことはできないと述べ、『法華経』の内容を「要を以て之れを言わば、如来の一切の所有《あらゆ》る法と、如来の一切の自在の神力と、如来の一切の秘要の蔵と、如来の一切の甚深《じんじん》の事とは、皆な此の経に於て宣示顕説《せんじけんぜつ》す」という四句にまとめて、地涌の菩薩に付嘱《ふぞく》（委託するの意）するのである。

（1） 地涌の菩薩の『法華経』弘通の誓い

千の世界の微塵の数に等しい数の地涌の菩薩がみな釈尊の前でひたすら合掌し、釈尊の尊い顔を仰ぎ見て、釈尊に「世尊よ。私たちは仏が涅槃に入った後に、世尊と分身仏のいる国土の中の（仏が）涅槃に入った場所で、この『法華経』を敷衍して説くでしょう。その理由は何か。私たちも自らこの真実・清浄で偉大な法を得、受持し、読み、誦し、解説し、書写して、これを供養しようと思うからです」と申し上げる。

法師品以降、釈尊滅後の『法華経』の受持・弘通の主体者はいったい誰なのかをめぐって話が展開し、従地涌出品において地涌の菩薩が姿を現わす。その後、みなにとって不思議な存在である地涌の菩薩がいったい何ものかを明らかにする文脈の中で、釈尊の寿命の長遠が説き示されたのである。その後、その釈尊の寿命の長遠を信受するものの功徳がさまざまに説かれてきた。そして、ようやくこの品で、地涌の菩薩の『法華経』弘通の誓いが述べられる。

(2) 釈尊と分身仏の神通力

地涌の菩薩たちが誓いを述べたとき、釈尊は昔から娑婆世界に住む文殊菩薩などの無量百千万億の菩薩、四衆、天龍八部衆たちの前で偉大な神通力を示す。

はじめに、広長舌を出して梵天王の世界にまで到達させる。広長舌相は仏の三十二相の一つで、仏の舌は長くて伸ばすと髪の生《は》え際《ぎわ》、または耳まで達すると考えられていた。仏の説く内容に虚偽がないことを示す相とされる。次に、すべての毛穴から無量無数の色の光を放って、十方世界を照らす。すると、分身仏たちも釈尊と同様な神通力を示す。このように釈尊と分身仏たちの神通力が百千歳(十万年)続いた後に、舌をもとに戻して、咳《せき》ばらいと指弾《ゆびはじ》きをする。この咳ばらいと指弾きの二つの音は十方の仏たちの世界にくまなく広がり、大地は六種に震動する。その世界の衆生と天龍八部衆たちは、仏の神通力によって、宝樹の下の師子座に坐る分身仏たちと、多宝如来とともに宝塔の中の師子座に坐る釈尊の姿と、さらに釈尊が計量することもできず、限界もない百千万億の菩薩たちや四衆たちに尊敬され囲まれている姿を見、みな大いに歓喜してこれまでにないすばらしい気持ちになる。

そのときすかさず、十方の世界の神々は虚空の中で高らかな声で、「これらの計量することもできず、限界もない百千万億阿僧祇の世界を過ぎたところに、娑婆世界という名の国がある。この国には釈迦牟尼という名の仏がおり、今、菩薩たちのために妙法蓮華という名の、菩薩を教化する法で、仏に大切に守られている大乗経典を説いている。あなたたちよ。心中深く随喜するべきである。また、釈迦牟尼仏を礼拝し、供養するべきである」と宣言する。

そこで、その虚空の声を聞いた十方の世界の衆生たちは、娑婆世界に向かって、「南無釈迦牟尼仏、南無釈迦牟尼仏」と唱える。南無は帰依する、帰命《きみょう》するの意である。さらに、彼らは華・香などのさまざまな物を遙か遠くの娑婆世界に散らすのである。あたかも雲の集まるように、十方からすばらしい供養の物が来るのである。そして、それらが宝石でできた垂れ幕となって、娑婆世界の釈尊や分身仏たちの上をくまなく覆う。そのとき、十方の世界は一つの仏国土のように障害なく通じあうのである。

以上のような神通力と不思議な現象が生じたのである。

(3) 地涌の菩薩への『法華経』の付嘱

そこで、釈尊はいよいよ上行菩薩などの地涌の菩薩たちに『法華経』を付嘱するのである。釈尊は「仏たちの神通力はこのように計量することもできず、限界もなく、思議することもできない。もし私がこの神通力によって、計量することもできず、限界もない百千万億阿僧祇劫という長い間、この『法華経』を付嘱するために、この経の功徳を説いても、やはりまだ説き尽くすことはできない。要約して言うと、如来のすべての持っている法と、如来のすべての思いのままの神通力と、如来のすべての秘密の要旨の蔵と、如来のすべてのとても深遠な事がらとは、すべてこの経において述べ、示し、顕わし、説いた。このため、あなたたちよ。如来が涅槃に入った後に、ひたすら受持し、読み、誦し、解説し、書写し、説かれるとおりに修行すべきである。どんな国土でも、『法華経』を受持し、読み、誦し、解説し、書写し、説かれるとおりに修行する所であるならば、あるいは『法華経』のある場所であるならば、園の中でも、林の中でも、樹下においても、僧院においても、在家信者の家においても、りっぱな建物においても、山・谷・広野においても、そこに塔を建立して供養すべきである。その理由は何か。分かるはずである。この場所はとりもなおさず悟りの場所であり、仏たちはここで最高の正しい悟りを得、仏たちはここで法輪を転じ、仏たちはここで涅槃に入るからである」と語る。

『法華経』には、四句に整理される如来のすべての持っている法・思いのままの神通力・秘密の要旨の蔵・とても深遠な事がらが集約して説かれているとされる。そして、『法華経』を信仰する所、『法華経』のある所はどこにでも仏を祭祀する塔を建立すべきであるとされる。なぜなら、『法華経』を信仰する所、『法華経』のある所こそ、すべての仏たちが悟りを開き、教えを説き、涅槃に入る所であるからである。言い換えるならば、すべての仏たちのあらゆる活動は『法華経』を根源としていることを示していると考えられる。

［22］嘱累品（ぞくるいほん）

嘱累品においては、一切の菩薩たちに対して、総じて『法華経』を付嘱する。ここで、多宝如来の塔を開くために集合させられた釈尊の分身仏たちはそれぞれ本国に帰り、多宝如来の塔もその扉が閉められて帰っていくことを勧められる。

嘱累品は一般的には、経末に置かれるものなので、鳩摩羅什訳においてこのように中途に置かれることは奇妙な印象を与える。ただし、多宝如来の塔もここで本《もと》の場所に帰るよう勧められているが、後の妙音菩薩品や観世音菩薩普門品にもまた登場している。

『法華経』の成立史を考えた多くの学者は、嘱累品がこの位置に置かれていることについて、『法華経』がある時期までは、ここで終わっていたことを意味するのではないかと解釈してきた。

（1）菩薩（地涌の菩薩とその他の菩薩）たちへの総付嘱

地涌の菩薩たちへの付嘱が終わって、次に、釈尊は地涌の菩薩とその他の菩薩たちのすべてに『法華経』を付嘱する。釈尊は法座から起ち上がって、偉大な神通力を示し、右手で計量することのできない多数の菩薩たちの頭を撫《な》でて、「私は計量することもできない百千万億阿僧祇劫という長い間、この獲得することの難しい最高の正しい悟りの法（＝『法華経』）を修行してきた。今、それをあなたたちに付嘱する。あなたたちよ。ひたすらこの法を流布《るふ》して、広く増やすべきである」と語った。

釈尊はこのように三度、菩薩たちの頭を撫でて、「私は計量することもできない百千万億阿僧祇劫という長い間、この獲得することの難しい最高の正しい悟りの法（＝『法華経』）を修行してきた。今、それをあなたたちに付嘱する。あなたたちよ。受持し、読誦し、広くこの法を宣《の》べ伝え、すべての衆生に残りなく、聞き知るようにさせるべきである。その理由は何か。如来には偉大な慈悲があって物惜しみする心がなく、また恐れるものがなく、衆生に仏の智慧・如来の智慧・自然に生じる仏の智慧（自然《じねん》智《ち》）を与えることができるからである。如来はすべての衆生の偉大な布施の主である。あなたたちもまた如来の法に従って学ぶべきである。物惜しみの心を生じてはならない。未来世において、もし善男子・善女人が如来の智慧を信じるならば、彼らのためにこの『法華経』を演説し、聞き知ることができるようにさせるべきである。彼らに仏の智慧を得させるためである。もし衆生が『法華経』を信受しなければ、（巧みな手段を用いて）如来の『法華経』以外の他の法の中で、示し、教え、利益を与え、喜ばせるべきである。あなたたちよ。もしこのようにすることができるならば、仏たちの恩に報いたことになる」と語る。

釈尊は『法華経』を最高の正しい悟りの法と表現し、その法を広宣流布《こうせんるふ》することを指示している。また、仏は惜しげもなく仏の智慧を衆生に与えると言い、その仏の智慧を信じるものには『法華経』を説き聞かせ、仏の智慧を獲得させるようにし、『法華経』をすぐには信受できないものには巧みな手段を用いて、他の教えによって教化してから『法華経』を信受させることを指示しているのである。

（2）菩薩たちの喜びと決意

釈尊の指示を聞いた菩薩たちは大いなる歓喜が全身に満ち、ますます釈尊を尊敬し、身を曲げ頭を垂れ、合掌し、釈尊に向かって、声をそろえて「世尊の言いつけ通り、残りなく全部推し戴いて実践します。どうか、世尊よ。ご心配しないでください」と申し上げた。これを菩薩たちは三度繰り返した。

（3）分身仏と多宝如来の塔の解散の勧め

そのとき、釈尊は見宝塔品において十方からやって来た分身仏たちをそれぞれ本国に帰らせようとして、「仏たちはおのおの安らかに落ち着く所に従ってください。多宝如来の塔はもとのように帰ってください」と言った。

見宝塔品から続いた、多宝如来と分身仏たちを巻き込んだ壮大な虚空での説法はいよいよ終わりを告げるのである。見宝塔品から嘱累品までの虚空での説法を中国では虚空会《こくうえ》と呼ぶ。それ以前と以後を霊鷲山会と呼ぶので、『法華経』は二処三会《にしょさんね》の説法と言われる。二処とは霊鷲山と虚空であり、三会とは霊鷲山会・虚空会・霊鷲山会のことである。

（4）分身仏をはじめとする集会のものたちの喜び

釈尊が分身仏たちや多宝如来に帰ることを勧める言葉を聞いて、宝樹の下の師子座に坐った、十方の計量することもできない多数の分身仏たち、多宝如来、上行菩薩などの限界のない多数の菩薩たちの集団、舎利弗などの声聞、四衆、天龍八部衆などは釈尊の説くことを聞いてみな大いに歓喜した。

嘱累品の内容はこれで終わりであるが、嘱累品が普通経末に置かれることはすでに述べたが、『法華経』も嘱累品のこの箇所で終わっても、内容的には何ら不思議はない。しかし、『法華経』はまた別の視点から、話を続けるのである。

[23] 薬王菩薩本事品（やくおうぼさつほんじほん）

この品から経末の普賢菩薩勧発《ふげんぼさつかんぽつ》品（陀羅尼品を除く）までは、偉大な菩薩や王の故事を取り挙げ、彼らと『法華経』との密接な関係を説き示して、『法華経』の偉大さを讃えている。薬王菩薩本事《やくおうぼさつほんじ》品においては、薬王菩薩の過去世の物語が語られる。本事とは、過去世における由来の意である。薬王菩薩は一切衆生喜見《いっさいしゅじょうきけん》菩薩という名で、日月浄明徳仏《にちがつじょうみょうとくぶつ》の下で修行していたが、『法華経』の功徳によって現一《げんいっ》切色身三昧《さいしきしんざんまい》を得たことを感謝して、仏と『法華経』に供養しようと思った。さまざまな神通力によって供養したが、わが身を供養するのが最高の供養だと考えて、身を燃やして供養し、光明を放って、八十億恒河沙の世界を照らした。

その後、喜見菩薩はまた日月浄明徳仏の国の浄徳王《じょうとくおう》の家に生まれ、仏が涅槃に入った後に、その舎利を供養するために自分の両臂《ひじ》を焼いて灯火とした。ところが、みなが喜見菩薩の両臂がなくなったのを悲しんだので、喜見菩薩は、自分は両臂を捨てて仏身を獲得するのであり、このことに間違いがないならば、両臂はもとのようになるであろうと誓ったところ、自然にもとのように両臂が回復したのである。

このような物語を語った釈尊は宿王華《しゅくおうけ》菩薩に、『法華経』が諸経の王であることをさまざまな譬喩を用いて示し、その後、この薬王菩薩本事品を宿王華菩薩に付嘱するのである。最後にこの品が説かれたとき、聴衆の菩薩たちがすべての衆生の言葉を理解する陀羅尼（呪文）を得、また宿王華菩薩が多宝如来に褒め讃えられる。

（1）宿王華菩薩の薬王菩薩の過去世に関する質問

宿王華（Nakṣatrarājasaṃkusumitābhijña. 星宿の王によって神通力を発揮した者の意）菩薩が釈尊に、薬王菩薩はどのようにして娑婆世界に遊ぶのかを質問する。この薬王菩薩には過去世に多くの難行・苦行があり、それを解説してもらえば、天龍八部衆や人間たちや他の国土からやって来た菩薩・声聞たちは歓喜するであろうとして、釈尊に薬王菩薩の過去世の修行の解説をお願いするのである。

（2）薬王菩薩の過去世の物語

そこで、釈尊は薬王菩薩の過去世の物語を語る。要約して紹介する。

① 計量することもできない恒河沙劫というはるか昔に、日月浄明徳仏（Candrasūryavimalaprabhāsaśrī. 月と太陽の汚れのない輝きによって吉祥である者の意）という名の仏がいた。仏の寿命は四万二千劫で、その仏のすばらしい浄土には八十億の菩薩の大集団と七十二恒河沙という声聞の大集団とがいた。女性や四悪道の衆生はいなかった。

② この日月浄明徳仏は一切衆生喜見菩薩（Sarvasattvapriyadarśana. すべての衆生に好まれる姿を持つ者の意）やその他の菩薩・声聞たちに『法華経』を説く。この一切衆生喜見菩薩は一万二千年の間、好んで苦行を修め、現一切色身（Sarvarūpasaṃdarśana. すべての姿を現わし示すの意）三昧を得て、「『法華経』を聞くことによって、この三昧を得た。私は今、日月浄明徳仏と『法華経』に供養しよう」と考えた。

③ 喜見菩薩はすぐにこの三昧に入って、虚空から曼陀羅華・摩訶曼陀羅華や栴檀の香を降らして、仏を供養したが、三昧から出て、「私は神通力によって仏を供養したが、わが身を供養するのには及ばない」と考えた。

④ そこで、喜見菩薩は千二百年間、栴檀などの香を食べ、花の香油を飲み続けてから、香油を身に塗り、日月浄明徳仏の前で、天の宝石でできた衣を身につけ、香油を注ぎ、神通力の願によって自ら身を燃やした。その喜見菩薩の燃える光明は八十億恒河沙の世界をくまなく照らした。

⑤ その世界の中の仏たちは同時に喜見菩薩を褒め讃えて、「すばらしい。すばらしい。善男子よ。これが真実の精進である。これを真実の法を如来に供養すると名づける。もし華・香などのさまざまな物を供養しても、及ぶことはできない。たとい国や城市、妻子を布施しても及ばない。善男子よ。これを最高の布施と名づける。多くの布施の中で最も尊く、最も優れている。法を如来たちに供養するからである」と言ってから、めいめい沈黙した。

⑥ 喜見菩薩の身は千二百年間燃え続けて、燃え尽きた。喜見菩薩はこのような法の供養をなして死んだ後、また日月浄明徳仏の国に生まれて、浄徳王（Vimaladatta. 天賦の汚れなさを持つ者の意）の家に結

跏趺坐したまま突然に生まれた（母から生まれたのではない）。そして、父の浄徳王のために「大王よ。今、分かるはずです。私はかしこで修行してただちに一切現諸身三昧《いっさいげんしょしんざんまい》（すべての身を現わす瞑想）を得、熱心に修行し、偉大な努力をし、愛着する身を捨てた」という偈頌を説き、さらに、父に「日月浄明徳仏は、今まだ現におられます。私は先に仏を供養して、すべての衆生の言葉を理解する呪文を得、膨大な数の偈の『法華経』を聞きました。大王よ。私は今また再びこの仏を供養します」と言った。

⑦　そして、喜見菩薩は仏を褒め讃える偈頌を説いて、仏に「世尊よ。世尊はまだこの世におられますか」と聞いた。日月浄明徳仏は喜見菩薩に「善男子よ。私の涅槃の時が来た。消え去る時が来た。あなたよ。寝床を用意しなさい。私は今夜涅槃に入る」と答えた。さらに、喜見菩薩に「善男子よ。私は仏法をあなたに委嘱《いしょく》する。また菩薩たち、大弟子たち、最高の正しい悟りの法を（あなたに）委嘱する。また七宝でできた三千大千世界、宝樹・宝台、そばに仕える神々をすべてあなたに付嘱《ふぞく》する。私が涅槃に入った後に、あらゆる舎利（遺骨）もあなたに付嘱する。舎利を流布させて広く供養を設けるべきである。数千の塔を建立すべきである」と命令した。

⑧　このように日月浄明徳仏は喜見菩薩に命令してから、その夜明け頃に涅槃に入った。そのとき、喜見菩薩は日月浄明徳仏が涅槃に入ったのを悲しみ、これを火葬して舎利を集め、八万四千の塔を建立した。それでも、喜見菩薩は満足できず、さらに舎利を供養しようと思い、菩薩・大弟子・天龍八部衆たちに「あなたたちよ。ひたすら、私が今、日月浄明徳仏の舎利を供養することを思うべきである」と言って、八万四千の塔の前で、百の福徳で飾られた臂を七万二千年の間燃やし続けて供養し、無数の声聞を求める人々や、無量阿僧祇の人々に最高の正しい悟りを求める心を生じさせ、みな現一切色身三昧に

とどまることができるようにさせた。

⑨　さて、菩薩・天・人・阿修羅などは喜見菩薩の臂がなくなったのを悲しんで、「この喜見菩薩は私たちの師であり、私たちを教化した人である。ところが今、臂を焼いて身が完全ではなくなった」と言った。そこで、喜見菩薩は大勢の人々の前で、「私は両臂を捨てて、必ず仏の金色《こんじき》の身を得るのである。もしこのことが真実で虚偽でなければ、私の両臂がもとどおり回復するようにさせよう」という誓いを立てた。

⑩　この誓いを立てたとき、自然に喜見菩薩の両臂がもとどおり回復した。この喜見菩薩の福徳・智慧が成熟していることによって実現したものである。そのとき、三千大千世界は六種に震動し、天から宝《ほう》華《け》が降り、すべての神々・人々はこれまでにないすばらしい気持ちになったのである。

（3）『法華経』は諸経の王

釈尊は薬王菩薩の過去世の物語を宿王華菩薩に語り終えた後、この一切衆生喜見菩薩こそ現在の薬王菩薩であることを打ち明ける。そして、『法華経』が諸経の王であることをさまざまな表現を駆使して明らかにしている。

①　もし最高の正しい悟りを求める心を生じるならば、しっかりと手の指や、ないし足の一本の指でも燃やして仏塔を供養しなさい。国・城市、妻子、三千大千世界の山・林・河・池、多くの宝石でできた物を供養する者に優越するであろう。

② ある人が三千大千世界に満ちる七宝を仏・菩薩・縁覚・阿羅漢に供養しても、その功徳は『法華経』の一句を受持する功徳に及ばない。

③ 多くの河川の中で海が第一であるように『法華経』は如来の説く経の中で最も深く偉大であり、多くの山の中で須弥山が第一であるように『法華経』は諸経の中で最上であり、多くの星の中で月天子《げってんし》が第一であるように『法華経』は多くの経の中で最も照明するものであり、日天子《にってんし》が多くの闇を除くように『法華経』はすべての悪の闇を破ることができ、王の中で転輪聖王が第一であるように『法華経』は多くの経の中でもっとも尊いものであり、三十三天の中で帝釈天が王であるように『法華経』は多くの経の中の王である。すべての衆生の中で大梵天王が父であるように『法華経』は聖なる声聞の有学・無学、菩薩の心を生じる者の父であり、すべての凡夫の中で声聞の四果や縁覚が第一であるように『法華経』はすべての如来・菩薩・声聞の説く経の中で最も第一であり、『法華経』を受持する者はすべての衆生の中で第一であり、すべての声聞・縁覚の中で菩薩が第一であるように『法華経』はすべての経の中で最も第一であり、仏が諸法の王であるように『法華経』は多くの経の中の王である。

要するに、これらは『法華経』に対する最大限の賛辞であるが、古来『法華経』が「諸経の王」と言われてきたことの典拠となったものである。

④ 『法華経』はすべての衆生を救済するものである。もしある人が『法華経』を聞くことができ、自ら書写し、他人にも書写させるならば、その人の得る功徳は、仏の智慧によって計算してもその限界を把握できない。もしこの『法華経』を書写し、華・香などのさまざまな物を供養すれば、得る功徳はまた計量することができない。

⑤ もしある人がこの薬王菩薩本事品を聞くならば、計量することもできず、限界もない功徳を得る。もし女性がこの薬王菩薩本事品を聞くならば、再び女性の身とならない。もし女性がこの『法華経』を聞いて、説かれるとおり修行するならば、この娑婆世界で死んで、すぐに安楽世界の阿弥陀仏が偉大な菩薩たちに囲まれている場所に行って、蓮華の中の宝座の上に男性の身として生まれる。この人は貪欲《とんよく》や瞋恚《しんに》（激しい憎悪の心）・愚癡《ぐち》（愚かさ）、おごり高ぶる心・嫉妬に悩まされることなく、菩薩の神通力と無生法忍《むしょうぼうにん》（存在の不生不滅を認識すること）を得る。そして、眼根が清浄となり、それによって七百万二千億那由他恒河沙という多数の仏たちを見る。そのとき仏たちはこの人を「すばらしい。すばらしい。善男子よ。あなたは釈迦牟尼仏の法の中でこの『法華経』を受持し、読誦し、思惟して、他人のために説いた。獲得する福徳は計量することもできず、限界もない。火も焼くことができず、水も流すことができない。あなたの功徳は千人の仏が一緒に説いても、説き尽くすことができない。あなたは今多くの魔の賊、生死の軍団、多くの敵を破壊することができた。善男子よ。十万の仏たちは神通力によってともにあなたを守護する。すべての世間の神々・人々の中であなたに及ぶ者はない。ただ如来を除けば、多くの声聞・縁覚・菩薩の智慧や禅定もあなたと肩を並べるものはいない」と言って褒め讃える。

⑥ もしある人がこの薬王菩薩本事品を聞き、随喜し褒め讃えるならば、現世において常に口からは青蓮華《しょうれんげ》の香を出し、毛穴からは牛頭栴檀《ごずせんだん》の香を出す。

（4）薬王菩薩本事品を宿王華菩薩に付嘱

釈尊は『法華経』の偉大さをさまざまに説いた後に、この薬王菩薩本事品を宿王華菩薩に付嘱する。そして、釈尊が涅槃に入って五百年経過した、次の五百年の間（漢文は「我滅度後、後五百歳中」である）に閻浮提（Jambu-dvīpa の音写。須弥山の周囲にある四つの大陸のうち、人間の住む南の大陸を言う）に、この薬王菩薩本事品、『法華経』を広宣流布《こうせんるふ》しなさい、けっしてこの品、『法華経』を断絶させて、悪魔などにつけいる隙《すき》を与えてはならないと命令する。

また、釈尊は宿王華菩薩に、神通力によってこの『法華経』を守護すべきであると命令する。その理由について、釈尊は、この『法華経』は閻浮提の人々の良薬であるからであると述べ、病人がこの『法華経』を聞くことができれば、病はたちどころに消滅して不老不死となると言う。また、釈尊は宿王華菩薩に、『法華経』を受持する者に対して、青蓮華と抹香を供養しまき散らし、「この人はまもなく、必ず（座席に敷く）草を取って、悟りの場所に坐り、多くの魔軍を破るはずである。教えをほら貝のように吹き鳴らし、偉大な教えを鼓のように打ち鳴らして、すべての衆生の老・病・死の海を渡し救うであろう」と思うべきであると命令する。結論として、仏の悟りを求める者は、『法華経』を受持する者を見れば、このように尊敬の心を生じなければならないと言っている。

（5）聴衆の歓喜

この薬王菩薩本事品が説かれたとき、八万四千の菩薩たちはすべての衆生の言葉を理解する呪文を得た。多宝如来は宝塔の中で宿王華菩薩を讃えて、「すばらしい。すばらしい。宿王華よ。あなたは思議することのできない功徳を完成し、はじめて釈迦牟尼仏にこのような事がらを質問し、計量することもできないすべての衆生に利益を与えることができた」と言った。

この品の中には「薬王菩薩本事品」という品名がしばしば出てきて、奇妙な印象を与える。というのは、建前としては品名は後の経典編集者が付けたものとされるからである。ところが、この品では釈尊の説法の中に品名が出ているのである。そこで、『法華経』の成立史を考える学者の中には、このように自らの品名を出す品は元来は独立単行されていたもので、後に『法華経』の中に組み込まれたのであろうと推定する者もいるが、真偽のほどは未確定である。

［24］ 妙音菩薩品（みょうおんぼさつほん）

釈尊の放つ光によって浄華宿王智仏《じょうけしゅくおうちぶつ》の浄光荘厳世界《じょうこうしょうごんせかい》が照らされ、そこに妙音菩薩がいた。妙音菩薩は実に多数の偉大な三昧を得た菩薩であり、娑婆世界にやって来ようとする。一方、娑婆世界の文殊菩薩もこの妙音菩薩の姿を見たいと釈尊にお願いする。そこで、釈尊は多宝如来に依頼して、妙音菩薩を娑婆世界に招いてもらう。やって来た妙音菩薩について、華徳《けとく》菩薩が釈尊にこの菩薩の過去世の修行について質問する。釈尊は、妙音菩薩は雲雷音王仏《うんらいおんのうぶつ》への供養の功徳によって浄華宿王智仏の国に生まれ、すばらしい神通力を身につけたこと、妙音菩薩は三十四種類の身に変身して『法華経』を説き、衆生を救済することなどを答える。さらに、華徳菩薩は釈尊に、妙音菩薩の住する三昧の名を質問すると、釈尊は現一切色身三昧であることを答える。この品が説かれたとき、聴衆の四万二千の天子は無生法忍を得、華徳菩薩は法華三昧を得たとされる。

（1）浄光荘厳世界の浄華宿王智仏

釈尊は仏の三十二相の一つである肉髻《にくけい》（頭頂がもり上がって髻《もとどり》のようになっている）と眉間白毫相（眉

間に白い右回りの細い巻き毛がある）から光を放って東方の百八万億那由他恒河沙という多くの仏たちの世界を照らした。それらの世界の果てに浄光荘厳（Vairocanaraśmipratimaṇḍitā. 太陽の光によって飾られたの意）という世界があり、そこに浄華宿王智（Kamaladalavimalanakṣatrarājasaṃkusmitābhijñā. 蓮華の花弁のように汚れのない星宿の王によって開かれた神通を持つ者の意）仏という仏が住んでおられた。計量することもできず、限界もない菩薩の大集団に尊敬され囲まれて説法していた。それらの様子が釈尊の眉間白毫相の光によって明々と照らされたのである。

（2）妙音菩薩の登場と霊鷲山における蓮華の化作

そのとき、一切浄光荘厳国に妙音（Gadgadasvara. どもるもの、口ごもるものの意であるが、妙音という漢訳とまったく一致せず、不明）という名の菩薩がいた。妙音菩薩は長い間多くの善根を植えて、計量することもできない百千万億の仏たちを供養し、近づき、とても深遠な智慧を完成し、百千万億恒河沙という多数の偉大な三昧を得ていた。釈尊の光によって身体を照らされた妙音菩薩は浄華宿王智仏に「世尊よ。私は娑婆世界に行って、釈迦牟尼仏を礼拝し、近づき、供養し、文殊菩薩などの菩薩にお会いしましょう」と申し上げる。すると、浄華宿王智仏は妙音菩薩に「娑婆世界は穢土《えど》であり、仏の身も菩薩の身も小さい。それに対してあなたの身は四万二千由旬であり、私の身は六百八十万由旬であるが、けっして娑婆世界、そこに住む仏・菩薩を軽んじて、劣ったものであるという思いを生じてはならない」と注意する。

そこで、妙音菩薩は浄華宿王智仏に「世尊よ。私が今、娑婆世界に行くことは、すべて如来の力であり、如来が神通力に思いのまま遊ぶことであり、如来の功徳・智慧によって飾られたことである」と申し上げた。そして、妙音菩薩は座を起たないまま、身は動揺しないまま三昧に入り、その三昧の力によって霊鷲山において、釈尊の法座からあまり離れていない所に八万四千の宝石でできた蓮華を作り出した。その蓮華は閻浮檀金《えんぶだんごん》（閻浮樹＝テンニン科の熱帯性小喬木の大森林を流れる河の底から取れる砂金。最も高貴な金とされた）を茎となし、白銀を葉となし、ダイヤモンドを蘂《しべ》となし、キンシュカ（香りのない赤色の花が咲く樹木の名）を花托《かたく》としていた。

（3）文殊菩薩の質問

蓮華が突然出現したので、文殊菩薩は不思議に思い、釈尊に、どんな理由でこのような瑞相が現われたのかを質問する。すると、釈尊は、これは浄華宿王智仏の国から妙音菩薩が八万四千の菩薩たちに囲まれてこの娑婆世界にやって来て、釈尊を供養し、近づき、礼拝しようとし、また『法華経』を供養し、聞こうとしているのであると答える。

文殊菩薩は釈尊に「この妙音菩薩はどのような三昧を修行して、このような偉大な神通力を得たのか。どうかその三昧の名を教えてください。私たちもこの三昧を修行して、はじめて妙音菩薩の姿、振舞いを見ることができる。どうか、世尊よ。神通力によって、その菩薩がやって来たときには、私に見ることができるようにさせてください」と申し上げる。

そこで、釈尊は文殊菩薩に「多宝如来があなたたちのために（妙音菩薩の）姿を示してくれるであろう」と告げた。多宝如来はそのとき、彼《かしこ》の妙音菩薩に「善男子よ。来なさい。文殊菩薩はあなたの身を見ようとしている」と告げたのである。

（4）妙音菩薩の霊鷲山への登場

多宝如来の呼びかけに応じて、妙音菩薩は八万四千の菩薩とともに霊鷲山にやって来る。途中経過した国々では、大地が六種に震動し、七宝の蓮華が降り、百千（十万）の天の楽器が自然と鳴り響いたとされる。妙音菩薩の眼が広大な青蓮華の葉のようであるなど、その容貌の美しさ、容姿の端麗さが強調されている。この妙音菩薩が百千金の値打のある瓔珞《ようらく》（首飾り）を釈尊に献上しながら、浄華宿王智仏の釈尊に対するご挨拶を申し上げ、また、多宝如来に対するご挨拶を申し上げた。そして、釈尊に「私は今、多宝仏のお姿を見たいと思います。どうか私に示して見せてください」とお願いする。

そこで、釈尊は多宝如来に「この妙音菩薩はあなたを見ることができるようにと願っています」と語り、多宝如来はそれに応えて「すばらしい。すばらしい。あなたはしっかりと釈迦牟尼仏を供養し、また『法華経』を聞き、また文殊師利などを見るために、ここにやって来た」と言った。

（5）華徳菩薩の質問と妙音菩薩の過去世の修行

そのとき、華徳（Padmaśrī. 蓮華の美しさを持つ者の意）菩薩が釈尊に「世尊よ。この妙音菩薩はどのような善根を植え、どのような功徳を修めて、この神通力を持ったのですか」と質問する。

この質問に対して、釈尊は妙音菩薩の過去世の修行について詳しく説明する。それによれば、過去の喜見（Priyadarśana. 愛らしい容貌を持つの意）という時代に雲雷音王（Meghadundubhisvararāja. 雲の太鼓の音＝雷鳴の王の意）という名の仏が現一切世間（Sarvarūpasaṃdarśana. すべての姿を現わし示すの意）という名の国に住んでいた。妙音菩薩は一万二千年の間、十万種類の音楽によって雲雷音王仏を供養し、八万四千の七宝の鉢を献上し、そのような行為の報いとして、浄華宿王智仏の国に生まれて、このような神通力のあることが説かれる。また、妙音菩薩は計量することもできない多数の仏たちを供養し、近づいて、長い間善根を植え、さらにまた恒河沙に等しい百千万億那由他の仏たちにお会いしたことがあると説かれる。

また、釈尊は、妙音菩薩がここにだけいると見えるかもしれないが、実はこの菩薩はさまざまな身を現わし、いたるところで衆生のために『法華経』を説くことを明かす。そして、具体的に、妙音菩薩が変身する三十四身を挙げる。それは、梵王・帝釈・自在天・大自在天・天の大将軍・毘沙門天王・転輪聖王・諸の小王・長者・居士・宰官・婆羅門・比丘・比丘尼・優婆塞・優婆夷・長者の婦女・居士の婦女・宰官の婦女・婆羅門の婦女・童男・童女・天・龍・夜叉・乾闥婆・阿修羅・迦楼羅・緊那羅・摩睺羅伽・地獄・餓鬼・畜生・王の後宮の女身の三十四種の身である。このように、妙音菩薩はさまざまな姿に変身して『法華経』を説き、娑婆世界の衆生を救済するのであり、そのようにしても妙音菩薩の神通力によって姿を変えることや智慧は少しも減らないことが指摘される。

また、妙音菩薩は幾ばくかの智慧によって、娑婆世界を明らかに照らして、すべての衆生に自己の存在を知られるようにし、また十方世界でも同じようにする。そして、声聞の姿・縁覚の姿・菩薩の姿・仏の姿によって救済するべき者には、それぞれそのような姿を取って説法し、また涅槃を示すことによって救済すべき者には涅槃を示すのである。

（6） 華徳菩薩の質問と妙音菩薩の現一切色身三昧

華徳菩薩はさらに釈尊に、妙音菩薩はどのような三昧に住して、あらゆる所に現われて衆生を救済するのかと質問する。釈尊は、妙音菩薩は現一切色身三昧に住していると答える。この三昧はすでに薬王菩薩本事品において薬王菩薩が獲得した三昧として出た。

（7） 聴衆の利益

最後に、この妙音菩薩来往品（来往は浄光荘厳世界と娑婆世界とを往来するの意）が説かれたとき、四万二千の天子は無生法忍を得、華徳菩薩は法華三昧を得たことが記される。

[25] 観世音菩薩普門品（かんぜおんぼさつふもんぼん）

この品は独立単行されて『観音経』と呼ばれる。現一切色身三昧に住する観世音《かんぜおん》菩薩（観音《かんのん》菩薩ともいう）が三十三身を現わして、苦難の衆生を救済するという内容であるが、すこぶる現世《げんぜ》利益《りやく》的な内容なので、中国・日本において、広く観音信仰が流行した。なお、「普門」の原語はsamantamukhaであり、あらゆる方向に顔を向けた者の意である。

（1）無尽意菩薩の質問——観世音菩薩の名のいわれと名号受持の功徳

無尽意《むじんに》（Akṣayamati. 尽きることのない意志を持つ者の意）菩薩が釈尊に、観世音菩薩の名の由来を質問するところから、この品は始まる。釈尊は、計量することもできない百千万億の衆生が多くの苦悩を受けているときに、観世音菩薩の名を聞いて、ひたすらその名を唱えるならば、観世音菩薩はすぐにその衆生の唱える声を聞いて、衆生を苦悩から救済してくれることを説く。

観世音の原語は、Avalokiteśvaraであり、直訳的には、後に玄奘が訳したように「観自在」が正しい。では、なぜここでは観世音と訳されたのであろうか。これには、Avalokitasvara（svaraは音の意）

が原語だったのではないかとする説（この場合Avalokitaが観世と訳されたことになり、lokitaがloka＝世間と混同された可能性があるとされる）、観世音菩薩は衆生の苦しみの音声、救いを求める音声を観察して、救いの手を差し伸べるという働きを持つことから、観世音と訳したのだという説などがある。

観世音菩薩の救済の具体的な内容は、次のような現世利益的なものであり、ここに一般庶民の熱心な信仰を集めた理由が存する。以下、どのような利益を与えるのか、整理して示す。

① 大火に入っても、観世音菩薩の名を心にとどめれば、火も焼くことができない。

② 大水に流されても、観世音菩薩の名を唱えれば、浅い所にたどり着く。

③ 百千万億の衆生が貴金属や宝石を求めるために大海に入るとき、たとい暴風が舟を羅刹《らせつ》（rākṣasaの音写。悪鬼の一種で、人肉を食うと言われる）の国に吹き飛ばそうとしても、その中の一人でも観世音菩薩の名を唱えれば、これらの人々はみな羅刹の難を脱却できる。

④ ある人が刀や杖で殺害されようとするとき、観世音菩薩の名を唱えれば、すぐにその刀や杖は折れ砕けて、脱却できる。

⑤ 三千大千世界の夜叉や羅刹がやって来て、ある人を悩まそうとしても、その人が観世音菩薩の名を唱えるのを聞けば、これらの悪鬼はその人を悪眼で見ることさえできず、まして害を加えることはなおさらできない。

⑥ ある人が有罪であれ、無罪であれ、手かせ・足かせ・首かせ・くさりなどの刑具で束縛されても、観世音菩薩の名を唱えれば、すべてそれらの刑具は破壊されて、すぐに脱却できる。

⑦ 三千大千世界に満ちる敵意ある盗賊がいても、一人の商人の中心者が多くの商人を引き連れて重宝

を持って険しい道を通り過ぎるとき、その中のある人が「善男子たちよ。恐れてはならない。あなたたちよ。ひたすら観世音菩薩の名を唱えるべきである。この菩薩は畏《おそ》れのない境地を衆生に与える。あなたたちよ。もし名を唱えれば、この敵意ある盗賊から脱却することができるであろう」と言う。すると、多くの商人はそれを聞いてともに声をそろえて「南無観世音菩薩」と唱えると、すぐに脱却できる。

⑧ 愛欲・瞋恚・愚癡が多くても、観世音菩薩を心に思って尊敬すれば、それらの欲望から離れることができる。

⑨ 男の子の欲しい女性が観世音菩薩を礼拝・供養すれば、福徳と智慧のある男の子が授けられ、女の子の欲しい女性の場合は、多くの人々に可愛がられる美しい容貌の女の子が授けられる。

このように、観世音菩薩の名を唱える偉大な功徳を列挙した後に、釈尊は無尽意菩薩との問答によって、六十二億恒河沙の菩薩たちの名を受持（記憶する意）し、一生涯、飲食物・衣服・寝具・医薬を供養する功徳はとても多いが、観世音菩薩の名を記憶し、短い間でも礼拝・供養する人の功徳はこれとまったく等しく、百千万億劫という長い時間でもなくならないほどであることを明かす。

（2） 観世音菩薩の三十三種の変化身

観世音菩薩の名を受持することの偉大な功徳を聞いた無尽意菩薩は釈尊に、「観世音菩薩はどのようにしてこの娑婆世界に遊ぶのか。どのようにして衆生のために説法するのか。（観世音菩薩の）巧みな手段の力に基づく、その仕事はどのようなものであるか」と質問する。この質問に対して、釈尊は、観世音菩薩が三十三種類の身に変身して衆生を救済することを明かす。三十三身は妙音菩薩の三十四身とほぼ内容が同じであるが、次に列挙する。仏・縁覚・声聞・梵王・帝釈・自在天・大自在天・天の大将軍・毘沙門天王・小王・長者・居士・宰官・婆羅門・比丘・比丘尼・優婆塞・優婆夷・長者の婦女・居士の婦女・宰官の婦女・婆羅門の婦女・童男・童女・天・龍・夜叉・乾闥婆・阿修羅・迦楼羅・緊那羅・摩睺羅伽・執金剛神《しゅうこんごうしん》（Vajrapāṇi. 手に金剛杵《じゅ》を持つ神）である。

そして、釈尊は無尽意菩薩に「この観世音菩薩はこのような功徳を完成して、さまざまな身体によって多くの国土に遊び、衆生を救済する。それゆえ、あなたたちよ。ひたすら観世音菩薩を供養すべきである。この観世音菩薩は恐ろしい緊急の災難の中で、何ものをも畏れない境地を与えることができる。それゆえ、この娑婆世界ではみなが施無畏者《せむいしゃ》（何ものをも畏れない境地を与える者）と名づける」と語り、観世音菩薩への供養を勧める。

聖観音と変化観音　観音菩薩が衆生救済のために、三十三身に変身するという思想から、さまざまな種類の観音が生まれた。これを変化《へんげ》観音という。これは一面二臂《いちめんにひ》（一つの顔と二本の腕）の普通の観音を聖《しょう》（正）観音と呼ぶのに対するものである。ここではいくつかの変化観音を紹介する。

① 十一面観音……すでに「普門」の原語の意味は「あらゆる方向に顔を向けた者」であることを述べたが、その理念を図像化したものが十一面観音である。本面（顔の正面）のほかに十面を持つものと、十一面を持つものとがある。本面以外の面は、正面に置かれる菩薩相という優しい表情を持つ三面、左側に置かれる忿怒《ふんぬ》相という怒りの表情を持つ三面、右側に置かれる白牙を出す三面、頂上に置かれる如来相を示す一面である。合わせて十二面の場合は、後頭部に暴悪《ぼうあく》相という大笑《たいしょう》した表情の一面がある。

衆生の機根に応じて、救済する側の観音もさまざまに表情を変えるのである。

②　千手《せんじゅ》観音……千本の手を持つ観音菩薩で、一本一本の手には眼が付いているので、千手千眼《せんげん》観音とも呼ばれる。まともに千本の手を付けた像もあるが、四十二本に省略した像もある。このように手や眼が多いことは、観音の救済力の大きさを表現したものと考えられる。

③　馬頭《ばとう》観音……三面二臂、三面四臂、四面八臂など、さまざまな形があるが、何と言っても最大の特徴は、頭上に馬の頭をのせていることである。また、怒りの表情を示している点も、他の穏和な表情の観音とは大いに異なるので、馬頭明王《みょうおう》といって明王部に入れられる場合もある。日本の民間信仰では、旅行安全の守り神として路傍に建てられたものも多い。

④　不空羂索《ふくうけんじゃく》観音……羂索は、鳥獣を捕まえる縄のことで、鳥獣を捕まえるのに失敗しない縄が不空羂索の意味である。この縄は、衆生を漏れなく救い取ることを表現したものである。この観音の特徴は、羂索を持つことと、三つの眼が付いていることである。

⑤　如意輪《にょいりん》観音……一説では、如意宝珠（cintāmaṇi. 思いのままに願いをかなえてくれる宝珠）と輪宝（cakra. 煩悩を破る武器）を持っているから、このように呼ぶ。一面六臂で、右手の一本を頬にあて、右足で左足を踏んで立膝をしている。これを輪王坐《りんおうざ》という。

⑥　准提《じゅんでい》（胝）観音……准提はCuṇḍī（井戸、小泉の意）の音写である。三目十八臂のものが多い。

以上の六種の変化観音と聖観音を合わせた七種の観音のうち、真言宗では不空羂索観音を除いたものを六観音とし、台密《たいみつ》（天台宗の密教）では准提観音を除いたものを六観音とする。どちらも除かない場合は七観音という。その他、三十三観音というまとめ方もある。

（3） 無尽意菩薩の観世音菩薩への供養

観世音菩薩への供養を勧められた無尽意菩薩は、すぐさま百千両の金の値打の宝石でできた首飾りを観世音菩薩に供養しようと申し出たが、観世音菩薩は受けることを承知しなかった。そこで、無尽意菩薩は観世音菩薩に、重ねて、私たちを憐れんでこの首飾りを受け取ってくださいと願った。そのとき、釈尊が観世音菩薩に、この無尽意菩薩、四衆、天龍八部衆などを憐れんで、この首飾りを受け取るようにと忠告したので、観世音菩薩はこの首飾りを受けて、二つに分け、一つを釈尊に献上し、もう一つを多宝如来の塔に献上したのである。

（4） 聴衆の利益

この普門品が説かれたとき、聴衆の八万四千の衆生はすべて仏の最高の正しい悟りを求める心を生じた。

［26］陀羅尼品（だらにほん）

薬王菩薩と勇施《ゆぜ》菩薩、毘沙門天王と持国天王、十羅刹女などがそれぞれの陀羅尼呪《だらにじゅ》を唱えて、『法華経』を弘通する人の守護を誓う。陀羅尼は dhāraṇī の音写で、総持《そうじ》と漢訳される。もともと経典を記憶する力、善を保持する力を意味するが、ここでは仏の教えのエッセンスで、神秘的な呪力があるとされる、比較的長い呪文《じゅもん》の意である。

（1）『法華経』受持の功徳についての薬王菩薩と釈尊の質疑

薬王菩薩が釈尊に「『法華経』を受持することのできる善男子・善女人が『法華経』を読誦して理解したり、書写したりする場合、どれほどの福を得るのか」と質問する。

釈尊はこの質問に対して、八百万億那由他恒河沙という多数の仏たちを供養する善男子・善女人の得る福はとても多いが、『法華経』の一句を受持し、読誦し、内容を理解し、説かれるとおり修行する場合の功徳はさらに多いと答える。

（2）薬王菩薩の陀羅尼呪

次に、薬王菩薩は釈尊に「世尊よ。私は今、『法華経』の説法者に対して、陀羅尼＝呪文を与えて、守護しよう」と申し上げて、呪文を説き、その呪文は六十二億恒河沙という多数の仏たちの説いたものであり、『法華経』を読誦する法師《ほっし》を侵害し非難すれば、それはこれらの仏たちを侵害し非難したことになることを指摘した。

そのとき、釈尊は薬王菩薩を讃《たた》えて「すばらしい。すばらしい。薬王よ。あなたはこの『法華経』を読誦する法師を憐れみ、守護するので、この呪文を説いた。多くの衆生に対して、大いに利益を与える」と言った。

（3）勇施菩薩・毘沙門天王・持国天王・十羅刹女・鬼子母の陀羅尼呪

薬王菩薩と同様に、勇施（Pradānaśūra. 布施の勇者の意）菩薩、毘沙門天王（Vaiśravaṇa. 四天王の一人で、須弥山の北方を守護する）、持国天王（Dhṛtarāṣṭra. 四天王の一人で、須弥山の東方を守護する）が順にそれぞれ呪文を説いて、『法華経』を読誦する法師を守護することを誓い、最後に十羅刹女（十人の女性の羅刹）が鬼子母《きしも》（Hārītī の訳）とその子、仲間たちとともに呪文を説いて、『法華経』を読誦する法師を守護することを誓う。

釈尊は羅刹女に「すばらしい。すばらしい。あなたたちよ。ただ『法華経』の名前を受持する者を守護することができさえすれば、福は計量することができない。まして『法華経』全体を受持し、『法華経』に華・香などのさまざまな物を供養する者を守護する場合はなおさらである。皐諦《こうたい》（十羅刹女の一人）よ。あなたたち、また仲間は、このような法師を守護するべきである」と言った。

（4）聴衆の利益

この陀羅尼品が説かれたとき、六万八千人が無生法忍を得た。

[27] 妙荘厳王本事品（みょうしょうごんのうほんじほん）

過去仏の雲雷音宿王華智仏《うんらいおんしゅくおうけちぶつ》のときに、外道の法門に執著している妙荘厳王《みょうしょうごんのう》が夫人の浄徳《じょうとく》、二人の子供の浄蔵《じょうぞう》と浄眼《じょうげん》によって仏弟子となり、『法華経』を修行して一切浄功徳荘厳三昧《いっさいじょうくどくしょうごんざんまい》を得たことが説かれる。また仏に授記される。最後に、妙荘厳王は現在の華徳菩薩、浄徳夫人は光照荘厳相《こうしょうしょうごんそう》菩薩、二人の子供が薬王菩薩・薬上《やくじょう》菩薩であることが打ち明けられる。

（1）雲雷音宿王華智仏のときに現われた妙荘厳王とその家族

釈尊は大勢の人々に妙荘厳王（Śubhavyūha. 清らかに荘厳された者の意）の過去世の物語を語る。それによれば、計量することもできず、限界もなく、思議することもできず、計算することもできない劫を超過するはるか過去の喜見《きけん》という時代、雲雷音宿王華智仏（Jaladharagarjitaghoṣasusvaranakṣatrarājasaṃkusumitābhijñā. 雲からとどろいた音＝雷鳴のようによい音声を持つ星宿の王によって神通力を発揮した者の意）が光明荘厳（妙音菩薩品に出る浄華宿王智仏の住む浄光荘厳と原語は同じ）という名の国に住んでいた。その仏の国に妙荘厳という名の王がおり、彼には浄徳（Vimaladattā. 天賦の汚れなさを持つ者の意）という名の妻と、浄蔵（Vimalagarbha. 汚れのない子宮を持つ者の意）と浄眼（Vimalanetra. 汚れのない眼を持つ者の意）という二人の子供がいた。

この二人の子供は偉大な神通力・福徳・智慧があり、長い間、菩薩の修行を実践していた。その内容は六波羅蜜・方便波羅蜜・四無量心・三十七道品（四念処《しねんじょ》・四正勤《ししょうごん》・四如意足《しにょいそく》・五根・五力・七覚支《しちかくし》・八正道）であった。さらに、菩薩のさまざまな三昧に熟達していたのである。

（2）二人の子供による妙荘厳王の発心

そのとき、雲雷音宿王華智仏は妙荘厳王を指導しようとして、また衆生を憐れんで、この『法華経』を説く。そのとき、二人の子供、浄蔵・浄眼は母の浄徳夫人に合掌して、「母上。どうか雲雷音宿王華智仏のもとに行ってください。私たちもそばに侍り、近づき、供養し、礼拝する。その理由は何か。この仏はすべての神々・人々の中で『法華経』を説くからである。聴聞するのがよろしいであろう」と申し上げた。

母の浄徳夫人は子供たちに「あなたたちの父親は外道の教えに深く執著している。あなたたちよ。父親のもとに行って、一緒に行きましょうと申し上げるべきである」と言った。

二人の子供は合掌して、母に「私たちは法王（＝仏）の子であるのに、この邪見《じゃけん》の家に生まれた」と申し上げた。

母の浄徳夫人は子供たちに「あなたたちよ。あなたたちの父親を心配して、神通力を示すべきである。

父親があなたたちの神通力を見ることができれば、心はきっと清浄になるであろう。私たちが仏のもとに行くことを許されるかもしれない」と語った。

そこで、二人の子供は七ターラ（高木の名であるが、ここでは高さの単位。実際の長さは不明）の高さまで虚空に昇り、さまざまな神通力を示した。虚空の中で歩いたり、とどまったり、坐ったり、横になったりし、上半身から水を出して下半身から火を出したり、またその逆に下半身から水を出して上半身から火を出したり、身を拡大して虚空に満ちたり、身を縮小したり、縮小してから、また拡大したりした。また、空中で消えたかと思うと、突然大地の上に現われたり、水の中のように大地の中に入ったり、大地の上のように水の上を歩いたりした。このようなさまざまな神通力を示し、その父の王に、心が清浄になり、信じ理解させるようにした。

そのとき、父はこのような子供の神通力を見て、心の中で大いに歓喜し、これまでにないすばらしい気持ちになり、子供たちに合掌して、「あなたたちの師は誰か。あなたたちは誰の弟子か」と質問した。

二人の子供は父に「大王よ。かの雲雷音宿王華智仏は今、七宝の菩提樹の下の法座に坐り、すべての世間の神々・人々の中で広く『法華経』を説く。その仏が私たちの師であり、私たちが弟子である」と答えた。

父は「私も今、あなたたちの師を見ようと思う。一緒に行こう」と言った。

（3）二人の子供の出家の願いと母の許可——優曇波羅華と一眼の亀のたとえ

そこで、二人の子供は空から下りてきて、母のもとに行き、合掌して、「父の王は今、信じ理解して、最高の正しい悟りを求める心を生じることができる状態になった。私たちは父のために仏の仕事（救済すること）をした。母上。どうか、かの仏のもとで、出家して修行することをお許しください」と申し上げた。

母は「あなたたちの出家を許す。なぜならば、仏に出会うことは難しいからである」と告げた。

そこで、二人の子供は父母に「すばらしい。父上、母上よ。どうか、適当な時に雲雷音宿王華智仏のもとに行って、直接お目にかかって供養してください。なぜならば、仏に出会うことが難しいことは、優曇波羅《うどんばら》（udumbara の音写。三千年に一度しか咲かないとされる）華のようであり、一眼の亀が穴の開いた浮き木に出会う（海底に住む片目の亀が百年に一度海面に上がってきて、そのときちょうど亀の甲羅が入る穴の開いた浮き木に出会うこと）ようなものである。ところが、私たちは過去世の福が深く厚く、生まれて仏法に出会った。それゆえ、父上、母上は私たちが出家できるよう許すべきである。なぜならば、仏たちに出会うことは難しく、このような好機に出会うことも難しいからである」と申し上げた。

（4）妙荘厳王と雲雷音宿王華智仏の出会い

そのとき、妙荘厳王の後宮の八万四千人は、すべてこの『法華経』を受持することができる状態になった。浄眼菩薩は長い間、法華三昧に熟達し、浄蔵菩薩は計量することもできない百千万億劫という長い間、離悪趣《りあくしゅ》（地獄・餓鬼・畜生などの悪道を離れる意）三昧に熟達していた。すべての衆生を多くの悪道から離れさせようと思うからである。浄徳夫人は諸仏集三昧を得て、仏たちの秘密の教えの蔵を知ることができた。

二人の子供は、このように巧みな手段によって、巧みにその父を教化し、心の中で仏法を信じ理解し、好むようにさせた。

そこで、妙荘厳王は多くの臣下、仲間とともに、浄徳夫人は後宮の多くの女官、仲間とともに、二人の子供は四万二千人とともに、同時に仏のもとに行き、到着して額を仏の足につける敬礼をし、仏の周りを三回まわって、片隅に坐った。

そのとき、かの仏は王のために法を説き、示し、教え、利益を与え、喜ばせたところ、王は大いに喜んだ。

そのとき、妙荘厳王と浄徳夫人は、首にかけている、百千金の値打のある真珠の首飾りをはずして、仏の上に散らせたところ、虚空の中で、宝石でできた四柱の楼台に変化した。楼台の中には、大きな宝石でできた椅子があり、百千万の天の衣が敷かれていた。その上に仏が結跏趺坐して、大光明を放った。

そのとき、妙荘厳王は「仏身は稀有であり、端正でとくに優れ、最高のすばらしい身体を完成しておられる」と心の中で思った。

（5）妙荘厳王への授記

そのとき、雲雷音宿王華智仏が四衆に対して、妙荘厳王の未来の成仏を語る。この授記の位置が、鳩摩羅什訳と梵本とでは相違する。この段階では妙荘厳王はまだ出家していないが、梵本では、王の出家の後に授記がある。

授記の内容を要約すると、妙荘厳王は沙《しゃ》羅《ら》樹《じゅ》王（Śālendrarāja. シャーラ王の意）という名の仏になり、大光（Vistīrṇavatī. 広がりを持つの意）という名の国に住み、その時代の名を大高王（Abhyudgatarāja. 名声の広がった王の意）という。

（6）妙荘厳王の出家と『法華経』の修行

妙荘厳王はすぐに国を弟に与え、浄徳夫人、二人の子供、多くの仲間とともに出家して修行した。王は出家してから八万四千年の間、常に熱心に努力して、『法華経』を修行した。その後、王は一切浄功徳荘厳（sarvaguṇālaṃkāravyūha. すべての衆生の罪悪を払うの意）という名の三昧を得た。そして、七ターラの高さまで虚空に昇り、雲雷音宿王華智仏に、二人の子供が自分の善知識であることを申し上げた。

雲雷音宿王華智仏は王に、善知識は人を教化して仏を見ることができるようにさせ、最高の正しい悟りを求める心を生じさせる偉大な因縁であることを語り、さらに、二人の子供は六十五百千万億那由他恒河沙という多数の仏たちを供養し、近づき、尊敬して、仏たちのもとで『法華経』を受持し、邪見の衆生を憐れんで正見に住させたことがあることを打ち明ける。

妙荘厳王は虚空から下りて、仏に対して仏の身体の美しさを讃え、さらに「世尊よ。これまでになくすばらしい。如来の法は思議することのできない妙なる功徳を完全に備え、完成している。教えと戒と修行とは安穏であり、快《こころよ》い。私は今日より二度と心のままに勝手に行動せず、邪見・おごり高ぶる心・激しい憎悪などの悪心を起こさない」と申し上げ、仏を敬礼して退出した。

（7）妙荘厳王・浄徳夫人・二人の子供は、いったい今の誰なのか

この妙荘厳王の過去世の物語を語った釈尊は、この登場人物がいったい今の誰なのかを明らかにする。それによれば、妙荘厳王は華徳菩薩とされる。この華徳菩薩は妙音菩薩品に出た。また、浄徳夫人は今の光明荘厳相（Vairocanaraśmipratimaṇḍitadhvajarāja. 太陽の光によって飾られた旗を持つ者の意）菩薩とされ、二人の子供は薬王菩薩と薬上（Bhaiṣajyasamudgata. 薬によって回復した者の意）菩薩とされる。

（8）聴衆の利益

この妙荘厳王本事品が説かれたとき、八万四千人は煩悩の汚れを離れ、多くの法を見る清浄な法の眼を得た。

[28] 普賢菩薩勧発品 (ふげんぼさつかんぼつほん)

東方の宝威徳上王《ほういとくじょうおう》(Ratnatejobhyudgatarāja. 宝石の威光の広がった王の意) 仏《ぶつ》の国からやって来た普賢菩薩が『法華経』を受持する者を守護することを誓い、また釈尊が『法華経』を受持する者の功徳を説く。「勧発」の原義は鼓舞するの意である。

(1) 普賢菩薩の登場と釈尊への挨拶

普賢 (Samantabhadra. すべての方面において幸福な者の意) は思いのままの神通力とりっぱな徳と名声を持って、計量することもできず、限界もなく、計算することもできない多数の偉大な菩薩たちと一緒に東方からやって来た。経過した多くの国はくまなくすべて震動し、宝石でできた蓮華が降り、計量することもできない百千万億のさまざまな音楽が奏でられた。さらに、無数の天龍八部衆や人々の大集団に囲まれ、それぞれりっぱな徳と神通力とを示して、娑婆世界の霊鷲山に到着した。額を釈尊の足につける敬礼をし、右回りに七回まわって、釈尊に「世尊よ。私は宝威徳上王仏の国で、遠くからこの娑婆世界で『法華経』が説かれるのを聞いて、計量することもできず、限界もない百千万億の菩薩たちの集団と一緒にやって来て『法華経』を聴聞《ちょうもん》する。世尊よ。どうか私たちのために『法華経』を説いてください。善男子・善女人は如来が涅槃に入った後に、どのようにしてこの『法華経』を得ることができるのか」と申し上げた。

（2）四法の実践

釈尊は普賢菩薩に、善男子・善女人が四法を完成すれば、如来が涅槃に入った後に、きっとこの『法華経』を得るはずであることを明かす。その四法とは、第一に仏たちに大切に守られること、第二に多くの善根を植えること、第三に悟りを得ることが確定した者となること、第四にすべての衆生を救済しようとする心を生じることとされる。

（3）普賢菩薩の誓い――『法華経』の受持者を守護する

普賢菩薩は釈尊に『法華経』の受持者を守護する誓いを立てる。その内容を要約して示す。

①　釈尊が涅槃に入って五百年経過した、次の五百年の濁悪《じょくあく》の世において、この『法華経』を受持する者がいれば、普賢菩薩は守護し、その災いを除いて、安穏な状態を得させ、狙ってもその隙を得ることがないようにさせる。魔、魔の子、魔の女、魔の民などの多くの人間を悩ます者はみな隙を得ないであろう。この人が歩いたり、立ち止まったりして、この『法華経』を読誦するならば、普賢菩薩はその

とき、六牙《ろくげ》の白象《びゃくぞう》に乗って、偉大な菩薩の集団とともに、その場所に行って、自ら身を現わし、供養し、守護し、その心を安らかにし、慰めるであろう。このことは『法華経』を供養するためである。

② この人が坐って、この『法華経』を思惟するならば、そのとき、普賢菩薩は再び白象王に乗って、その人の前に現われるであろう。その人がもし『法華経』について、一句一偈でも忘れることがあれば、普賢菩薩は教えて、ともに読誦し、またよく理解させるであろう。そのとき、『法華経』を受持し、読誦する者は、普賢菩薩の身を見ることができて、大いに歓喜し、ますます努力するであろう。普賢菩薩を見るので、すぐに三昧や旋《せん》陀羅尼（教えを転じることのできる陀羅尼＝記憶術）・百千万億旋陀羅尼（膨大な回数、教えを転じることのできる陀羅尼）・法音方便陀羅尼という名の陀羅尼を得るであろう。

渡辺照宏氏は、法音方便陀羅尼について、この語の原語を見ると、薬王菩薩本事品に出る「一切の語言を解する陀羅尼」と同じであり、「法」と訳した部分については鳩摩羅什の用いた原典に写本の誤記、または異形があった（dharma と sarva の相違）可能性があり、また、「方便」と訳した部分については翻訳上の誤解（よく理解する意の kauśalya を方便と訳したこと）があった可能性があることを指摘している（『法華経物語』三三二頁、大法輪閣）。

③ 釈尊が涅槃に入って五百年経過した、次の五百年の濁悪の世において、比丘・比丘尼・優婆塞・優婆夷で、求める者、受持する者、読誦する者、書写する者がこの『法華経』を修行しようとすれば、三週間ひたすら努力すべきである。まる三週間が過ぎれば、普賢菩薩は六牙の白象に乗り、計量することもできない菩薩に囲まれながら、すべての衆生が見ることを喜ぶ身を、その人の前に現わし、その人のために法を説き、示し、教え、利益を与え、喜ばせるであろう。また、その人に陀羅尼＝呪文を与える

であろう。その人はこの陀羅尼を得るので、その人を破壊することのできる人間でない者はいないであろう。また、女性に迷わされることがないであろう。普賢菩薩の身もまたその人を自ら常に守護するであろう。

そして、普賢菩薩は釈尊に、陀羅尼を説く許可を願ってから、陀羅尼を説いた。

④　そして、普賢菩薩はこの陀羅尼を説いてから、陀羅尼の働きや『法華経』の功徳について以下のように説く。

ある菩薩が普賢菩薩の陀羅尼を聞くことができれば、このことは普賢菩薩の神通力であることを知るべきである。もし『法華経』が閻浮提に流行し、それを受持する者がいれば、「すべて普賢菩薩の不思議な威力である」と思うべきである。もし『法華経』を受持し、読誦し、正しく記憶し、その内容を理解し、説かれるとおり修行するならば、この人は普賢菩薩の修行を実践していると知るべきである。計量することもできず、限界もない多数の仏たちのもとで、善根を深く植えれば、如来たちの手で頭を撫でられるであろう。

もし『法華経』をただ書写するだけならば、この人は死後、忉利天（三十三天。六欲天の第二）に生まれるであろう。このとき、八万四千の天女は多くの音楽を奏でて迎えに来るであろう。その人は七宝の冠をつけ、天の女官たちの中でとても楽しむであろう。まして、『法華経』を受持し、読誦し、正しく記憶し、その内容を理解し、説かれるとおり修行する場合はなおさらである。

もしある人が『法華経』を受持し、読誦し、その内容を理解すれば、この人は死ぬとき、千仏は手を差し伸ばし、恐れて悪道に落ちないようにさせ、すぐに兜率天《とそつてん》の弥勒菩薩のところに行って、そこに生まれるであろう。弥勒菩薩には三十二相があり、偉大な菩薩の集団に囲まれ、百千万億の天女の仲間がいる。

このような功徳・利益があるのであるから、智者は『法華経』をひたすら自ら書写し、他人に書写させ、受持し、読誦し、正しく記憶し、説かれるとおり修行すべきである。

最後に、普賢菩薩は釈尊に、今、自分は神通力によって、この『法華経』を守護し、如来が涅槃に入った後に閻浮提において、この『法華経』を広く流布し、断絶しないようにさせると誓うのである。

(4)『法華経』受持の功徳と誹謗の罪の報い

釈尊は普賢菩薩の上のような誓いを褒め讃える。その内容を要約して示す。

① 普賢菩薩はこの『法華経』を守護し、助けて、多くの衆生を安楽にし、利益を与える。

② 普賢菩薩は思議することのできない功徳と深い慈悲とを実現して、はるか昔からずっと最高の正しい悟りを求める心を生じて、この神通の願を立て、この『法華経』を守護してきた。

③ 私(=釈尊)は神通力によって、普賢菩薩の名を受持する者を守護する。

④ もし『法華経』を受持し、読誦し、正しく記憶し、修行し、書写する者がいれば、この人は釈尊を見て、仏の口からこの『法華経』を聞くのと同じであると知るべきである。この人は釈尊を供養していると知るべきである。この人は仏にすばらしいと褒められると知るべきである。この人は釈尊の手でその頭を撫でられると知るべきである。この人は釈尊の衣で覆われると知るべきである。このような人は

世俗の快楽を貪らず、外道の聖典・書物を好まず、動物を殺したり、動物を飼育したりする者、猟師、売春斡旋業の者に近づくことを喜ばないであろう。この人は心が素直で、正しく記憶することがあり、福徳の力がある。この人は三毒（貪欲・瞋恚・愚癡）に悩まされない。また、嫉妬やさまざまな慢心に悩まされない。この人は欲が少なく満足することを知っており、普賢菩薩の修行を実践する。

⑤　もし釈尊が涅槃に入って五百年経過した、次の五百年の間に、『法華経』を受持し、読誦する者を見れば、「この人は間もなく悟りの場所に行って、多くの魔の集団を打破し、最高の正しい悟りを得、教えを車輪のように回転させ、教えを鼓のように打ち鳴らし、教えをほら貝のように吹き鳴らし、教えを雨のように降らせるであろう。神々・人々の大勢の者たちの中の師子の法座に坐るであろう」と思うべきである。

⑥　もし釈尊滅後の世において、『法華経』を受持し、読誦するならば、この人はもはや衣服・寝具・飲食物・生活用具を貪らないであろう。この人の願いは空しくなく実現し、現世においてその幸福の報いを得るであろう。

釈尊は引き続き、『法華経』を誹謗する罪の報いを説く。『法華経』を受持する者を軽蔑して、「あなたは狂人である。この修行をしても何の効果もない」と非難したり、事実であっても嘘であっても、『法華経』を受持する者の過失・欠点を指摘したり、『法華経』を受持する者を軽蔑し笑いものにしたりすれば、さまざまな病気にかかるであろうと述べている。

最後に、釈尊は普賢菩薩に、「もしこの『法華経』を受持する者を見れば、仏を尊敬するように、起ち上がって遠くから迎えに行くべきである」と語る。

(5) 聴衆の利益

この普賢菩薩勧発品が説かれたとき、恒河沙の計量することもできず、限界もない多数の菩薩たちは百千万億旋陀羅尼を得て、三千大千世界の微塵の数の多数の菩薩たちは普賢菩薩の修行を完全に備えた。

(6) 『法華経』全体の結びの言葉

釈尊がこの『法華経』を説いたとき、普賢菩薩などの菩薩たち、舎利弗などの声聞たち、天・龍などの人間や人間でないものたち、集会に集ったすべての者たちはみな歓喜して、釈尊の言葉を受持して、敬礼をして退出した。

あまりに簡潔な結びで、『法華経』の冒頭の物々しさとはまったく趣きを異にするが、これで『法華経』二十八品はすべて完了する。

付論　『法華経』の現代的意義

〔1〕はじめに

『法華経』に限らず、何らかの宗教聖典の現代的意義を問う場合、そもそも宗教聖典の意義は特定の時代に限定されるものではなく、時代を超えた長い生命力を保持しているはずであるという知見にも配慮しなければならない。たとえば『新約聖書』にしても、ここで取りあげる『法華経』にしてもおよそ二千年の長い歴史を持ち、これまでそれぞれの時代、地域において大きな歴史的役割を果たしてきたことは、多くの人々が承認するところであろう。

では、宗教聖典はなぜ長い生命力を持つことができたのであろうか。人間の生活には、物質的な生活水準、知識の量など時代によって変化する部分もあるが、生老病死などの苦の問題、罪の問題、悪の問題など時代によって変化しない部分もある。我々が善き生き方を模索する場合、その変わらない部分をどのように捉えるのかが重要な課題となると考えられる。宗教聖典はまさに時代によって変わらない人間そのものに光を当て、人間に関する深い知見を人類に提供してきたのではないかと思われる。

しかし、他方では、宗教聖典が自動的に時代の問題、時代の要求に答えを出してくれるわけではないことも明らかである。宗教聖典に真剣に取り組み、問いかけ、その答えの声を聞くという人間の側の行為を抜きにしては、宗教聖典がそれぞれの時代に一定の役割を果たし、ひいては時代を超えた役割を長く果たすこともできなかったであろう。

現代は、科学技術の発展、そしてそれに基づく人口の急速な増加、経済のグローバリゼーションなどによって、これまで人類の経験してこなかった生命倫理の諸問題、食糧問題、地球環境の破壊の問題など深刻な問題が我々に投げかけられている時代である。また東西の冷戦構造が崩壊した後も、期待された平和はなかなか訪れることなく、かえって世界各地において、戦争の火種がくすぶっており、殺戮と報復が民衆を苦しめ、その嘆きを増幅させているのも事実である。

『法華経』の現代的意義を問う場合、これらの現代の諸問題に対する解答を『法華経』からダイレクトに引き出すことはできないことを、まず認めなければならないと、私は考える。宗教聖典が成立した時代に予想もしなかった問題が生じているのであるから、宗教聖典に現代の諸問題を解決する具体的な処方箋を期待するのではなく、むしろ宗教聖典にはさまざまな問題を解決に導く根源的なメッセージが隠されており、それを発見、発掘することこそが期待されよう。思うに、宗教聖典と時代の間には、その時代を生きる人間が介在し、その人間の諸問題に対する具体的な格闘がなければ、宗教聖典は沈黙し続けるだけであろう。つまり、『法華経』の場合には、『法華経』に真剣に取り組む人々が、それぞれの立場で『法華経』の声を聞き取ることができるかどうかが重要であると思われる。

ここでは、現代において、『法華経』からどのようなメッセージを受け取ることができるか、私なりに考えてみたい。

〔2〕宇宙的イマジネーションによる存在の意味転換

『法華経』を読んではじめに驚くのは、宇宙的スケールの物語がめくるめく展開することである。少し紹介してみよう。

1　序品第一において、釈尊が「無量義（無限の教説）という名の大乗経典」を説いた後に、無量義処三昧（無限の教説の基礎という名の瞑想）に入り、その三昧の力によって、天から花を降り注がせ、大地を震動させる。それればかりでなく、さらに釈尊は眉間白毫相（眉間にある右回りの白い細い巻き毛）から光を放って、東方の一万八千の世界(1)を明るく照らすという場面が登場する。『法華経』の聴衆たちは、その一万八千の世界で行われている仏教のさまざまな修行を眼前にするのである。

2　見宝塔品第十一において、巨大な宝塔が突然大地から出現して虚空に浮かぶ。その中から多宝如来の『法華経』の真実性を証明する声が聞こえてくると、聴衆は多宝如来の姿を拝見したいと釈尊に申し出る。釈尊は、多宝如来の姿を見るためには、大宇宙に散らばっている自分の分身仏を集合させる必要があるとし、そのために穢土の娑婆世界を浄土に変える。三回にわたって娑婆世界とその周辺世界を浄化し、結果的には八方の四百万那由他阿僧祇の国土を浄土として、分身仏を迎えたのである。釈尊は空中に昇って、宝塔の扉を開け、多宝如来と並んで座る。聴衆も釈尊にお願いして、同じように空中に昇り、嘱累品第二十二まで、『法華経』の説法は空中でなされる。

3　従地涌出品第十五において、六万恒河沙の地涌の菩薩が大地を割って出現する。

4　如来寿量品第十六において、釈尊が成仏したのは五百塵点劫の譬喩によって示される無限ともいえる過去のこととされる。化城喩品第七においては、三千塵点劫の譬喩が出ている。大通智勝仏が存在した過去が、三千塵点劫の譬喩によって示されている。三千大千世界、つまり十億の世界のすべての大地をすりつぶして微粒子とする。当然、膨大な微粒子ができるが、その微粒子の一粒を東の方向に千の世界を経過した地点に落とし、さらに千の世界を経過して、また一粒を落とす。このようにして最初にあった膨大な数の微粒子が全部なくなるまで、東方に進んでいく。そこで、微粒子を落とした地点と落とさないで通過した地点とを含むあらゆる世界の大地を再びすりつぶして微粒子とする。当然、最初の数に比べられないほど多くの微粒子ができるが、この中の一つの微粒子を一劫（インドの最も長い時間の単位）に換算することにする。大通智勝仏が涅槃に入ってから今まで経過した時間は、今示した時間より無量無辺百千万億阿僧祇（阿僧祇は無数、無央数と漢訳される巨大な数）劫も長いと説明されるのである。このような説明は現代人には冗長に思われるかもしれないが、ストレートに巨大な数字を示すよりも、人間の想像力をある限界まで刺激し、さらにその限界点を突破して、さらに上の限界まで想像力を再びかき立てるという方法の方が強い印象を与えるのかもしれない。五百塵点劫の譬喩は、五百が単に略称であり、実は今説明した三千塵点劫よりはるかに巨大な数字なのである。つまり、五百塵点劫の場合は、計算の基礎となる最初の世界の数が単なる三千大千世界ではなく、五百千万億那由他阿僧祇（那由他は千万、または千億の単位）の三千大千世界であり、三千塵点劫よりも途方もなく長い時間を表わしている。

5　妙音菩薩品第二十四において、妙音菩薩は、娑婆世界とは別世界の浄光荘厳世界からわざわざ娑婆世界にやって来て、釈尊の『法華経』の会座に参加する。

このように、『法華経』には空間的にも時間的にも巨大な数字が出て、我々のイマジネーションを極限にまで導いてくれる壮大な物語が説かれる。これを荒唐無稽なお話と受け取る人もいるであろうが、私には、狭い地球に跼蹐し、人間同士の争い、民族間の戦争、国家間の対立などに明け暮れる我々人類に、この地球を超える宇宙的視点を与えてくれるのではないかと思われる。一部の人が空飛ぶ円盤に夢中になる現象の背後にも、もしも宇宙人が存在したならば、我々の日常性をうち破る新たな宇宙的人間としての自覚が生まれるという期待が込められているのではないか。流星群に宇宙的ロマンを感じる多くの人の心にも、同じような期待がないであろうか。地球を外の宇宙空間から眺めることのできる宇宙飛行士のなかに、宗教的回心ともいうべき、劇的な人生観の変化を経験する人が現われるのも、そこに宇宙的人間の自覚が生じたことによるのではなかろうか。『法華経』の世界の宇宙大のスケールの大きさは、我々に宇宙的人間の自覚を生じさせ、自己と世界の意味の転換、新しい意味の獲得をもたらしてくれるように思う。『法華経』の趣旨をくみ取れば、我々は大宇宙のなかで、この地球（仏教的には娑婆世界）に有縁の衆生（宗教的絆の深い生物）として、何かしらの果たすべき使命を持って生まれてきた存在であるということになろう。

［3］ 仏教における地獄の観念と選別的救済の意味するもの

日本ばかりでなく、世界各国も時代の暗い閉塞感に悩まされているように見える。このような時代に、仏教、そして『法華経』の楽観主義的救済論に光を当て、この世を強く生き抜く勇気と希望の思想を掘り起こしたいと思う。はじめに、一神教との対比のうえで、仏教には永遠の地獄という観念のないことを論じる。これは次項に考察する仏教の楽観主義的救済論の重要な要点となる仏教の特色である。また、地獄の観念に関連して、諸宗教が地獄の存在を説く目的には、人々を強い信仰に動機づけるという機能も認められることを論じ、さらに仏教にも地獄の存在を説くばかりでなく、選別的救済の思想も説かれるので、その意味するところを解釈しておきたい。

(1)仏教における地獄

仏教には永遠の地獄という観念がない。迷える衆生が地獄・餓鬼・畜生・阿修羅・人・天を輪廻するといういわゆる六道輪廻が説かれ、その中に確かに地獄の存在が説かれている。地獄にもさまざまな種類が説かれるが、阿鼻地獄（無間地獄）のように間断のない苦しみを受ける最低最悪の地獄も説かれる。しかし、仏教においては、地獄の世界に永遠にとどまることはない。なぜなら、地獄において苦を受けることは、いわば借金を返済することにあたり、いずれ返済が終われば、地獄よりも上の餓鬼・畜生・阿修羅・人・天などの世界に生まれることができるとされるからである。仏教史において極悪人とされる提婆達多でさえ、『法華経』提婆達多品では、天王という名の仏になることが予言されていることが[2]、そのよい証拠であろう。この永遠の地獄がないということは、ユダヤ教、キリスト教、イスラームという一神教と大いに相違する点である。

ただし、一神教の永遠の地獄の観念について、これを文字通り実在するものととらえる必要は必ずしもないのではないか。悪しき人間に強く信仰を迫るための言説ととらえることができるのではないかと思う。私も含めて、人間の多くは、日常生活の快楽におぼれ、真に重大な生死の問題から目をそらして生きている。この点については、多くの宗教や哲学が指摘していることであるが、『法華経』もまた平易な譬喩をとおして、このような人間の危機的状況に注意を向けさせてくれる。その代表的な譬喩が譬喩品の三車火宅の譬喩である[3]。

(2) 三車火宅の譬喩

あるところに一人の裕福な老長者がいた。彼の邸宅は広大であったが、ただ一つの狭い門しかなく、火事が生じればひとたまりもないほど古びたものであった。この家に突然火事が生じる。長者は、自分は自力で脱出することができるが、多くの子供たちは燃えさかる家の中で遊びに夢中になって、脱出しようとする気がまったくないことを知った。長者ははじめ、自分には体力があるので、子供たちを抱きかかえて脱出させようかと考えたが、家には狭く小さな門がただ一つあるだけであるので、それも不可能であることに気づいた。このままでは、子供たちは焼け死ぬかもしれないと、長者は心配した。そこで、長者は子供たちに速やかに脱出しなさいと告げた。ところが、子供たちは死の意味も火事の意味もわからず、遊びに夢中になって、父の言葉を聞き入れなかった。ついに、父は一計を案じ、子供たちの好きな羊車、鹿車、牛車が門の外にあるから、外に出て、それで遊ぶように言った。すると、子供たちは先を争って走り、燃えさかる家を脱出した。長者は子供たちが安全に脱出したのを見て、大いに喜んだ。子供たちはみな父親に約束の車をくださるように頼むと、長者は子供たちに分け隔て無く、大きな白い牛につながれ、すばらしく飾り立てられた車を与えた。

この譬喩について、『法華経』はその意味するところを自ら解説している。それによれば、譬喩の「長者」は、智慧豊かな如来を指す。古びた家は衆生の輪廻する欲界・色界・無色界の三界[4]のこととされ、この家に生じた火事は衆生の苦悩や煩悩を指す。「長者の子」はいうまでもなく衆生を指す。そして、この衆生が生・老・病・死などのさまざまな苦に迫られながら、しかもその苦を自覚せず、現実のはかなき事象に埋没し、三界における輪廻から解脱しようとしない姿が、子供たちが火宅の中で遊び戯れて脱出しようとしない姿にたとえられている。仏はこのような衆生の哀れなあり様を見て、自分は衆生の父であるから衆生を救いたいと思う。神通力と智慧の力だけで、方便（巧みな手段）を用いなければ、衆生を救うことができないと知って、三界を脱出させるために、羊車にたとえられる声聞乗、鹿車にたとえられる縁覚乗、牛車にたとえられる菩薩乗の三乗を説くのである。しかし、仏は実際には、火宅から出た子供たちに、大白牛車を与える。これは『法華経』＝仏乗をたとえたものである。

私たち人間の住む世界は燃えさかる家である。このことが、三車火宅の譬喩で最も重要な点である。宗教は何らかの意味で、現実の人間の危機的状況を暴き出し、人間の救済を約束するものである以上、私たち人間の置かれた危機的状況を的確に描写することが、第一に重要である。私たちの住む世界が激しく燃えているという指摘は、火事の恐怖が誰にも印象深い点で、大きな効果がある。

次に、私たちの危機をさらに深めている点は、私たちがこの危機にまったく無自覚であるということである。長者の子どもたちが遊びに夢中になっている姿は、まさしく私たちが自己の危機的状況を忘れて、身のまわりの娯楽、財産、地位、名誉などに執らわれている姿を見事に描写しているであろう。

(3) 五千人の増上慢の退席の意味するもの

信仰のない者は永遠の地獄に落ちるという一神教の警告は、真理から目をそむけた人間、無明の凡夫を信仰の方向に向けさせる強い力を持っている。神も人間を地獄に落としたいわけではなく、かえって地獄に落とさないために、地獄の存在を説いたと解釈することも可能ではないであろうか。このような宗教的言説は、『法華経』にもはっきりと認められる。有名な五千上慢のエピソードである。

『法華経』方便品において、舎利弗は三回にわたって、釈尊に説法を願う。これは舎利弗の真剣な求道心を示したものと受け取られ、釈尊はそれに応えて説法することを宣言した。ところが、五千人もの多くの出家・在家の者たちは重い過去の罪と、まだ悟っていないのに悟ったと思い込む高ぶった心（増上慢という）とのために、これからはじまる『法華経』の説法を聞かずに退席してしまう。そのとき、釈尊は彼らの退席を制止することなく、かえってこのような増上慢の者が去ることは結構なことであり、聴衆には純粋な者のみが残ったという。

この五千人の退席は何を意味するのであろうか。『法華経』を聞くためには、何よりも増上慢を取り除かなければならないことを示唆しているように、私には思われる。というのは、舎利弗のような阿羅漢は解脱、涅槃をすでに得た部派仏教の修行の最高位の者なので、彼らの悟り、彼らの得た涅槃が一時的暫定的な仮のものであると説く『法華経』は彼らの自尊心を大いに傷つけるものである。それに耐えるためには、仏の説法に謙虚に耳を傾けるという態度、つまり信心が何よりも必要であることが示されていると考えられる。

『法華経』を聴く人々は、このエピソードを聞いて、自らの信仰の態度を反省し、粛然と襟を正さざるをえないのではないか。自分は果たしてこの五千人の増上慢の仲間であるのか、それとも『法華経』の会座に残る者の仲間なのか、と。

仏教は衆生の救済に関して、後に述べるように、誰でも最終的には必ず救われるというきわめて楽観的な救済観をもっているので、この五千人も何らかの仕方で救われるはずであり、彼らを救済からあくまで排除するという考えはありえないはずであるが、『法華経』という会座に限定すれば、自分はそこで退出するのか、留まるのか、この厳しい選択を強く迫ってくるものである。

なお、この五千人の増上慢の退出の話と類似の思想は、大乗の『涅槃経』にも見られる。「一切衆生悉く仏性有り」と説く『涅槃経』も、一闡提（icchantika の音訳。断善根、信不具足と説明される）は例外で、仏性がなく成仏できないと説く部分もあるのである。もちろん後代に付加された『涅槃経』の後半では一闡提の成仏も許されるのであるが、一闡提不成仏が説かれる場面では、自分自身は成仏できるのか、成仏できない一闡提の仲間に入るのかという厳しい選別が身に迫ってくる。(5)

このような排除的救済観、選別的救済観も信仰の動機づけという役割を果たしているといえよう。『法華経』に強調される功徳・罪報も、仏教にとっては重要な因果応報思想に基づくものであるが、功徳・罪報の過度の強調は、信仰の動機づけという観点から説明できるのではないかと思われる。

［4］仏教、『法華経』における楽観主義的救済論

一神教における永遠の地獄も信仰の動機づけという機能を持つ点を取りあげたが、それにしても、た

しかに一神教と比較して、仏教の救済に関する楽観主義は徹底している。四世紀頃に成立したインドの唯識学派の五性（姓）各別の思想[6]においては、すべての衆生の成仏が説かれない点では楽観主義とは言い難いが、それでも成仏できない者も部派仏教の聖者である阿羅漢、縁覚にはなることができ、そのような聖者になれない最も低い本性を持つ者たちも六道を輪廻する凡夫にとどまり、永遠の地獄に堕すことが運命づけられているわけではない。その点では、一神教に比べて、かなり楽観的であると言うことはできよう。

この仏教の救済に関する楽観主義について、上に述べた永遠の地獄の観念がないということ以外に、改めていくつかの特色を取りあげて考察してみよう。

(1)永遠の救済仏

仏は自分の結縁（宗教的絆を結ぶこと）した衆生をすべて救済するまでは、涅槃に入らないということである。歴史上の釈尊は、八十歳で涅槃に入ったが、その後発展した大乗仏教においては、釈尊滅後の衆生を救済する他の多くの仏を発見、創造、信仰し、『法華経』においてはほかならぬ釈尊に即して永遠の釈尊という新しい仏を生み出した。

如来寿量品第十六では、弥勒菩薩の地涌の菩薩に関する質問[7]を受けて、釈尊は自身が成仏したのは今世ではなく、五百塵点劫というはるか遠い過去においてであることを明かし、あわせて未来も不滅であると説く。つまり、『法華経』の中心思想の一つである「久遠の釈尊」「永遠の生命をもつ釈尊」の像が明らかにされる。[8]如来寿量品のポイントは、第一に釈尊の寿命が永遠であること、第二に釈尊が涅槃に入るのは方便であること、第三に信仰のある者は釈尊を見ることができるとすることである。

一神教において永遠の神が説かれることは周知の事実であるが、仏教史においては、『法華経』の久遠の釈尊の思想が確立して、はじめて深い宗教性を獲得したと言えるのではないかと思う。

(2) 万人の成仏

仏が衆生を救済するということを、衆生の側から言い換えれば、すべての衆生は平等に成仏できるということである。これは『法華経』においては、一仏乗の思想として説かれている。万人の成仏を説くことが『法華経』の最大のメッセージであり、現代においても最重要な思想である。その後、大乗の『涅槃経』においては、「一切衆生悉く仏性有り」というように、衆生に内在する普遍的な仏性という観念によって示された。

『法華経』の一仏乗の思想は、『法華経』以前に説いた声聞・縁覚・菩薩の三乗の教えが衆生の宗教的能力に適合させるための方便の教えであることを打ち明け、だれもが平等に成仏できることを宣言したものである。

『法華経』の物語の展開に即して、もう少し詳しく解説すると、仏の「一大事因縁」を明かすという文脈で、一仏乗の思想が語られる。釈尊は、先に述べた五千人の増上慢の者の退席の後に、いよいよ仏の一大事、仏の唯一の重大な事がら（仕事）を明らかにする。それによれば、仏は唯一の重大な仕事をするためにこの世に出現したと説かれる。その唯一の重大な仕事とは何か。それは衆生に仏知見を開き、示し、悟らせ、仏知見の道に入らせることである。仏知見は仏の智慧の意味と理解してよい。つまり、仏は衆生を成仏させるためにこの世に出現したと明かすのである。

すべての衆生を成仏させるということは、成仏を高すぎる目標だとして断念し、それぞれ阿羅漢、辟支仏を最終的な目標としてきた声聞・縁覚の二乗の人も成仏できることを意味する。

この一大事因縁の箇所は、『法華経』の一仏乗の思想を直接表現したものであり、『法華経』のなかで、もっとも重要な宗教的メッセージの一つである。方便品に続く譬喩品第三のなかに、神々がこのメッセージについて、「仏は昔、ヴァーラーナシーにおいてはじめて法輪を転じたが、今、ふたたび無上最大の法輪を転じられた」[9]と述べるところがある。これはヴァーラーナシーのムリガダーヴァ（鹿野苑）における初転法輪と『法華経』の説法を対比させたものである。釈尊は梵天の勧請を受けいれ、[10]かつての修行仲間である五人の出家者に対して説法をするためにムリガダーヴァに行く。そこで、不苦不楽の中道や四諦八正道を説いた。[11]これを初転法輪というが、これに対して、方便品の一仏乗を第二の最高の法輪と位置づけたのである。

この一仏乗の思想という『法華経』最大の宗教的メッセージは、いわゆる常不軽菩薩の礼拝行に最も生き生きとした形で描写されていると私は考えている。

常不軽菩薩品第二十には、次のような物語が説かれる。

かつて増上慢の比丘が勢力をふるっていた威音王仏の像法時代に、常不軽という名の出家の菩薩が自分の出会うあらゆる比丘・比丘尼・優婆塞・優婆夷に向かって、彼らを礼拝し、ほめたたえて次のように語りかける。鳩摩羅什訳によれば、「我れ深く汝等を敬う。敢えて軽慢せず。所以は何ん。汝等は皆な菩薩の道を行じて当に仏と作ることを得べければなり」（私は深くあなたたちを尊敬する。軽んじあなどろうとはしません。なぜならば、あなたたちはみな菩薩の修行を実践して、成仏することができるであろうからです）と語りかける。

梵本には「礼拝」に対応する梵語がなく、常不軽菩薩はただ上のような言葉を語りかけるだけであるが、いずれにしろ、重要なことはこの常不軽菩薩の行為がすべての人間が菩薩の修行を実践すれば必ず仏となることができるという、人間を最も尊厳視した思想を表現したものである。つまり、すべての人間を未来の仏として平等に尊敬することである。

しかし、何の資格も権限もない常不軽菩薩の授記の行為は周囲の怒りと反感を買って、ひどい迫害の憂き目に遭うが、常不軽菩薩はこの実践を生涯貫いた。常不軽菩薩の実践は、現代の我々にも大きな啓示を与えてくれる。自分の成仏を固く信じ、そしてすべての他者の成仏を固く信じて、相手が仏であることを伝えていく実践である。それは何か具体的な形ある物を相手に提供することではないが、自己の尊厳に目覚めることを教えるものである。私が相手を仏として礼拝するとき、まだ顕現していないけれども相手の仏（仏性）が私を礼拝するという関係、相手を尊敬することがとりもなおさず自己の仏性を顕現することに直結する関係がそこには成立している。時代は「共生」の思想を求めているが、『法華経』の提示する「共生」の思想は、ともに成仏することのできる尊い存在として互いに尊敬する縁起的共生関係を基盤としていると考える。

慶政（一一八九―一二六八。天台宗寺門派の僧で、九条道家の兄）の『閑居友』には、常不軽菩薩の実践の意義について、「総じてこの軽んじないという事がらの心は、衆生の胸の底に仏性が存在しているのを拝み申し上げるのである。我らのような惑いの凡夫は、この道理を知らないけれども、悟りの前では、どのような蟻や螻蛄までも見下すべきものはなく、仏性を備えている。地獄・餓鬼までもみな仏性のないものは一人もいないので、この道理を知ってしまえば、賤しい鳥や獣までも尊くないことはない」[12]（私訳）と述べ、玄常上人（平安時代の天台僧）が鳥獣にまで腰をかがめた先例は、この動物までも仏性を有するという考えに基づいたものであろうと、慶政は推定している。

また、万人に仏性のあることを知れば、人を憎んだり嘲ったりすることなども自然となくなると述べて、仏性の思想の役割を指摘している。そして、中国の傅大士（四九七—五六九。傅翕。善慧と号す）が「夜な夜なは仏を抱きて眠り、朝な朝なは仏と共に起く」と説いた言葉は頼りにできて心強いと感想を述べている。傅大士の言葉は、仏性を持つ我々は常に仏とともに行動していることを指摘したものである。一人一人が仏としての自覚を持って行動したら、世界はどのように変化するであろうか。学校の場での残酷ないじめ、職場・地域でのいじわる、さまざまなハラスメントも、このような自己の尊厳と他者の尊厳にともに目覚める以外に根本的な解決はないのではないかと思われる。

では、だれでも成仏できるというが、その仏とはどんな存在であろうか。仏の描写はどうしてもスーパーマンを描くようになりがちであるが、ここでは仏だけが備える特質として説かれてきた「十八不共仏法」について取りあげよう。十力・四無所畏・三念住・大悲の十八のダルマ（ここのダルマは性質の意）である。十力は仏の持つ十種の智慧の力のこと。①道理とそうでないことを区別する力（処非処智力）・②業とその報いを知る力（業異熟智力）・③四禅・八解脱・三三昧・八等至などの禅定を知る力（静慮解脱等持等至智力）・④衆生の宗教的能力の優劣を知る力（根上下智力）・⑤衆生のさまざまな願いを知る力（種種勝解智力）・⑥衆生のさまざまな境界を知る力（種種界智力）・⑦衆生がさまざまな場所に生まれ変わることを知る力（宿住随念智力）・⑧自他の過去世を記憶している力（宿住随念智力）・⑨衆生の未来の死生について知る力（死生智力）・⑩煩悩が尽きることを知る力（漏尽智力）である。四無所畏は四種の畏れのない自信のことである。①自己が最高の正しい悟りを得たと断言することに畏れを持たないこと（正等覚無畏）・②自己が煩悩を永久に消滅させたと断言することに畏れを持たないこと（漏永尽無畏）・③障法＝煩悩について弟子たちに説くことに畏れを持たないこと（説障法無畏）・④煩悩を滅する出離の道について弟子たちに説くことに畏れを持たないこと（説出道無畏）である。三念住は、①仏を信ずる弟子、②仏を信じない弟子、③仏を信ずる弟子と信じない弟子が混在する弟子集団、という三種類の弟子の信仰のあり方に対して、不動心で一喜一憂しないことである。大悲は、衆生に対する限りない慈しみの心を持つことである。

仏の二大特性は、智慧と慈悲であるが、十八不共仏法にはそれが含まれている。また、揺るぎない自信と不動心を、智慧と慈悲に加えている。慈悲がもし優しい側面にのみ偏る印象を与える恐れがあるとしたら、勇気を付け加えることができるかもしれない。『法華経』方便品に「勇猛精進」（ヴィーリヤ）と出るが、勇気を指していると言ってよいと思う。もちろん、仏がこのような徳を身につけているのは、「真理」を体得していることに基づく。真理は、サンスクリット語では「ダルマ」である。要するに、真理、智慧、慈悲、勇気、自信、不動心などの徳を中心に、仏教では仏のあり方を考えてきたのである。

(3) 輪廻の新しいとらえ方——現実世界の重視

次に、輪廻と解脱に関する大乗仏教の新しい捉え方を取りあげたい。部派仏教においては、すべての煩悩を断ち切ることによって、輪廻の世界から解脱して、涅槃の世界に入ることを目的とする。すなわち、輪廻と涅槃を二元的に対立するものと見るのである。仏教というと、厭世主義と思われがちであるが、上のような世界観に基づいて、そのように認識されているのではないか。

しかし、大乗仏教においては、この輪廻の世界を、菩薩道を実践する場として、肯定的に評価する思想が生まれた。『法華経』法師品のなかで、釈尊の滅後に『法華経』を受持するものは、すでに悟りを開いた偉大な菩薩であり、本来はすばらしい果報を満喫享受する資格があるが、あえてその果報を捨て、衆生に対する大慈悲心から、釈尊滅後という悪世を選んで『法華経』を説法し、衆生を救済すると説かれている。これは地涌の菩薩に対する捉え方である。

また、久遠の釈尊が涅槃に入らずに、常に娑婆世界の霊鷲山にあって衆生を救済し続けるという『法華経』の中心思想に、この考えがよく現れている。久遠の釈尊が住する霊鷲山は、如来寿量品に「衆生所遊楽」といわれ、衆生の遊び楽しむ場所と規定されている。寿量品の思想に基づき、後には「霊山浄土」という考えが生まれた。また、この現実の娑婆世界という穢土がそのまま寂光浄土であるという「娑婆即寂光」「穢土即浄土」という考えも生まれた。これが単なる人生の辛酸から遊離した貴族の単なる哲学的観照に終わっては何にもならないが、この現実の世界は、本来、人間が幸せを満喫する場所であるというメッセージは、我々を勇気づけてくれるし、そのような世界、社会の建設に強く動機づけてくれる。

〔5〕一仏乗の根源的イメージ――統合と多様性

『法華経』といえば、一仏乗の思想がすぐに思い浮かぶ。この一仏乗の根源的イメージは、統合と多様性であると考える。もともと一仏乗の思想は、『法華経』以前に説かれた釈尊のあらゆる教えを方便であると切り捨てるだけでなく、方便であることを認識したうえでは、かえってすべての教えが活かされる、つまり蘇生することを説く。その証拠として、『法華経』以前に成仏できないと規定された声聞が真の声聞の自覚を持って、成仏の確信を抱くことが説かれ、またどんなささやかな善行も成仏に直結することが示されている。これは中国仏教では「開会」という術語で呼ばれた『法華経』の特徴であり、『法華経』があらゆる教えを蘇生させるという働きを指し示す。

『法華経』は、諸仏を時間的・空間的に統合し釈尊一仏に帰着させ[13]、また釈尊のあらゆる教えを一仏乗に帰着させる。このように言うと、「統合」の側面のみが強調されるように思うかもしれないが、「開会」に見られるように、「統合」が示されるとともに、「多様性」が蘇生するのである。問題は、その統合をどのように捉えるかである。これを宗派性の強いドグマティズム（教条主義）に求めれば、「多様性」の尊重も画餅であるが、一仏乗の思想を「人間の尊厳」を説き切ったものとして位置づければ、この「人間の尊厳」をはずさない限り、さまざまな「多様性」が蘇生し、尊重されるはずである。

このことは、人間は宗教のためにあるのではなく、宗教は人間のためにあるのであるという認識と密接に関係している。この認識は、一歩間違えば、人間の傲慢に追従し、宗教性を失う危険性のあるものであるが、人間の尊厳を強調する点では、根本的に重要な発想であると思う。宗教間の争いのために、かえって人間が犠牲になり不幸になるようなことがあっては、それこそ本末転倒である。統合と多様性のイメージを示す『法華経』は、現代の一つの課題である宗教間対話の可能性にも道を開くものであると考える。この点はさらに別の機会に考察したい。(14)

［6］永遠の法を根本に

ゴータマ・ブッダは、その臨終最後の説法で、「もろもろの事象は過ぎ去るものである。怠ることなく修行を完成しなさい(15)」と語った。

実は、仏教は楽観主義でもなく、悲観主義でもない。現代という時代が悲観主義に覆われ、希望を失っているからこそ、今、楽観主義を強調しなければならないと考え、その点に焦点を当てて考察してきたのである。

釈尊の臨終の説法にある「もろもろの事象は過ぎ去るものである」とは、「諸行無常」と同じ意味と解釈できるが(16)、これは現象世界の冷厳なる現実であり、真理である。これは「むなしさ」「空虚感」といった日本人の受け取る心情的な無常感ではないことに注意する必要がある。「諸行無常」の真の意味は、現象世界の変化の可能性を指摘したものであるということである。変化とは、良いものが悪いものに変化し、逆に悪いものが良いものに変化するということである。要するに良くなるか悪くなるかの二つの可能性に開かれているのである。だからこそ、釈尊は、「諸行無常」の後に、「怠ることなく修行を完成しなさい」と弟子たちに呼びかけたのである。我々は無限の可能性に開かれているので、努力によって凡夫から成仏を目指しなさいと、釈尊は最期のメッセージを与えたのである。これこそ仏教の精進主義、努力主義の立場である。

上に述べたが、仏は真理（ダルマ）に目覚めて仏となった。『法華経』はこの仏の悟ったダルマを経典のタイトル（サッダルマプンダリーカ・スートラ）の一部に採用している。このダルマは仏教史において、仏が出現してもしなくても、永遠の存在であると示されてきたし、『法華経』には、釈尊ばかりでなく、日月灯明仏、大通智勝仏などの過去仏が共通に説く究極の教えを『法華経』としている。その意味で、『法華経』は仏の悟るべきダルマを説いたものとして、永遠的、普遍的な教えとされるのである。仏教の精神は、仏道修行によってこのダルマを我が身に実現、体得し、智慧、慈悲を開花させることを目的としている。拝金主義が横行し、人々の倫理が衰退している現代、人々は何を根本に生きていくべきか迷っている。この永遠の法を根本に生きるという生き方は、激動の時代に生きる我々に不動の自信を与えてくれるのではないであろうか。

［7］むすび

『法華経』の現代的意義という大きな題目に十分に答えることはできず、少しばかり『法華経』の特色ある思想の解説をしたにすぎなかった。私自身は、永遠の法を根本とする生き方、自己の尊厳と他者の尊厳に目覚めることによって、相互尊敬の共生の世界を実現し、この苦しみ多い現実の世界を衆生の遊楽することのできる世界に変えてゆく生き方を『法華経』から学びたいと思う。
最初に述べたように、時代と聖典の間には時代を真剣に生きる人間が介在してこそ、はじめて時代と聖典の関係を語ることができる。『法華経』に関心を寄せる読者が、それぞれの立場で『法華経』の現代的意義を自らに問いかけてほしいと思う。そしてそれは私自身の課題でもある。

注

(1) 仏教の「世界」は、風輪・水輪・金輪・地輪の層からなる。地輪は九山八海からなるが、その全体を一世界という。九山八海は、中央の須弥山と最外部の大鉄囲山を入れて九つの山があり、その間に八つの海がある。須弥山のまわりには四大陸があり、その南の大陸が閻浮提(ジャンブ・ドゥヴィーパ)であり、人間の住むところとされる。また、須弥山の周囲には、日月が回っているとされる。

(2) 『法華経』提婆達多品、「提婆達多は却って後、無量劫を過ぎて、当に成仏することを得べし。号づけて天王如来と曰わん」(大正九・三五上)を参照。

(3) 三車火宅の譬喩の詳細については、拙著『法華経の七つの譬喩』(第三文明社、一九九三年)一九―六六頁を参照。

(4) 欲界は欲望に支配された衆生の世界であり、地獄の衆生から天の中の低位のものが住む世界である。色界は欲望の支配を越えたが、物質的な条件の制約を受ける世界で、天の中位のものが住む世界である。男女の区別がなく、光明を食物とし、言語とするといわれる。無色界は欲望の支配と物質的な条件の制約を越え、精神的な条件の制約だけを受ける世界で、天の高位のものが住む世界である。
欲界は理解できるが、その他の二つの世界は理解しにくいものがある。というのは、これらは主体者の住む世界は、その主体者の宗教的な境涯と相即するという仏教の世界観の基本を反映して構想された世界であるからである。つまり、色界の四禅や無色界の四無色定(これらの八種の禅定の詳しい説明は割愛するが、禅定の深まりをランク付けたものである）という禅定（精神的統一）に対応した世界を客観的世界に措定したものと考えられる。つまり、これらの禅定を修得した者が死後生まれる世界を色界、無色界としたのである。この三界は衆生が輪廻する六道の世界と範囲が一致する。すでに言及したように、地獄界・餓鬼界・畜生界・阿修羅界・人界・低位の天界は欲界に対応し、中位の天界は色界に対応し、高位の天界は無色界に対応するからである。

（5）『北本涅槃経』巻第七、如来性品には、「一切衆生に皆な仏性有り。是の性を以ての故に、無量億の諸の煩悩結を断じ、即ち阿耨多羅三藐三菩提を成ずることを得。一闡提を除く」（大正一二・四〇四下）とあり、仏性を有し、成仏することのできる衆生から、明らかに一闡提を排除している。しかし、巻第二十七、師子吼菩薩品には、「一闡提等に悉く仏性有り。何を以ての故に。一闡提等は定んで当に阿耨多羅三藐三菩提を成ずることを得べきが故なり」（同前・五二四下）とあり、一闡提が仏性を有し成仏することが説かれている。

（6）衆生には、声聞定性、縁覚定性、菩薩定性、不定性、無性の五種の差別があり、先天的に声聞になることが確定している第一、縁覚になることが確定している第二、声聞・縁覚・菩薩の聖者の本性をいっさい持たない第五の種性は成仏できないとされる。第五は、当然仏性も持たないので成仏できない（もちろん阿羅漢、辟支仏にもなれない）。この五性（姓）各別思想は、中国、日本において、すべての衆生の成仏を説く一乗家と論争を繰り返すが、歴史的には破れていく。とくに日本の最澄と徳一との論争は有名である。

（7）従地涌出品第十五で、娑婆世界の下の虚空に住んでいた六万恒河沙の菩薩が大地を割って出現する。地から涌き出たので、彼らを地涌の菩薩と呼ぶ。このような見たことも聞いたこともない菩薩が出現したので、弥勒菩薩が代表して、これらの菩薩はいったいいかなる者なのかについて釈尊に質問する。釈尊は、これらの菩薩は自分が成仏してから教化した弟子であると答える。しかし、弥勒菩薩は、釈尊はまだ成仏して間もない（四十余年）のに、これほど多くの偉大な弟子がいることに疑問を感じ、さらにこの疑問に答えてくれるように釈尊に願う。如来寿量品は、この弥勒菩薩の質問への答えとして説かれるのである。

(8) 筆者は『法華経』の中心思想を、一仏乗の思想、久遠の釈尊の思想、地涌の菩薩の思想の三点から捉えている。拙著『法華経入門』(岩波書店、二〇〇一年)において、詳しく三種の中心思想を解説した。

(9) 『法華経』譬喩品、「仏は昔、波羅㮈に於いて、初めて法輪を転じ、今乃ち復た無上最大の法輪を転ず」(大正九・一二上)を参照。

(10) 釈尊は悟りを開いた後、世の人々が欲望に支配されているため、自分の悟った法をとても理解できないであろうと考え、その法を説くことを断念して、そのまま涅槃に入ろうとしたという。そのとき、バラモン教の世界創造神、梵天(ブラフマー)が現われ、釈尊に説法を願った。これは梵天勧請(勧請は、お願いするの意)と呼ばれている。『サンユッタ・ニカーヤ』には、「わたしのさとったこの真理は深遠で、見がたく、難解であり、しずまり、絶妙であり、思考の域を超え、微妙であり、賢者のみよく知るところである」(中村元訳『悪魔との対話』八三頁、岩波書店、一九八六年)という釈尊の言葉が伝えられている。

(11) 四諦の教えは、苦諦・集諦・滅諦・道諦の四つの真理である。諦はサティヤの訳で、真実、真理の意である。苦諦とは、すべては苦であるという真理である。集諦とは、苦の原因は煩悩であるという真理である。滅諦とは、苦の滅に関する真理の意であり、内容的には苦の原因である煩悩を滅すれば、絶対的な静寂の境地である涅槃が得られることを示す。道諦とは、苦を滅する方法に関する真理の意であり、その方法は八正道といわれる。八正道とは、正見(正しい見解)・正思(正しい思惟)・正語(正しい言葉)・正業(正しい行為)・正命(正しい生活)・正精進(正しい努力)・正念(正しい思念)・正定(正しい精神統一)の八つで、正しい宗教生活を意味する。この八正道がなぜ正しいといわれるのか、その根拠は同じく初転法輪において説かれた不苦不楽の中道の思想と考えられる。釈尊の時代に流行していた宗教思想として、また、釈尊が悟りを得るまでに自ら体験した生き方として、苦行主義と快楽主義という二つの極端な立場があった。釈尊はこれら二つの極端を離れた中道を自己のよって立つ基盤としたのである。

(12) 『宝物集・閑居友・比良山古人霊託』(『新日本古典文学大系』四〇、岩波書店、一九九三年)三八〇―三八一頁を参照。

(13) 『法華経』見宝塔品第十一には、宝塔の扉を開けて、多宝如来の姿を大衆に見せるために、おびただしい数の釈尊の分身仏が十方世界から集合させられる。これは見方を変えれば、十方世界の膨大な数の諸仏はすべて釈尊の身体から化作(神通力によって作り出すこと)された分身仏であると解釈できるということである。これは十方の諸仏を釈尊に統合すること、諸仏の空間的統一といってよいであろう。また、如来寿量品の新しい釈尊観は諸仏の時間的統一と捉えることができるのではないか。過去、未来に関して永遠ともいえるほど長い寿命をもつ釈尊は、原始仏教以来説かれてきた、過去仏、未来仏を釈尊に統合する役割を担っている。如来寿量品によれば、釈尊は久遠の昔に成仏してからはるかな未来まで、衆生を救済するために、仏としてさまざまな活動を展開することが説かれ、これはとりもなおさず釈尊が過去仏、未来仏の役割を果たすことだからである。

(14) 拙稿「『法華経』の包括主義と宗教的寛容」(『東洋学術研究』四三―二、二〇〇四年一二月)、「『法華経』と宗教間対話」(『東洋学術研究』四五―一、二〇〇六年五月)を参照。

(15) 中村元訳『ブッダ最後の旅――大パリニッバーナ経――』(岩波書店、一九八〇年)一五六頁。

(16) 「過ぎ去るものである」に対応するパーリ語(vayadhamma)は、摩滅法、衰滅法などと漢訳されるものであるが、その意味するところは「無常」と同趣旨と考えてよいと思う。

重要項目の解説

用語索引

語句の選定にあたっては，本書の序論，語注，解説を選定の範囲とし，『法華経』原文の訳，訓読の部分は範囲から除外した。特に語注の索引は，用語の辞書的解説としても役に立つはずである。また，同一の語句でも重要度に応じて出処を取捨選択した。見出し語の配列は五十音順とし，同音語の配列はページ順とする。なお，本文の解説では，とくに重要な解説は独立の項目を立てて解説したので，この一覧を索引の末尾に掲げる（ページ順）。

著者紹介

菅野博史（かんの　ひろし）

1952年福島県生まれ。東京大学大学院博士課程修了。創価大学文学部教授、中国人民大学客員教授。文学博士（東京大学）。専門は、仏教学、中国仏教思想。
著書に、『中国法華思想の研究』（春秋社）、『法華経入門』（岩波書店）、『法華経思想史から学ぶ仏教』『南北朝・隋代の中国仏教思想研究』（以上、大蔵出版）、『現代に生きる法華経』（第三文明社）。訳註に、『法華玄義』Ⅰ～Ⅲ（新国訳大蔵経中国撰述部）（大蔵出版）、『法華文句』Ⅰ～Ⅳ（第三文明社）など多数。その他、共著・共訳、論文、翻訳多数。

法華経　永遠の菩薩道　［増補新装版］

2012年7月16日　第1刷発行
2020年7月30日　第3刷発行

著　　者　菅野博史
発 行 者　石原大道
発 行 所　大蔵出版株式会社
〒150-0011　東京都渋谷区東2-5-36
TEL.03-6419-7073　FAX.03-5466-1408
http://www.daizoshuppan.jp/
装　　幀　CRAFT 大友
印 刷 所　三協美術印刷株式会社
製 本 所　東京美術紙工協業組合

ISBN 978-4-8043-3073-0　C0015